JN025629

杉本敏夫 監修
最新・はじめて学ぶ社会福祉

ソーシャルワークの理論と方法I(共通)

立花直樹・小口将典・竹下 徹・九十九綾子・汲田千賀子

編著

ミネルヴァ書房

シリーズ刊行によせて

　この度，新たに「最新・はじめて学ぶ社会福祉」のシリーズが刊行されることになった。このシリーズは，もともと1998年に，当時岡山県立大学の教授であった故大島侑先生が監修されて「シリーズ・はじめて学ぶ社会福祉」として始まったものであった。当時，現監修者の杉本も岡山県立大学に勤務しており，一部の執筆と編集を担当した。そのような縁があって，その後，杉本が監修を引き継ぎ，2015年に「新・はじめて学ぶ社会福祉」のシリーズを刊行していただいた。

　この度の新シリーズ刊行は，これまでの取り組みをベースに，ちょうど社会福祉士の新しく改正されたカリキュラムが始まることに対応して新しいシラバスにも配慮しつつ，これからの社会福祉について学べるように改訂し，内容の充実を図るものである。また，これまでのシリーズは社会福祉概論や老人福祉論といった社会福祉の中核に焦点を当てた構成をしていたが，今回のシリーズにおいては，いままで以上に社会福祉士の養成を意識して，社会学や心理学，社会福祉調査等の科目もシリーズに加えて充実を図っているのが特徴である。

　なお，これまでの本シリーズの特徴は，①初心者にもわかりやすく社会福祉を説明する，②社会福祉士，精神保健福祉士，介護福祉士，保育士等の養成テキストとして活用できる，③専門職養成の教科書にとどまらないで社会福祉の本質を追究する，ということであった。この新しいシリーズでも，これらの特徴を継続することを各編集者にはお願いをしているので，これから社会福祉を学ぼうとしている人びとや学生は，そのような視点で社会福祉を学べるものと思う。

　21世紀になり，社会福祉も「地域包括」や「自助，互助，共助，公助」と

いった考え方をベースにして展開が図られてきた。そのような流れの中で，社会福祉士や精神保健福祉士もソーシャルワーカーとしての働きを模索，展開してきたように思うし，ソーシャルワーカー養成も紆余曲折を経ながら今日に至ってきた。複雑多様化する生活問題の解決を，社会がソーシャルワーカーに期待する側面もますます強くなってきている。さらには，社会福祉の専門職である保育士や介護福祉士がソーシャルワークの視点をもって支援や援助を行い，社会福祉士や精神保健福祉士と連携や協働が必要な場面が増加している。それと同時に，社会福祉士や精神保健福祉士としての仕事を遂行するのに必要な知識や技術も複雑，高度化してきている。社会福祉士の養成教育の高度化が求められるのも当然である。

　このまえがきを執筆しているのは，2021年1月である。世の中は新型コロナが蔓延しているまっただ中にある。新型コロナは人びとの生活を直撃して，生活の困難が拡大している。生活の困難に対応する制度が社会福祉の制度であり，それを中心となって担うのが社会福祉の専門職である。各専門職がどのような役割を果たすのかが問われているように思う。

　新型コロナはいずれ終息するであろう。その時に，我々の社会や生活はどのような形になるのであろうか。人びとの意識はどのように変化しているのであろうか。また，そのような時代に社会福祉の専門職にはどのようなことが期待されるのであろうか。まだまだよくわからないのが本当であろうが，我々は社会福祉の立場でこれらをよく考えておくことも重要ではないかと思われる。

　2021年1月

監修者　杉本敏夫

目　　次

iii

プロローグ

ソーシャルワークの理論と方法を学ぶ意義

（1）人間という存在

　人間は高等動物といわれ，生物の中で霊長類に位置づけられている。

　高等動物は「発生学，比較解剖学，系統学の方面から研究して進化の程度の高い動物をいう。脊椎動物の場合は哺乳類など」と定義され，下等動物は「発生学，比較解剖学，系統学などから進化の程度が低いと考えられる動物。脊椎動物では，爬虫類，両生類，魚類など」と定義されている。18世紀にスウェーデンの博物学者であったリンネ（C. von Linné）が生物の分類体系の土台を作り，19世紀にイギリスの自然科学者であったダーウィン（C. R. Darwin）やウォレス（A. R. Wallace）が生物進化論を確立させ，生物の中に優劣や階層を構築するきっかけとなった。しかし，近年は，すべての生物の進化度合いに関して「同等」と考えられており，外形や系統分類の観点から「原始や原生に近いか遠いか」という意味として「進化における高等や下等」という言葉が用いられることが多い。世界規模で推進されている「**持続可能な開発目標（SDGs）**」の目標15には「生物多様性の価値の遵守と持続的保全」が目標に掲げられ，地球全体としての対応が重視されている。

　霊長とは，「霊妙な力を備えていて，他の中で最もすぐれているもの」を意味しており，生物の中で最大の進化・進歩を遂げているのが霊長類である。霊長類の中で脳機能が最も進化している人間は，生物の中で最も優れていると言い換えることもできる。

　人間が，もし生物の中でも最も優れている存在であれば，排他的利己主義や物質・文明主義に傾倒し，地球にある資源を独占したり奪い合ったり環境を破壊したりしないであろう。さらには，紛争や戦争を引き起こしたり，森林を破壊し砂漠化を促進したり，天然資源の独占や独善的な工業化による温暖化の促進やオゾン層の破壊は行わないのではないだろうか。しかし，現実的には，人

間によるエゴが横行し，地球環境そのものが危機的な状況となり，国際連合は今頃になって「持続可能な開発目標（SDGs）」をスローガンに掲げ，「すべての人々にとってよりよい，より持続可能な未来を築くための青写真です。貧困や不平等，気候変動，環境劣化，繁栄，平和と公正など，私たちが直面するグローバルな諸課題の解決を目指します。SDGs の目標は相互に関連しています。誰一人置き去りにしないために，2030年までに各目標・ターゲットを達成することが重要です」と，その趣旨を説明している。

　一方で，SDGs では「誰一人置き去りにしない」と謳いながら，能力強化（Empowerment）の項目については女性や若者（児童）を中心とした記述が多く，先住民・少数民族・障害者が「持続可能な開発の実現に対する貢献」を果たすことへの期待はほとんど記述されていない。これは，SDGs が先進国の価値観をもとに策定されたことの裏づけでもある。「持続可能な開発目標」は，女性や若者（児童）はもちろん，先住民・少数民族・障害者等も含めたすべての民族や世代が互いの文化や言語，習慣や特性を理解し交流し共生することができる「持続可能な開発・交流・共生目標」とならなければならない。

　さらにいうならば，「持続可能な開発目標（SDGs）」の目的は，あくまでも人間のためのものとみることができる。人間が霊長（最も優れた）動物なのであれば，他の生物（動物や植物など）との共存を目標として選択しているはずである。毎年世界中で多数のペットを殺処分したり，密漁による違法取引で野生動物を絶滅危機に晒したりはしないはずである。人間以外の存在を切り捨てるヒエラルヒー（ピラミッド型階層組織）の構造は，「選ばれた者の中から新たな弱者を切り捨てるシステム」ともいえ，人間の中にも階層組織や差別構造を是認することにもつながっていくだろう。

　グローバルなソーシャルワークで大切なことは，社会的弱者といわれているマイノリティや人間のみの多様性でとどまるのではなく，全地球的な視点や多様性の尊重について考えることではないだろうか。

（2）ソーシャルワーカーの専門性と存在意義

　ソーシャルワーカーは，果たして専門職といえるのであろうか。

　アメリカで26職種に関するプロセスモデル（歴史的発展過程や特徴）研究を行ったカー＝サンダース（A. M. Carr-Saunders）は，専門教育の状態から専門職を「確立された専門職（医師，法律家，聖職者）」「新たな専門職（科学者，技術

者，会計士等）」「準専門職（看護職，薬剤師等）」「専門職志向の職業（医療管理者，販売管理者等）」の 4 つに分類しており，横須賀俊司は，技術習得を中心とする教育からソーシャルワーカーを「準専門職」ととらえている[9]。また，専門職の属性モデルの代表的な研究者であるグリーンウッド（E. Greenwood）は「体系的な理論」「専門職としての権威」「コミュニティからの承認」「倫理綱領」「専門職文化」の 5 要素から専門職と非専門職を分類し，ソーシャルワーカーを「成熟度の低い専門職」として位置づけている[10]。

　一方で，イリイチ（I. Illich）らは，「現代の専門職は，人々の抱える課題を主導的に解決し，援助が必要な人々の持つ能力を奪っている」と指摘している[11]。もし，成熟度の低い準専門職である社会福祉士・精神保健福祉士の専門性が高くなり，医師や弁護士のように高い権威や権力をもつことで，援助が必要な人々の能力を奪っていくならば，"ソーシャルワーカー"の存在意義は根底から瓦解することになる[12]。

　イギリスをはじめとするヨーロッパでは，「貴族や地位の高い者は，貧しい者や困っている者に対する救済等を施す」ことが一般的とされ，高貴な精神と高い地位と多くの財を得ている者が福祉やボランティアに従事することを当然とする伝統的な意識があった。「noblesse oblige（高貴であることは，義務を強制される＝財産，権力，社会的地位のある者には，社会の模範となるように振る舞う義務が伴う）」という言葉は，フランスの政治家であったピエール＝マルク＝ガストン・ド・レヴィ（P. M. G. de Lévis）が提唱し[13]，イギリスの女優であり作家のファニー・ケンブル（F. A. Kemble）が奴隷制度廃止運動に尽力する中で広めた[14]。そのため，福祉実践を行う者は，周囲から尊敬のまなざしをもって対応される。ソーシャルワーカーである社会福祉士や精神保健福祉士が，権力をもつことよりも，尊敬されるに相応しい価値を高めることが，今後ソーシャルワーカーが"準専門職"ではなく"専門職"と認知されることにつながるのではないだろうか。

　つまり，ソーシャルワーカーが，社会的弱者に寄り添う立場であり続け，またエンパワメントを実践する専門職であり続けることが，自身の存在意義を高めることにつながるといえる。新たな課題や他の専門職が目を向けないニッチな課題に目を向け，解決へと導いていくことに，ソーシャルワーカーの存在意義があるのではないのだろうか。

（3）ソーシャルワークの可視化と科学的実証

　アメリカの化学者，教育者であったフレクスナー（A. Flexner）は，専門教育に値する職業とそうでない職業を区別し，「フレクスナー神話」と呼ばれる基準を導き出した。フレクスナーは，近代以降，社会に認知されてきた「弁護士，医師，牧師」という3つの専門職の専門性から「専門職たるべき所以と考えられる要素」を抽出し，次の6つの条件を提示している。[15]

専門職と非専門職を区別する6つの条件

(1)　多大な個人的責任の下でなされる自由な知的操作権限があること

(2)　用いる知識が学術的科学的基礎を持っていること

(3)　実際的な目的を持っていること

(4)　教育として伝達可能な技術があること

(5)　自己の組織を持っていること

(6)　その活動が博愛的動機に基づいていること

　このフレクスナーの専門職に関する条件提示は，新たな社会からの認知を目指す専門職が「妥当性と信頼性」を承認される際に満たさねばならない基準となってきた。

　これまで，ソーシャルワークは“経験”と“勘”に頼ることが多かった。“経験”と“勘”という言葉は便利であるが，非科学的であるといわれる。また，ソーシャルワークが“固有の視座”をもった価値観の上に成り立つ知識や技術によって確立されていないのならば，誰もが実践可能な日常業務でしかなくなってしまう。ソーシャルワークの専門性を高め，ソーシャルワーカーが専門職として認知されるためには，その第一歩として，科学的であることを証明することが必要である。科学的というのは，言い換えれば「理論を用いて実証できること」であり，実証するためのプロセス（過程）が可視化されている必要がある。“理論”を用いるためには，用いることのできる“理論”を体系的に確立する必要がある。“理論”を確立するには，その理論が多くの場面で効果的に使用され，汎用性のあることが確かめられていなければならない。

　その意味で，本書ではソーシャルワークを体系化し，その価値と知識と技術の関係性をソーシャルワークの固有の視点から説明している。また，本書で紹介する“心理社会的アプローチ”“機能的アプローチ”“問題解決アプローチ”

“課題中心アプローチ”“危機介入アプローチ”“行動変容アプローチ”“エンパワメントアプローチ”“ナラティブアプローチ”“解決志向アプローチ”“実存主義アプローチ”等のさまざまなアプローチは，理論に基づいた効果的な実践方法であるといえる。各章において，適宜事例を用いた説明が行われているが，本書の事例内に登場する人物名はすべて仮名である。

　なお，社会福祉士および精神保健福祉士の共通科目として「ソーシャルワークの理論と方法」が2021（令和 3 ）年度入学生より新設された。社会福祉士および精神保健福祉士を目指す学生や受験生にとって，ソーシャルワーク実習に向け初めて本格的に，ソーシャルワークの援助や支援の理論を学ぶ科目が「ソーシャルワークの理論と方法（共通）」であり，本書『ソーシャルワークの理論と方法 I （共通）』は学修内容が幅広く基礎的である。ソーシャルワーカーを目指すにあたり，実践的かつ理論的にもより深く学ぶ必要がある。そのため，続編として刊行する『ソーシャルワークの理論と方法 II （専門）』とあわせて熟読のうえ，豊富な演習課題に取り組み，実践的な視点や専門性を養っていただきたい。

注
(1)　小学館国語辞典編集部編（2006）『精選版　日本国語大辞典』「高等動物」小学館。
(2)　小学館国語辞典編集部編（2006）『精選版　日本国語大辞典』「下等動物」小学館。
(3)　川原治之介（1977）「生物学における種の概念」『鉱物学雑誌』13(2)，84頁。
(4)　松村明監修（1995）『大辞泉』「霊長」小学館。
(5)　国際連合広報センター「SDGs（エス・ディー・ジーズ）とは？　17 の目標ごとの説明，事実と数字」（https://www.unic.or.jp/news_press/features_backgrounders/31737/　2022年 7 月 1 日閲覧）。
(6)　松岡広路（2019）「出会いと葛藤から生まれる新しい価値・文化・ライフスタイル」『第25回北海道大会　報告要旨集』50〜55頁。
(7)　立花直樹（2021）「国際化と多様性支援の現状と諸課題」立花直樹・波田埜英治・家高将明編著『社会福祉──原理と政策』ミネルヴァ書房，214頁。
(8)　Carr-Saunders, A. M. (1955) "Metropolitan Conditions and Traditional Professional Relationship," In Fisher, R. M. (Ed.), *The Metropolis in Modern Life*, Doubleday & Company, pp. 280-281.
(9)　横須賀俊二（2011）「障害者にとってソーシャルワークは必要か」横須賀俊二・松岡克尚編著『障害者ソーシャルワークへのアプローチ──その構築と実践におけ

るジレンマ』明石書店，33頁。

(10) Greenwood, E. (1957) "The Attributes of a Profession," *Social Work*, 2(3), pp. 44-45.

(11) Illich, I. et al. (1987) *Disabling professions*, M. Boyars : Distributed in the U. S. by Kampmann, pp. 9-26.

(12) 立花直樹（2014）「ソーシャルワーカー養成教育の現状と課題」上續宏道・安田誠人・立花直樹編著『福祉と教育の接点』晃洋書房，150頁。

(13) (10)と同じ。

(14) (11)と同じ。

(15) Flexner, A. (1915) "Is Social Work a Profession?", *National Conference of Charities and Correction, Proceedings*, pp. 576-590.

キーワード一覧表　本書では国家試験等に備え，重要語を覚えていただくために，各章末に一覧表を掲載している。

□　**持続可能な開発目標（SDGs）（エスディジーズ）**　SDGs は Sustainable Development Goals（持続可能な開発目標）の略称である。国連総会で2015年に採択され，世界共通の 17 の目標・169 のターゲットから「持続可能な開発のための 2030 アジェンダ」が構成された。2030年までに世界中の人々が力を合わせて「だれ一人取り残さない持続可能な開発目標（leave no one behind）」を普遍的（ユニバーサル）な達成目標として取り組んでいくことが記載された。　　　　　　　　　　　　　　　　　　　　　　　　　　１

□　**noblesse oblige（ノーブレス・オブリージュ）**　貴族や地位の高い者は，貧しい者や困っている者に対する救済等を施す義務があるという意味の言葉である。　　　　　　　　　　　　　　　　　　　　　　　　　　　　　　　　3

第Ⅰ部

ソーシャルワークの体系

第 1 章

ソーシャルワークの機能と枠組み

　本章では，ソーシャルワークの機能と枠組みを理解することを目的としている。国際ソーシャルワーカー連盟が採択した「ソーシャルワーク専門職のグローバル定義」によれば，ソーシャルワーク専門職の中核となる任務は「社会変革・社会開発・社会的結束の促進，および人々のエンパワメントと解放」とされている。これはいわば，対社会（社会変革，社会開発，社会的結束）と対個人（エンパワメント，解放）への実践が求められることを意味する。その実践のために，ソーシャルワークの構成，ソーシャルワークの機能，ソーシャルワーク援助技術の体系などを学び，ソーシャルワーカーとはどのような専門職かを理解することを目的としている。

1　ソーシャルワークとは何か

　ソーシャルワークの機能と枠組みを理解するには，まず，「ソーシャルワークとは何か」を理解しなければならない。ソーシャルワークは国際的にすでに100年以上の歴史を有し，ソーシャルワークの機能と枠組みが専門分化したり，あるいは専門分化が度を超して歪が生じたり，そして，それゆえに専門分化したものを再統合化したりという歴史を経てきて今日に至っている。しかし，今日においては「ソーシャルワークとは何か」という問いは，それほど難しい問いではない。なぜならば，国際組織である「国際ソーシャルワーカー連盟（International Federation of Social Workers：IFSW）」が1928年から組織され，2020年現在129か国が加盟しており，日本においては，ソーシャルワークの主要な職能団体である日本ソーシャルワーカー協会，日本医療ソーシャルワーカー協会，日本精神保健福祉士協会，日本社会福祉士会が IFSW に加盟しており，それら主要な日本国内の職能団体が，IFSW が2014年に定義した下記の「ソーシャ

ルワーク専門職のグローバル定義」（以下，グローバル定義）を承認しているからである。

> ソーシャルワークは，社会変革と社会開発，社会的結束，および人々のエンパワメントと解放を促進する，実践に基づいた専門職であり学問である。
>
> 社会正義，人権，集団的責任，および多様性尊重の諸原理は，ソーシャルワークの中核をなす。
>
> ソーシャルワークの理論，社会科学，人文学，および地域・民族固有の知を基盤として，ソーシャルワークは，生活課題に取り組みウェルビーイングを高めるよう，人々やさまざまな構造に働きかける。
>
> この定義は，各国および世界の各地域で展開してもよい。

　また，この IFSW のグローバル定義には「注釈」が付されており，その要点は下記の通りである[3]。

　1つは，ソーシャルワーク専門職の中核となる任務は，「社会変革」「社会開発」「社会的結束」と，人々の「エンパワメント」と「解放」の5つであるということである。2つは，ソーシャルワークの大原則は「人間の内在的価値の尊重と尊厳の尊重，危害を加えないこと，多様性の尊重，人権と社会正義の支持」であるということである。3つは，ソーシャルワーク専門職は，「複数の学問分野をまたぎ」，「広範な科学的諸理論および研究を利用する」のであり，その諸理論は西洋の理論のみならず，先住民など「民族固有の知」も重視するということである。4つは，ソーシャルワーク専門職の実践においては，「ソーシャルワークの参加重視型の方法論」を採用し，「『人々のために』ではなく，『人々とともに』働く」という考え方を採用するということである。これらに基づき，ソーシャルワーク専門職は，「不利な立場にある人々と連帯しつつ，この専門職は，貧困を軽減し，脆弱で抑圧された人々を解放し，社会的包摂と社会的結束を促進すべく努力する」ということである。

　ここで理解しておかなければならないことは，ソーシャルワークは，いわば対個人への実践のみならず，対社会への実践を重要な実践として位置づけていることである。

2　ソーシャルワークの構成要素

　ソーシャルワークは概ね次の4つの要素で構成される。1つは「クライエント」，2つはクライエントが有する「ニーズ」，3つはクライエントと共に努力する「ソーシャルワーカー」，4つはそれら実践に活用する「社会資源」であり，この4つがソーシャルワークの構成要素とされる。

　「クライエント」とは，助けを求めた人，相談に訪れた人，あるいはすでに何らかの支援のサービスを受けている利用者などとイメージするかもしれない。しかし，クライエントとはそれだけを意味してはいないということを理解する必要がある。たとえば，日本ソーシャルワーカー連盟の倫理綱領の注釈には，「本綱領にいう『クライエント』とは，『ソーシャルワーク専門職のグローバル定義』に照らし，ソーシャルワーカーに支援を求める人々，ソーシャルワークが必要な人々および変革や開発，結束の必要な社会に含まれるすべての人々をさす」と説明されている。あるいは，日本における社会福祉施策の基本法たる社会福祉法においては，「福祉サービスの利用者」（第1条）と「福祉サービスを必要とする地域住民」（第4条）とを使い分けていることにも留意しなければならない。いわば「利用している人」と「必要としている人」とを使い分けているということである。すなわち，「ソーシャルワークの場合，『自ら来談し，支援を依頼して来た人』だけでなく，ソーシャルワークの観点（グローバル定義や倫理綱領）に照らし，社会正義や人権，集団的責任や多様性尊重が損なわれているとの認識によって発動される場合（介入・アドボカシー・アウトリーチ等）もあることから，『専門職として対象を認知した場合の用語』」であるといえる。生活困難を抱え苦しんでいる人ほど相談に来ないということは往々にしてある。また，その生活困難の要因は，その人ではなく，その人を取り巻く環境やその人と環境の相互作用にあるということの理解が最も重要である。

　「ニーズ」とは，生活困難を抱え苦しんでいる人が「求めているもの」をイメージするかもしれない。たとえば，介護サービスを受けたいとか，生活を再建したいとか，育児に不安を抱いてどうしてよいかわからないなどである。先に述べたことと同様に，ニーズはそれだけを意味してはいないということを理解する必要がある。すなわち，クライエントが「求め」として表明したことだけではなく，専門職として「必要と判断したもの」をも含めてニーズであると

いうことを理解する必要がある。冷水豊は，ブラッドショーの「ニーズの4次元」のうち，「表明ニーズ（normative needs）」と「規範的ニーズ（expressed needs）」の重要性を説いている。「表明ニーズ」とは生活困難を抱え苦しんでいる本人が希望や要求という形で表明したものであり，一方，「規範的ニーズ」とは専門職によって把握され判断されたものである。表明されたもののみがニーズであり，それを充足することがソーシャルワーカーの任務であるならば，よりよい状態（well-being）ではなく，より悪い状態へ導いてしまうかもしれない。たとえば，アルコール依存症で治療中のクライエントが「お酒を浴びるほど飲みたい」，あるいは，育児不安に悩む母親が「育児を放棄したい」と言ったとしたらどうだろうか。それを充足することではなく，表明されたニーズの背景にある真の要因を見出そうとすることであるとか，それに代わる心安らぐものを提供することであるとか，その不安を解消する手立てを講じる必要があるとソーシャルワーカーは判断するであろう。また，意思の疎通が難しく，「求め」を表明できない児童や重度の障害を有する人々を想像すれば，ソーシャルワーカーが人権や権利擁護，社会正義などの観点から判断する必要がある。しかしそれは，ソーシャルワーカーからの一方通行的なものではなく，本人が納得して，クライエントとソーシャルワーカーが，お互いに「合意を形成する」ことが重要であることを忘れてはならない。

　「ソーシャルワーカー」とは，日本の場合，社会福祉士や精神保健福祉士のような，何らかの国家資格を有している人のことをイメージするかもしれない。しかし，国家資格を有していることのみが重要なのではないことを理解する必要がある。重要なことは，ソーシャルワーク実践の「共通基盤」を有していることであり，その共通基盤とは，「ソーシャルワークの専門価値（Values）」「ソーシャルワークの専門機能（Functions）」「ソーシャルワークの専門知識（Knowledge）」「ソーシャルワークの専門技術（Skills）」であり，人権や社会正義，多様性の尊重などの専門価値を土台として，専門知識や専門技術を駆使して専門機能を発揮し，グローバル定義にある5つの任務を実践している人々がソーシャルワーカーなのである。この共通基盤の中でも「ソーシャルワークの専門価値」は，実践の根底にある最も重要なものであり，知識や技術と並列されるものではなく，「最もゆるがせにできない部分」である。ソーシャルワーカーが，専門知識や専門技術を駆使して発揮する専門機能も，その根底にある専門価値が歪んでいれば，人々に不利益を与える場合があることを理解してお

11

くことが重要である。

　「社会資源」とは，法律や制度に基づくさまざまなサービスそのもの，あるいは交流などに利用する物理的な場所や空間などをイメージするかもしれない。しかし，ソーシャルワーク実践においては，公式的で制度化されていて，物的なもののみならず，非公式的で制度化されておらず，あるいは人的なものも含めて主要な社会資源と認識することが重要である。ソーシャルワーク実践においては，「フォーマル」な社会資源と「インフォーマル」な社会資源とを区分して認識し，実践に活用する。久保美紀は，フォーマルな社会資源として「各種の法律，福祉制度，施設・機関・組織団体，設備，資金，専門職，NPO，セルフヘルプグループ，ボランティア，一般市民」をあげており，一方，インフォーマルな社会資源として「近隣，家族，親戚，友人，知人」などをあげている。注意すべきは，このフォーマルとインフォーマルの区分の基準は明確ではないということである。区分することそのものが重要なのではなく，ソーシャルワーク実践においては，人々とこれら社会資源の連結を促進することが重要なことであり，また，その連結のみならず，社会資源そのものが機能不全を起こしていればそれを改善し，あるいは，そもそも必要な社会資源が存在しなければ，社会資源を開発するという任務があるということを理解しておいてほしい。

3　ソーシャルワークの機能

　IFSW のグローバル定義に明示されたソーシャルワーク専門職の5つの任務を達成するために，ソーシャルワーク専門職はどのような働きをしなければならないのであろうか。これが「ソーシャルワークの機能」である。たとえば，岡本民夫は，ソーシャルワーク機能として，①保護機能，②援助機能，③支援機能，④調整機能，⑤調停機能，⑥仲介機能，⑦代弁機能，⑧弁護機能，⑨改良機能，⑩改革機能の10項目をあげている。これらソーシャルワークの機能については，全米ソーシャルワーカー協会（National Association of Social Workers：NASW）の「実務基準および業務指針」においてより具体的に示されており，これが最も理解しやすい。

　NASW の「実務基準および業務指針」においては，まず，ソーシャルワークの4つの目標を設定している（表1-1）。

表1-1　NASW によるソーシャルワークの目標と機能

目　標	機　能
目標① 「人々について発達能力，問題解決能力，処理能力を強化する」	事前評価 診断 発見／確認 支持／援助 助言／カウンセリング 代弁／能力付与
目標② 「人々と資源，サービス，機会を提供する制度を結びつける」	紹介 組織化 動員 交換
目標③ 「人々に資源とサービスを提供する制度の効果的かつ人道的な運営を促進する」	管理／運営 施策展開 スーパービジョン 調整 協議 事後評価 職員研修
目標④ 「社会政策を発展させ，改善する」	政策分析 政策主張 企画 政策展開 再検討

出所：NASW の整理をもとに筆者作成。

　NASW が設定した目標は，IFSW が示した５つの任務と通底するものである。NASW の「実務基準および業務指針」では，この４つの目標を達成するために，それぞれ発揮するべき機能が示されている。

　目標①のために発揮するべき機能は，能力の発揮を阻害している要因を評価し確認することでクライエントを援助すること，問題解決に必要な知識を与えることや解決のための技能を発達していくことを援助すること，精神的な安心や支持を与えることなどのために機能が展開される。

　目標②のために発揮するべき機能は，クライエントの最大限の利益を確保するために人々と社会資源の間で交渉や調整をすること，クライエントの成長の促進のために機会を得やすくすること，必要な新しい資源や機会やサービスの展開を促進することなどのために機能が展開される。

　目標③のために発揮するべき機能は，ニーズの充足のために最適な方策を推進すること，サービスの効率と効果を増大すること，サービスに人々を当てはめるのではなく，サービスがクライエントを中心として運営すること，ソーシャルワーク実践の責務を向上することなどのために機能が発揮される。

　目標④のために発揮するべき機能は，法令や政策などをわかりやすく解釈して示すこと，必要な新しい法令や政策を提起すること，あるいは，効果がない法令や政策の廃止を申し入れること，法令や社会政策の改善を求めることなどのために機能が発揮される。

　NASW はその倫理綱領の前文において[13]，ソーシャルワークは「社会との関連のなかで個人の幸福を求め，社会そのものの幸福を追求する」ことが特徴であるとし，「ソーシャルワークの基本は，生活上の諸問題を生み出す原因となり，解決策となる環境要因に留意することである」としている。また，北島英治は[14]，NASW の「実務基準および業務指針」において示された4つの目標を踏まえ，「ソーシャルワーク実践は人と制度を連結することに加え，その連結する制度が整っていないときは，その制度を変更し，新たに作り出すための政策の策定にかかわることも，ソーシャルワーク実践である」としている。あらためて IFSW のグローバル定義に示された中核となる5つの任務を振り返れば，対個人のみならず，対社会への実践が重要な実践として位置づけられているが，まさにその働きとしてのソーシャルワーク機能が示されているのである。

4　ソーシャルワークの援助技術の体系

　ソーシャルワークの任務の達成を求め，ソーシャルワークの構成要素の中で，ソーシャルワークの専門機能を発揮しようとする時，どのような技術が必要となるのであろうか。これがソーシャルワークの専門技術である。

　久保美紀は[15]，ソーシャルワークの専門技術として7つの専門技術を述べており，概略的に示せば表1-2の通りである。

　また，小山隆は[16]，これらソーシャルワークの専門技術を，ダイレクトプラクティス（直接援助技術）かインダイレクトプラクティス（間接援助技術）か，あるいは，ミクロ実践，メゾ実践，マクロ実践など，形態による分類を行っており，概略的に示せば表1-3の通りである。

　以上のように，ソーシャルワークの専門技術が示されているが，より実践レ

表1-2　ソーシャルワークの専門技術

①	ソーシャルケースワーク	「個人や家族がさまざまな生活課題を解決するのを，直接的な対面関係を通じて社会資源の活用をしながら，個別に的確な援助をする」
②	ソーシャルグループワーク	「人間の集まりであるグループのもつ特殊な力動に着目し，グループを活用して，メンバー個々人やグループ全体が直面している問題解決のために側面的援助をする」
③	コミュニティワーク	「地域社会のなかで生起する住民の共通的・個別的生活課題を住民主体で，組織的，地域協働的に解決していくのを側面的に支援するために，地域住民の組織化や福祉活動への参加を促進したり，社会福祉機関・施設・組織・団体間の連携を図りながら地域社会の社会資源を整備し，協働的に地域社会の福祉力を強化し，住民にとって住みよい地域社会を創造していく」
④	ソーシャルアクション	「個人・集団・地域住民のニーズに適合した社会福祉制度やサービスの改善・創設を促す」
⑤	ソーシャルワークリサーチ	「社会福祉問題の解決を目指して，問題の実態や福祉ニーズを把握，分析するとともに，それを通してニーズの充足方法や問題の解決方法を生み出すこと，また，社会福祉サービスの評価，ソーシャルワーク実践の有効性を検証すること，さらには，ソーシャルワーク実践の科学化を図ることに資する」
⑥	ソーシャルアドミニストレーション	「社会的ニーズを充足していくための保健医療・所得・教育・住宅などの保障という社会福祉の計画と展開を含めた制度の運営管理」「狭義には，社会福祉機関・組織や施設の運営管理」
⑦	ソーシャルプランニング	「福祉問題の解決を図り，社会福祉の未来像を描き，到達目標を設定し，その達成を組織的・合理的・戦略的に果たしていく」

出所：久保美紀「ソーシャルワークの専門技術」仲村優一・一番ヶ瀬康子・右田紀久恵監修『エンサイクロペディア社会福祉学』中央法規出版，638〜643頁の整理をもとに筆者作成。

ベルでの，より具体的なスキルについては，NASW の「実務基準および業務指針」において示されている。NASW はソーシャルワーク実践のための「技能」として，次の11項目の技能をあげている。

表1-3　ソーシャルワーク専門技術の形態による分類

【ダイレクトプラクティス】	【ミクロ実践】
ケースワーク	ケースワーク
グループワーク	グループワーク
【インダイレクトプラクティス】	【メゾ実践】
コミュニティワーク	コミュニティワーク
ソーシャルアクション	【マクロ実践】
ソーシャルリサーチ	ソーシャルアクション
ソーシャルアドミニストレーション	ソーシャルリサーチ
ソーシャルプランニング	ソーシャルアドミニストレーション
	ソーシャルプランニング

出所：小山隆「形態」仲村優一・一番ヶ瀬康子・右田紀久恵監修『エンサイクロペディア社会福祉学』
　　　中央法規出版，624～625頁の整理をもとに筆者作成。

① 　理解と目的をもって他者から聴く技能
② 　社会経歴，事前評価，報告書を作成するために情報を引き出し，関連実態を収集する技能
③ 　専門的援助関係を築き，維持するとともに，関係の中で自己を用いる技能
④ 　言語的非言語的行動を観察し解釈するとともに，パーソナリティ理論と診断方法の知識を用いる技能
⑤ 　クライエント自身が自分の問題を解決しようと努力するように向かわせるとともに，信頼を得る技能
⑥ 　脅かさない，支持的な態度で，微妙で情緒的な主題を話し合う技能
⑦ 　クライエントのニーズに対して革新的な解決法を生み出す技能
⑧ 　治療関係を終わらせるニーズを測り，それを実施する方法を決める技能
⑨ 　調査研究の結果や専門文献を解釈する技能
⑩ 　紛争の当事者間を調停したり交渉する技能
⑪ 　団体間の連絡サービスを提供する技能
⑫ 　社会的ニーズを財団，社会大衆，あるいは立法者に解釈し，または伝える技能

　さらに，NASW はソーシャルワーク実践のための「能力」として，次の14項目の能力をあげている。

---

① 明瞭に話し，書く能力

② 人に教える能力

③ 情緒的な悩み，あるいは危機的状況において支持的に対応する能力

④ 専門職関係において役割モデルとして働く能力

⑤ 複雑な心理社会的現象を解釈する能力

⑥ 与えられた責任に見合う業務量を組織する能力

⑦ 他者を援助するのに必要な社会資源を見い出し取得する能力

⑧ 人の業績や感情を評価し，援助や相談に用いる能力

⑨ 集団活動に参加し，指揮する能力

⑩ ストレスのなかで機能する能力

⑪ 紛糾状態あるいは論争好きな人格を持つ人をまとめる能力

⑫ 社会学・心理学理論を実践状況に関連付ける能力

⑬ 問題解決に必要な情報を見極める能力

⑭ 機関のサービスまたは実践に関する調査研究を行う能力

　以上のようにソーシャルワーク実践においては，多様な技術が必要であることがわかる。その技術はどのようにして身につけていくのであろうか。それは，成長過程ですでに獲得しているものもあるであろう。あるいは，専門教育において習得するものもあるであろう。あるいはまた，日々の実践の中で経験を積んで醸成されていくものもあるであろう。そして，技術は磨かれるものでもある。そのためには，自らの思考や行動や実践を，あるいは，クライエントを取り巻く環境や社会の仕組みや状況を，常に「問い続ける」ことによって磨かれることを理解しておくことが重要である。

5　ソーシャルワーカーとは

　ここまで，「ソーシャルワークの機能と枠組み」と題し，「ソーシャルワークとは何か」「ソーシャルワークの構成要素」「ソーシャルワークの機能」「ソーシャルワークの援助技術の体系」について述べてきた。これらを踏まえて，ソーシャルワーカーとはどのような専門職なのかを確認していきたい。

　北島英治は，ソーシャルワーカーを次のように定義している。

　ソーシャルワーク実践において，ソーシャルワークの専門価値（professional values），専門機能（professional functions），専門知識（professional knowledge），専門技術（professional skills）をソーシャルワーク専門性（social work profession）の共通基盤とし，ソーシャルワーク実践介入として，人と制度に関わり，その両者を連結し，その制度が整っていない場合，制度変革，あるいは新たに作り出すための政策の策定に関わる専門家である。

　ここで重要なことは，4つの専門性，すなわち，ソーシャルワークの専門価値，専門機能，専門知識，専門技術をソーシャルワーク専門性の共通基盤としていること，また，人，制度，人と制度の連結，政策にかかわることを示していることで，あわせて，4つの専門性のうち，ソーシャルワークの専門価値は，「多様なソーシャルワーク実践の方法や分野におけるソーシャルワーカー専門職の同一性の共通基盤としての専門性の要の中の要となる」とし，ソーシャルワークの専門価値は，専門知識や専門技術や専門機能と並列的ではなく，専門知識や専門技術を駆使して発揮する専門機能の土台となる，最も重要なものであるということを示している。

　そのソーシャルワークの専門価値とは，IFSW のグローバル定義でみたように，「社会正義」「人権」「集団的責任」「多様性の尊重」である。あるいは，日本の場合，日本ソーシャルワーカー連盟の倫理綱領の「原理」に示されており，[19]「①人間の尊厳」（ソーシャルワーカーは，すべての人々を，出自，人種，民族，国籍，性別，性自認，性的指向，年齢，身体的精神的状況，宗教的文化的背景，社会的地位，経済状況などの違いにかかわらず，かけがえのない存在として尊重する），「②人権」（ソーシャルワーカーは，すべての人々を生まれながらにして侵すことのできない権利を有する存在であることを認識し，いかなる理由によってもその権利の抑圧・侵害・略奪を容認しない），「③社会正義」（ソーシャルワーカーは，差別，貧困，抑圧，排除，無関心，暴力，環境破壊などの無い，自由，平等，共生に基づく社会正義の実現をめざす），「④集団的責任」（ソーシャルワーカーは，集団の有する力と責任を認識し，人と環境の双方に働きかけて，互恵的な社会の実現に貢献する），「⑤多様性の尊重」（ソーシャルワーカーは，個人，家族，集団，地域社会に存在する多様性を認識し，それらを尊重する社会の実現をめざす），「⑥全人的存在」（ソーシャルワーカーは，すべての人々を生物的，心理的，社会的，文化的，スピリチュアルな側面からなる全人的な存在として認識する）などである。

　それらソーシャルワークの専門価値を土台として，「社会変革」「社会開発」「社会的結束」「エンパワメント」「解放」という中核となる任務を遂行するために，ソーシャルワークの専門知識と専門技術を駆使して専門機能を発揮する専門家がソーシャルワーカーである。より具体的なソーシャルワーカーの使命としては，NASW の倫理綱領の前文に示されており，概略的に示せば，以下の点が特に重要である。

- 人々の幸福を増進し，すべての人の基本的ニーズが満たされるようにする。
- 傷つきやすい人，抑圧された人，貧しい人々のエンパワメント（能力強化）に留意する。
- 社会との関連の中で個人の幸福を求め，社会そのものの幸福を追求する。
- 生活上の諸問題を生み出す原因となり，解決策となる環境要因に留意する。
- クライエントと共に，クライエントに代わって，社会正義を増進し，社会変革を進める。
- 文化的，人種的多様性を感じ取り，差別，抑圧，貧困，その他の社会的不公正をなくすよう努力する。
- 人々のニーズに立ち向かう彼ら自身の能力を増進させようと努める。
- 個人のニーズや社会的問題に対する諸団体，地域社会，他の機関の責任能力を高めようと努力する。

　これらソーシャルワーカーの使命を，あるいは中核となる任務を，専門価値，専門機能，専門技術，専門知識を共通基盤として実践するのがソーシャルワーカーである。

注
(1)　日本ソーシャルワーカー協会（2017）「ソーシャルワーク専門職のグローバル定義，グローバル定義のアジア太平洋地域における展開，グローバル定義の日本における展開について」（http://www.jasw.jp/news/pdf/2017/20171113_global-defi.pdf　2022年7月1日閲覧）。
(2)　現在，わが国においては，IFSW との連絡，国際会議への参加，政策的事項等に関する日本国としての統一的見解を集約し，決定するものとして「日本ソーシャルワーカー連盟」が組織され，公益社団法人日本社会福祉士会，公益社団法人日本精神保健福祉士協会，公益社団法人日本医療ソーシャルワーカー協会，特定非営利活

動法人日本ソーシャルワーカー協会が会員団体となっている。日本ソーシャルワーカー連盟（2021）「団体概要」（http://jfsw.org/introduction/outline/　2022年7月1日閲覧）参照。

(3)　(1)と同じ。

(4)　渡部律子（2020）「ソーシャルワークの構成と過程」北島英治・副田あけみ・髙橋重宏・渡部律子編『ソーシャルワーク実践の基礎理論』有斐閣，19〜21頁。

(5)　日本ソーシャルワーカー連盟（2020）「ソーシャルワーカーの倫理綱領」（http://jfsw.org/code-of-ethics/　2022年7月1日閲覧）。

(6)　日本ソーシャルワーカー連盟（2020）「改定『ソーシャルワーカーの倫理綱領』の見どころ〜変更したポイントから〜」（https://jfsw.org/wp-content/uploads/2021/07/Social-Worker-Code-of-Ethics_01.pdf　2022年7月1日閲覧）。

(7)　冷水豊（2007）「介護ニーズ」仲村優一・一番ヶ瀬康子・右田紀久恵監修『エンサイクロペディア社会福祉学』中央法規出版，382〜385頁。

(8)　北島英治（2008）『ソーシャルワーク論』ミネルヴァ書房，34〜38頁。

(9)　野村豊子（2000）「ソーシャルワークの価値観」野村豊子『ソーシャルワーク・入門』有斐閣，242〜261頁。

(10)　久保美紀「社会資源」（2010）岡本民夫・平塚良子編著『新しいソーシャルワークの展開』ミネルヴァ書房，71〜80頁。

(11)　岡本民夫（2007）「社会福祉援助の課題」仲村優一・一番ヶ瀬康子・右田紀久恵監修『エンサイクロペディア社会福祉学』中央法規出版，20〜23頁。

(12)　全米ソーシャルワーカー協会編／日本ソーシャルワーカー協会国際委員会訳（1997）『全米ソーシャルワーカー協会　ソーシャルワーク実務基準および業務指針』相川書房，29〜33頁。

(13)　(12)と同じ，3頁。

(14)　(8)と同じ，52頁。

(15)　久保美紀「ソーシャルワークの専門技術」仲村優一・一番ヶ瀬康子・右田紀久恵監修『エンサイクロペディア社会福祉学』中央法規出版，638〜643頁。

(16)　小山隆「形態」仲村優一・一番ヶ瀬康子・右田紀久恵監修『エンサイクロペディア社会福祉学』中央法規出版，624〜625頁。

(17)　(12)と同じ，34〜35頁。

(18)　(8)と同じ，60〜61頁。

(19)　(5)と同じ。

(20)　(12)と同じ，3頁。

学習課題

① 　ソーシャルワーク専門職にとって重要な「専門価値」と「専門機能」について理解するため，あらためて整理してみよう。

② 　ソーシャルワーク専門職にとって必要な「援助技術」と「技能」と「能力」について理解するため，あらためて整理してみよう。

キーワード一覧表

☐ 　**人権** 　ソーシャルワーカーは，すべての人々を生まれながらにして侵すことのできない権利を有する存在であることを認識し，いかなる理由によってもその権利の抑圧・侵害・略奪を容認しない。 　　　18

☐ 　**社会正義** 　ソーシャルワーカーは，差別，貧困，抑圧，排除，無関心，暴力，環境破壊などの無い，自由，平等，共生に基づく社会正義の実現をめざす。 　　　18

☐ 　**集団的責任** 　ソーシャルワーカーは，集団の有する力と責任を認識し，人と環境の双方に働きかけて，互恵的な社会の実現に貢献する。 　　　18

☐ 　**多様性の尊重** 　ソーシャルワーカーは，個人，家族，集団，地域社会に存在する多様性を認識し，それらを尊重する社会の実現をめざす。 　　　18

ワークシート

1. クライエントは，何らかの原因に対して思い悩み，往々にしてネガティブな判断をしそうになったり，極端な選択をしそうになったりする。あなたがイメージするクライエントやそのクライエントが抱えている課題について，以下の視点で考えてみてほしい。

　① クライエントが抱える課題に対応する制度的サービスや地域のインフォーマルサービスは，どのようなものがあるのであろうか。

　② それら既存の制度的サービスや地域のインフォーマルサービスは十分に機能しているのであろうか。

　③ それら既存の制度的サービスや地域のインフォーマルサービス以外に，新たに必要なサービスは何か，それをどのように構築するか。

2. 地域や社会には，往々にして人権が侵害されたり，差別されたり，格差が発生したりして，苦しむ人々が存在している。あなたはソーシャルワーク専門職として，地域や社会に対して，どのようにアプローチするのか，以下の視点で考えてみてほしい。

　① 社会変革（これらの課題の解決について，何を変革すればよいのか）

　② 社会開発（これらの課題の解決について，何を開発すればよいのか）

　③ 社会的結束（これらの課題の解決について，誰とどこと何と結束すればよいのか）

第 2 章

ソーシャルワーク固有の視点

　ソーシャルワーカーは多くの専門職と共に人々を支援する。たとえば，医師は主に医療の視点，看護師は看護の視点，そして介護士は介護の視点から支援するだろう。ソーシャルワーカーは他の専門職の視点を理解しておくとともに，ソーシャルワーク固有の視点について理解し，それに基づく支援を展開することが求められる。本章では，ソーシャルワーク固有の視点について，人と環境との交互作用，生態学的理論と生活モデル，ミクロ・メゾ・マクロレベルにおけるソーシャルワークといった側面から考える。

1　人と環境との交互作用

（1）人と環境との関係

　あなたがこれまでの人生で頑張って成し遂げたエピソードを 1 つ取り上げて，自身が頑張ったことと，自身の頑張りを支えてくれたものや人をリストアップしてみてほしい。

　もしかすると，あなた自身が努力したことだけが思い浮かんできて，周囲から何の助けもなかったと感じている人がいるかもしれない。他方で，家族や友人，学校の先生や部活の顧問などの存在があったから，あなた自身が努力することができたと考える人もいるであろう。あなたの周囲にいる人々や，身の回りに存在しているものはあなたの「環境」の一部であり，その環境からあなたという「人」は影響を受ける。もちろん，あなたはその環境に働きかけて，環境を整えたり，居心地を良くしたりすることも可能である。

　こうした人と環境との関係について，ソーシャルワークではその萌芽期から重視してきた。リッチモンド（M. E. Richmond）は，「ソーシャル・ケースワークとは人間とその社会環境とのあいだを，個々に応じて意識的に調整すること

により，パーソナリティの発達をはかるさまざまな過程からなるものである」
と説明し，「環境」の重要性を示している。本節では，人と環境との関係について考えていく。

（2）ソーシャルワークにおける人と環境との交互作用

　人と環境との関係について示す言葉として，**交互作用**（transaction）があげられる。交互作用とは，互恵的な相互作用のことである。人はその周囲の環境に対して積極的に働きかける存在でありながら，同時にその環境から恩恵を受けることとなる。たとえば，ある人が職場で一生懸命に働き，その活躍が会社で評価されると，その人はさらに頑張って働こうとするであろう。一方で，ある人が職場で働いていてもまったく成果が得られず，周囲から咎められ，働きづらくなってしまう場合もある。こうした場合，職場の上司に相談して業務への取り組み方を改善したり，業務内容を変更したり，他部署へ移動することによって成果をあげることにつながり，働きやすくなることがある。ソーシャルワーカーは人と環境との互恵的な相互作用に対して働きかけることで，よりよい状況をもたらそうとする。

　ソーシャルワークにおける人と環境との交互作用への働きかけについては，国際ソーシャルワーカー連盟（IFSW）が示すソーシャルワークの定義で確認できる。2000年のソーシャルワークの定義では，「ソーシャルワークは，人間の行動と社会システムに関する理論を利用して，人びとがその環境と相互に影響し合う接点に介入する」と記載されている。さらに，2014年に示されたソーシャルワーク専門職のグローバル定義における実践についての注釈で，「ソーシャルワークの正統性と任務は，人々がその環境と相互作用する接点への介入にある」と示されている。また，「環境は，人々の生活に深い影響を及ぼすものであり，人々がその中にある様々な社会システムおよび自然的・地理的環境を含んでいる」とあり，環境が人々の生活に深い影響を及ぼすものであると記されている。つまり，ソーシャルワークでは環境が人に与える影響に十分留意して，支援の対象となる人の周囲の環境やこれまで置かれてきた背景を理解したうえで，その人と環境との交互作用に働きかけていくこととなる。

2　生態学的理論と生活モデル

（1）生態学的理論

　人と環境との交互作用に注目するソーシャルワークに対して，生態学的理論はさまざまな示唆を与えることとなった。

　生態学（ecology）とは，秋山薊二によれば「生物と環境との適合性に焦点をあてながら，生物と環境とのダイナミックな調和ある相互依存関係が，どのようにすれば維持・促進できるかどうかを研究する学問」である。この生態学における生物と環境との関係性の考え方は，人と環境との関係に焦点を当てるソーシャルワークに重ねて考えることができる。秋山は，生態学がソーシャルワークに示唆を与える5つの視点を示している。それは，①交互作用（transaction）と互恵関係（reciprocal relation），②ストレス（stress）と対処（coping），③アセスメント（assessment），④ニッチ（niche），⑤希少動植物の保護（preservation of species）である。

　まず，①交互作用と互恵関係について，生態学では人間と環境が互恵的相互作用を営みながら，調和ある相互の均衡を重視している。ソーシャルワークにおいても人と環境との互恵的な相互関係を促進することを目指している。②ストレスと対処について，生態学ではストレスを発展・進歩のための課題として受け止め，それに立ち向かうことを対処という。これは生物である人間にも当てはまることである。③アセスメントとは，人間と環境の相互の影響を調査することである。ソーシャルワークにおいても，支援の対象となる人とその周囲の環境との交互作用における不具合や，生じている問題を複合的かつ総合的にとらえることが重要となる。④ニッチ（適所）とは，生物が生存し成長し，種の再生産を行うための適切な環境をもった場のことである。生物が生存できる場所をハビタット（居住環境）というが，そこが必ずしも適所であるとは限らない。居住環境を適所にすることが，生物の成長や発展を促進することになる。ソーシャルワークにおいては，人が置かれている住居や職場といった環境に注目し，その改善を図ることも支援の1つである。最後に，⑤希少動植物の保護については，生態学での生物（種）の命を大切にするという視点が示されている。この考えは，ソーシャルワークの価値に通じるところがある。ソーシャルワークでは，人権を重んじ，人が存在することに価値を見出す。

こうした生態学的理論は，ソーシャルワークに大きな影響を与えている。

（2）生活モデル

ソーシャルワークにおいて生態学的理論が発展する中で，**生活モデル**（life model）が構築された。これはライフ・モデルとも呼ばれる。生活モデルとは，生態学的視点でソーシャルワークの対象を把握し，ソーシャルワーク実践を展開していくものである。生活モデルという言葉は1960年代にバンドラー（B. Bandler）によって最初に用いられた。その後，生活モデルは1980年代にジャーメイン（C. B. Germain）やギッターマン（A. Gitterman）らによって体系化された。ジャーメインは，生活モデルが生態学的な視点から生み出された成長する実践モデルである限り，今後もさらなる要素が付け加えられ，修正されて進歩すると考えている。[6]

伝統的なソーシャルワークでは医学モデル（medical model）が用いられ，個人の病理や発達上の障害に焦点を当ててそれらをネガティブに把握し，病理現象を治療することが目標とされた。医学モデルは治療モデルとも呼ばれている。しかし，生活モデルでは，ソーシャルワークの対象を生態学的視点でとらえ，人間とその環境との交互作用に着目し，そこから生じる人間の成長および発達によって獲得された人間の特性に関する概念が全面に押し出され，対象とポジティブに関わろうとする。[7]

ギッターマンが提唱した当初の生活モデルでは，弱さや傷つけられやすさを示す**バルネラブル**（vulnerable）の面が問題として取り扱われる傾向にあった。しかし，その後に強さを示す**レジリエンス**（resilience）という考えが付け加えられ，人と環境との交互作用に着目する生活モデルをさらに発展させた。ギッターマンは，レジリエンスという語について「元の状態に復帰する，あるいは押し戻すために，跳ね返りやより戻すという性質」と説明している。[8]

バルネラブルという言葉は2014年のソーシャルワーク専門職のグローバル定義において使用されており，ソーシャルワーカーの中核となる任務として「脆弱（vulnerable）で抑圧された人々を解放」することがあげられている。[9] ソーシャルワークの対象者は，傷つけられやすい側面があったり，弱い立場に置かれていたりする可能性がある。一方で，問題を抱えながらも日々生活している側面もある。ソーシャルワークでは，どちらかに偏った見方をするのではなく，どちらの側面も含めた生活モデルの視点で対象者を理解することが重要となる。

　現代のソーシャルワークでは，生態学的理論に基づく生活モデルが主流となっている。ソーシャルワーカーは生活モデルをもとに専門的援助を展開していくと同時に，多職種連携など多くの場面で生活モデルを活用していくこととなる。

3　ミクロ・メゾ・マクロレベルにおけるソーシャルワーク

（1）ミクロ・メゾ・マクロレベルの対象

　ソーシャルワークのクライエントは，社会システムの中で，「ミクロ（micro）」「メゾ（mezzo）」「マクロ（macro）」のいずれかのレベルに位置づけられることが多い。ミクロは「非常に小さいこと，極小」，メゾは「中間」，マクロは「巨大であること，巨視的であること」という意味がある。

　ソーシャルワークにおいて，個人，家族，およびグループは**ミクロレベル**（microlevel）に位置づけられる。地域住民や組織，機関，施設は**メゾレベル**（mezzolevel）に位置づけられる。社会，国，国際的コミュニティは，**マクロレベル**（macrolevel）に位置づけられる。そしてさらに，ソーシャルワーク専門職というシステムが存在し，各レベルに応じた支援を展開していく（図2-1）[10]。

（2）ミクロ・メゾ・マクロレベルにおけるソーシャルワークの内容

　ミクロ・メゾ・マクロレベルにおけるソーシャルワークについて，その対象

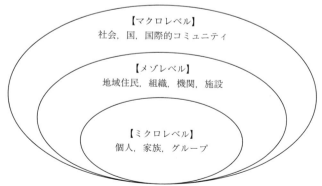

図2-1　ミクロ・メゾ・マクロレベルの対象
出所：筆者作成。

と支援の焦点，ソーシャルワーカーとして身につけておくことを整理する[11]。

　ミクロレベルにおけるソーシャルワークとは，個人あるいはその家族などの小さなグループを対象としたものである。ミクロレベルでは，個人の機能に変化を起こすことに焦点が向けられる。この変化を起こすために，クライエントの社会的・物理的環境を修正することが含まれる。ソーシャルワーカーは，個人，家族，グループ内における対人関係やダイナミクス，人間の発達，社会心理学，環境が個人にもたらす影響について学んでおく必要がある。

　メゾレベルにおけるソーシャルワークとは，地域住民や複合的な組織との相互作用を意味する。複合的な組織の例としては，福祉に関する機関や施設，保健医療機関，教育機関，矯正保護施設などがある。メゾレベルにおける焦点は，グループまたは組織そのものに置かれる。ソーシャルワーカーは地域住民や複合的な組織に働きかけていくため，集団と組織構造のダイナミクスについて理解しておくことが求められる。

　マクロレベルにおけるソーシャルワークとは，社会の変革を目的とした，近隣関係，コミュニティ，社会，国を対象としたものである。マクロレベルのクライエントの例としては，都市，農村地域，地方におけるコミュニティ，地方自治体，日本国政府があげられる。マクロレベルではコミュニティと社会の変化を目指すが，マクロレベルの変化は他の全システムレベルにも影響を及ぼす。ソーシャルワーカーは，ソーシャルアクションや社会変革により，グループ間の緊張関係の解消やコミュニティの問題解決を促進する。このため，主要な社会機関，および社会的に脆弱な人々や抑圧された人々について，社会学的および文化的に理解することが必要とされる。

　ミクロ・メゾ・マクロレベルにおけるソーシャルワークについて概観してきた。ソーシャルワーカーはさまざまな社会構造において，各レベルに応じて援助を行う。しかし，ソーシャルワーク実践は，個人，家族，グループ，地域住民，組織，機関，施設，国や社会システムなどのレベルで，同時に行われることも多い。ソーシャルワーカーは複雑かつ多様な問題に対して，さまざまなレベルでのソーシャルワークを柔軟に組み合わせながら援助していくことが期待されている。

注

(1) リッチモンド，M. E.／杉本一義訳（2007）『人間の発見と形成——人生福祉学の萌芽』出版館ブック・クラブ。

(2) デュボワ，B. L.・マイリー，K. K.／北島英治監訳（2017）『ソーシャルワーク——人々をエンパワメントする専門職』明石書店，80〜81頁。

(3) 日本ソーシャルワーカー協会（2001）「国際ソーシャルワーカー連盟（IFSW）のソーシャルワークの定義」（http://www.jasw.jp/kokusaiinfo/IFSW_SWTEIGI.pdf　2022年6月12日閲覧）。

(4) IFSW「ソーシャルワーク専門職のグローバル定義」（https://www.ifsw.org/wp-content/uploads/ifsw-cdn/assets/ifsw_64633-3.pdf　2022年6月12日閲覧）。

(5) 秋山薊二「ジェネラル・ソーシャルワークの実践概念」太田義弘・秋山薊二編著（1999）『ジェネラル・ソーシャルワーク——社会福祉援助技術総論』光生館，43〜82頁。

(6) ジャーメイン，C. B.／小島蓉子編訳（1992）『エコロジカル・ソーシャルワーク——カレル・ジャーメイン名論文集』学苑社。

(7) 岡村民夫（1987）「ケースワーク理論の動向（II）」岩田正美監修／白澤政和・岩間伸之編（2011）『リーディングス日本の社会福祉　第4巻　ソーシャルワークとはなにか』日本図書センター，226〜243頁。

(8) 北島英治（2016）『グローバルスタンダードにもとづくソーシャルワーク・プラクティス——価値と理論』ミネルヴァ書房。

(9) (4)と同じ。

(10) (2)と同じ，90頁。

(11) (2)と同じ，91〜95頁。

参考文献

東洋大学福祉社会開発研究センター編（2020）『社会を変えるソーシャルワーク——制度の枠組みを越え社会正義を実現するために』ミネルヴァ書房。

学習課題

① 本章で登場する「ミクロ」「メゾ」「マクロ」という言葉の意味を調べてみよう。

② あなたがソーシャルワーカーとして，ミクロ・メゾ・マクロレベルにおけるソーシャルワークをどのように実践できそうか，あなたの考えを書いてみよう。

キーワード一覧表

☐	**交互作用**　人と環境との関係について示す言葉であり，互恵的な相互作用のこと。　　24
☐	**生態学**　生物と環境との適合性に焦点を当てながら，生物と環境とのダイナミックな調和ある相互依存関係の維持・促進について研究する学問。　　25
☐	**生活モデル**　生態学的視点でソーシャルワークの対象を把握し，ソーシャルワーク実践を展開していく。　　26
☐	**バルネラブル**　弱さや傷つけられやすさ。　　26
☐	**レジリエンス**　困難や苦境に直面しながらも平衡状態を維持する能力。「復元力」「耐久力」などとも訳される。　　26
☐	**ミクロレベル**　個人，家族，グループなどの対象。　　27
☐	**メゾレベル**　地域住民や組織，機関，施設などの対象。　　27
☐	**マクロレベル**　社会，国，国際的コミュニティなどの対象。　　27

ワークシート

　次の事例について考えてみましょう。

　　山田さんは83歳の女性で，50代の娘と同居している。最近，山田さんは認知症が進行し，行先を告げずに外出し，迷子になることがたびたびあった。山田さんの娘が母親の対応で疲れていたところ，民生委員から地域包括支援センターを紹介された。その後，山田さんはデイサービスを利用することになり，娘はデイサービスの職員に相談しながら介護を続けることとなった。

　　また，山田さんの住む地域の住民が認知症高齢者の徘徊について不安に感じ，社会福祉協議会に相談していた。社会福祉協議会は行政や専門職，住民との協議を通じて，認知症高齢者の見守りネットワークを構築することとなった。さらに，認知症高齢者の見守りネットワークが全国で構築されるよう国に働きかけることとなった。

①　事例の山田さんを支えてくれる環境を書き出してみましょう。

②　本事例でミクロレベルの支援に該当するものを書き出してみましょう。

③　本事例でメゾレベルの支援に該当するものを書き出してみましょう。

④　本事例でマクロレベルの支援に該当するものを書き出してみましょう。

第Ⅱ部

ソーシャルワークの
実践モデルとアプローチ

第3章

ソーシャルワークの実践モデルの変遷

　ソーシャルワークの実践モデルとは何であろうか。たとえば目の前にペット
ボトルが存在する。そのペットボトルを上から見るのか，側面から見るのか，
あるいは底面から見るのかによって形は変わってくる。ソーシャルワークの対
象となる個人や組織そして地域社会等，いわゆるミクロ・メゾ・マクロレベル
で営まれている人間の生活をどのように，どの方向性でとらえ介入していくか
ということである。そしてそれは時代の変遷とともに大きく変わってきた。本
章では，ソーシャルワークの萌芽から医学モデル・診断モデルへの発展，その
後の生活モデル，ストレングスモデル，ジェネラリスト・ソーシャルワークと
いう視点の変化について理解を深める。

1　ソーシャルワークの萌芽
——慈善組織協会とセツルメント運動

　ソーシャルワークの萌芽は，慈善組織協会とセツルメント運動といえよう。
　慈善組織協会は1860年代ロンドンに多く存在した慈善組織にその端を発する。
当時労働環境の不整備やそれにしたがいもたらされた児童の危機的状況への対
応のため，慈善組織協会（Charity Organization Society：COS）が1869年に設立
された。そのCOSの活動の中核を担ったのが友愛訪問員といわれる個別支援
である。それはパターナリズムではなく友人として，またアウトリーチの方法
で個別に訪問し支援を展開した。それがケースワークの原点となっていった。
　またその他の萌芽としてセツルメント運動があげられる。セツルメント運動
の根源は，オックスフォード大学の学生たちの活動であった。その中で特に
バーネットが中核となり，地域を中心にセツルメント運動を展開していった。
そして1884年にトインビーホールが設立された。その後セツルメント運動は大
西洋をわたりアメリカで展開されるようになっていった。1889年にはジェー

ン・アダムスがシカゴにハル・ハウスを設立した。ハル・ハウスの活動は，世界最大規模となりその後社会改良運動へと発展していった。

2　ケースワークの基盤の構築
——メアリー・リッチモンド

　COS の活動は大西洋をわたりアメリカでケースワークとして展開していった。そして，友愛訪問員の活動の中から**メアリー・リッチモンド**（M. E. Richmond）が，ケースワークの基盤を築いた。彼女は1917年に『**社会診断**』を著し，ケースワークの知識・方法を記した。その後『ソーシャル・ケース・ワークとは何か』を執筆し，「ソーシャル・ケースワークとは人間と社会環境との間を個別に，意識的に調整することを通してパーソナリティを発達させる諸過程から成り立っている」とした。これらの活動を通して彼女は「ケースワークの母」と呼ばれている。

3　医学モデルとの統合

　1929年にニューヨークで発生した世界大恐慌から第二次世界大戦への動きの中で，アメリカにおいて人々の心理的不安は増大していった。そのような中，1920年代前後からケースワークにおいて精神分析学の影響が大きくなっていった。精神科医の**フロイト**（S. Freud）の精神分析学がケースワークに大きな影響を与え，ケースワーカーは，「小さな精神科医」と呼ばれるようになった。フロイトの影響を受けたケースワークはその後，診断主義派，機能主義派へと展開していった。**診断主義派**は，リッチモンドのケースワークを受け継ぎ精神分析学を取り入れたケースワークを展開した。つまりパーソナリティとクライエントとの関わりの理解はフロイトの概念を用い，診断に関してはリッチモンドが提唱した社会診断の考え方を用いた。タフトやロビンソンが提唱し，ランクが発展させた機能主義派は，クライエントの自我の自己展開を助けることこそケースワークの中心課題とした。診断主義派と機能主義派は相対する理論として展開していった。

　その後，診断主義派と機能主義派の折衷主義的考えとして，パールマンは1957年に『ソーシャル・ケースワーク——問題解決の過程（*Social Casework : A Problem-solving Process*）』を著した。パールマンは「ソーシャル・ケースワー

クは，人々が社会的に機能する間におこる問題をより効果的に解決することを助けるために福祉機関によってもちいられる過程である」として問題解決アプローチを展開した。具体的には，ケースワークの4つの基本的構成要素を「問題（Problem）」「人間（Person）」「過程（Process）」「場所（Place）」の「4つのP」として位置づけた。さらにその後ホリスは診断主義派の流れを汲みつつも社会環境の要素を重視した「状況の中にある人間（person in the situation）」という概念を提唱し，心理社会的アプローチを展開した。

　そしてそのような状況の中，1967年，パールマンは「ケースワークは死んだ」というタイトルのエッセイを雑誌に投稿した。個人の生活が変化するためには，個人に対する支援のみならず社会的な対応，制度改革等が求められ，クライエントを取り巻く社会の変革も必要であることを述べたものであった。

4　生活モデルへの変換

　1970年にバートレット（H. Bartlett）は『ソーシャルワーク実践の共通基盤（*The Common Base of Social Work Practice*）』を著した。そこではケースワーク単独ではなく，グループワークやコミュニティオーガニゼーションをも視野に入れたソーシャルワーク全体としての包括的な共通基盤を明らかにした。つまり，個人はもとより，グループや地域等，対象が異なってもソーシャルワークとして共通する支援体制を示唆したのである。そこでは，中心をなす焦点としての社会生活機能をあげ，状況の中に巻き込まれている人々に対する関心を「志向」とした。また「価値の総体」と「知識の総体」を位置づけ，価値が人々に対する専門的態度に移しかえられ，「知識」は人々を理解する方法になるとした。そのうえで，人・環境・相互作用の3つの側面に働きかけるソーシャルワークの独自性を提示した。これまで医学的モデルで展開してきたクライエントとワーカー間の二者間の関係性から，社会環境とさらにそれらとの「相互作用」を重視し全体性を強調した「生活モデル」へと発展していったのである。

　医学モデルと生活モデルとでは，問題のとらえ方が異なる。医学モデルではクライエントの問題を引き起こす原因を追究しその原因に働きかける。これに対して**生活モデル**は，クライエントが抱えている問題や状況は多様であり，生活の視点を取り入れた多様な側面からその解決に取り組もうという考え方であ

る。たとえば下肢に障害がある人，あるいは膝を骨折し膝が曲がらない場合の人の排泄に関して，和式トイレと洋式トイレの状況を考えてみよう。もし和式トイレしかなければ，その人は自立して排泄行為を行うことは難しいかもしれない。しかしながら洋式トイレであれば，自立して排泄行為を行うことはできる。今時の日本社会において和式トイレはほとんど見当たらないかもしれない。しかしながらこの事例から考えられることは，トイレという環境が異なれば，クライエントの自立は十分可能になるということである。つまり生活の中の環境要素が変化することにより，クライエントの抱えている問題解決を展開していくことが可能なのである。

5　エコロジカル・アプローチ

　生活モデルの視点は，クライエントが置かれている環境要素の中で単一ではなくさまざまな要素が問題を発生させているということに注視し，そのうえで生活の中における複層的な要素に視点を置き，問題解決を図ろうというアプローチである。

　このような生活モデルの考え方は，1973年にジャーメインにより生態学的視座（ecological perspective）として紹介された。さらにジャーメインとギッターマン（C. Germain & A. Gitterman）は共著で『ソーシャルワーク実践のライフモデル（*The Life Model of Social Work Practice*)』を著し，**エコロジカルアプローチ**を展開した。エコロジカルアプローチでは，人が生活環境と共存するための能力を対処能力（コーピング）とし，環境が人間にニーズに適応することをレスポンスという。コーピングが弱かったりレスポンスが十分でない場合は生活ストレスが発生するとした。

　さらに**ピンカスとミナハン**（A. Pincus & A. Minahan）は同時期，生活モデルに立脚したシステム理論を展開した。つまりソーシャルワークを1つのシステムとしてとらえ，4つのサブシステムの相互作用により展開されている点を基軸として，体系的な支援を図るという理論を構築しようとした。具体的な4つのサブシステムとしては次の通りである。①ワーカー・システム，②クライエント・システム，③ターゲット・システム，④アクション・システムである。石川久展[11]によれば，①ワーカー・システムは，実践の主体となるソーシャルワーカーのことであり，ワーカーとワーカーが所属する社会福祉機関や専門職

団体まで含まれるが，ワーカーとして支援や実践を行う立場にあるものをいう。②クライエント・システムは，問題や課題を抱える当事者としてのクライエントとその家族や地域社会（各種の身近なコミュニティ・集まり）が含まれるシステムとなる。③ターゲット・システムは，ソーシャルワーカーとクライエントの問題や課題解決のために標的（ターゲット）となる人々，状況，組織・団体，地域社会，制度・政策，国民の意識など多種多様であり，変革や変化の対象やクライエントの支援を提供するシステムでもある。④アクション・システムは，クライエント・システム，ワーカー・システム，ターゲット・システムなどに働きかけをする実行システムである。ワーカーがどのレベルに働きかけるかを決定した後に，その課題や問題を解決するために協働するシステムととらえることができる。アクション・システムは，ターゲット・システムと密接な関係があり，明確に区別することは難しい面がある。

　このシステム論は，1980年代に日本に導入されたが，当時はクライエントを中心としたソーシャルワーク実践が主流であった。しかしながら近年，ことに2010年代以降，「我が事・丸ごと地域共生社会」や地域包括ケアシステムの構築等，自助・互助・共助・公助が重視される中，ソーシャルワーク実践もミクロ・メゾ・マクロという視点で展開されるようになってきた。対象をシステムとしてとらえ，その相互作用を基盤にしたシステム論のアプローチは重要な視点である。

6　ストレングスモデル

　ストレングスモデルは，精神保健福祉領域の支援方法にその端を発する。その背景としてリカバリーという概念が存在する。リカバリーという概念には明確な定義はないが，1980年代に当事者が中心となって精神医療のあり方に異を唱え，そのうえで well-being の実現を図ろうとした動向から出てきたものといえよう。この概念が医療・福祉の領域にも応用され，ケアマネジメントの一方法論としてラップとゴスチャにより提唱された。具体的には1978年，アメリカにおいて精神障害者に対する支援方法として地域支援プログラムが開始された。このプログラムは，長く深刻な状態であるが，長期的なナーシング・ケアの適応ではない精神障害者のサービスを改善するためにつくられた。このプログラムの特徴は，地域支援システムであり，これは傷つきやすさをもつ人たち

を地域から排除したり隔離したりすることなく，彼らのニーズに合わせた支援を潜在的な力をのばそうというものだった。

　その精神障害者に対する支援が，ソーシャルワークの分野にも展開されてきた。伊東香純によれば，ストレングスモデルとは，すべての人が欠陥とストレングスの両方をもっているという前提に立つ。そのうえで，対象者のストレングスに焦点を当てて支援をしようというのが当該モデルの考え方である。それではストレングスとは何か，ということになる。ストレングスモデルにおけるストレングスは，本人にあるものと環境にあるものとの2つに大きく分けられている。本人にあるものは，個人のストレングスと呼び，熱望（aspiration），能力（competence），自信（competence）という3つの要素があげられている。また環境にあるストレングスは，資源（resource），社会関係（social relations），機会（opportunities）という3つの要素があげられている。

　たとえば筆者が海外でソーシャルワークを学んだ当時，はじめてストレングスモデルの視点で支援した利用者の例をあげてみよう。利用者は，視覚障害，聴覚障害，知的障害という障害をもっていた。スーパーバイザーからアセスメントをするよう指示された筆者は，当時医学モデルに基づいたアセスメント方法しか知らなかったため，障害に基づき問題点のみをあげた。しかしながらスーパーバイザーからは，「そうではなく，彼女の好きなこと，できることをリストアップしなさい」と言われた。彼女が好きなものは「ポテトチップスとコカ・コーラ」で，できること・好きなことは「ビーズでアクセサリーを作ること」であった。スーパーバイザーからはこれをもとに支援プログラムを作成するように言われた。そこでビーズでアクセサリーを作ることをプログラムとし，プログラムが成功したら，おやつ時間に大好きなポテトチップスとコカ・コーラを楽しむということとした。またもう1人の利用者の場合は，掃除が大変得意だった。当初はパニックを起こしていたが，掃除のプログラムを支援プログラムの中に入れ，上手にいくとハグをするという支援を行った。その結果，2か月程度でその利用者はパニックになることなく，支援センターに来るようになった。筆者は当時その支援方法がストレングスモデルということはまったく知ることなく対応した。その後2000年代に入りストレングスモデルという視点が日本に導入されてきた。そこで初めて自分が体験した支援方法とその効果性を通してストレングスモデルの有効性を確認した次第である。現在では，ソーシャルワークの分野で，障害にとどまらず，高齢や児童，さらには地域へ

の支援の中でこのストレングスモデルは多様に用いられている。個人・家族・グループ・地域社会のもっている潜在能力の中からストレングス（強み）を最大限に引き出し支援していくことは，ヤングケアラーやひきこもり，8050問題等，フェルトニーズから表明化されたニーズへの転換が困難な生活課題やストレスを抱えているクライエントが増えている現在，大変貴重な支援方法であると考える。

7　ジェネラリスト・ソーシャルワーク

　1990年代以降，ソーシャルワークの方向性は，ジェネラリストアプローチへと展開していった。ソーシャルワークが当初ケースワーク・グループワーク・コミュニティオーガニゼーションあるいはコミュニティワークへと各論で展開し，それに対しバートレットが共通基盤を提示したのに対し，**ジェネラリスト・ソーシャルワーク**はソーシャルワークを各論ではなく総体的に構造化した概念であるといえよう。ソーシャルワークを構成する知識・技術・価値等も含めて総合的にとらえた総論としての視点であるといえる。また日本においては社会福祉士の支援の対象は児童・高齢者・障害者・地域・医療・司法等多岐にわたっている一方，精神保健福祉士の支援の対象は主に精神障害に限定しているところにその相違がみられる。その対象の相違の垣根をも越えて，相対的にソーシャルワークとしてとらえていこうという視点がジェネラリスト・ソーシャルワークであるといえる。ことに2014年7月に IFSW（国際ソーシャルワーカー連盟）が新たに提示した「ソーシャルワーク専門職のグローバル定義」においては，対象をミクロ・メゾ・マクロとし，従来ソーシャルワークの対象をミクロ，つまり個人や家族を中心としていたのに対し，ミクロだけでなく集団や組織のメゾ，さらに地域社会や国家また国際社会等地球レベルであるマクロとグローバルレベルで対象を拡大してきた。そこでは，社会変革・社会開発・ソーシャルインクルージョンという横断的な概念を強調している。つまり個人や家族をターゲットとしていたソーシャルワークからその視点が大幅に拡大してきている。

　また日本においても前述したように2010年代以降「我が事・丸ごと地域共生社会」や地域包括ケアシステムの構築等，自助・互助・共助・公助が重視される中，ソーシャルワークの対象が個人を地域社会の一存在として位置づけ，そ

のうえで地域社会ぐるみで個人を支援していこうという方向性に変化してきている。

　ジェネラリスト・ソーシャルワークの視点に基づく方法として，アメリカのCSWE（全米ソーシャルワーク教育協議会）は，次の点を重視している。専門職としての思考と志向としてはクリティカル・シンキング[3]を，専門職による実践であることの保証としてエビデンス・ベースド・プラクティス（科学的根拠に基づく実践）を，また対象のストレングスやレジリエンシー[4]を尊重して支援することを強調している。そしてその方法は，ミクロ・メゾ・マクロすべてに適用されるとしている。

　新型コロナの発生等，全世界が未曾有の危機に遭遇している昨今であるが，このような状況の中，今後よりジェネラリスト・ソーシャルワークの重要性は強化されていくものと考える。

注

(1)　石川久展（2019）「わが国におけるミクロ・メゾ・マクロソーシャルワーク実践の理論的枠組みに関する一考察——ピンカスとミナハンの4つのシステムをもちいてのミクロ・メゾ・マクロ実践モデルの体系化の試み」『Human Welfare』11，25〜37頁。

(2)　伊東香純（2016）「ストレングスモデルにおけるリカバリー概念の批判的検討」『Core Ethics』12，1〜11頁。

(3)　クリティカル・シンキングとは，批判的思考ともいい，「物事や情報を無批判に受け入れるのではなく，多様な角度から検討し理論的・客観的に理解すること」とされる。1930年代のアメリカの教育学において主張されはじめ，1980年代以降，注目された考え方。

(4)　レジリエンシーとは，回復力，復元力などの意味をもつ。従来企業などの情報セキュリティの分野で使われていたが，近年では，福祉や医療の分野でも適用されるようになってきた。

参考文献

一番ケ瀬康子（1963）『アメリカ社会福祉発達史』光生館。

佐藤豊道（2001）『ジェネラリスト・ソーシャルワーク研究——人間：環境：時間：空間の相互作用』川島書店。

ジャーメイン，C. ほか／小島蓉子訳（1992）『エコロジカル・ソーシャルワーク——

カレル・ジャーメイン名論文集』。

バートレット, H. M./小松源助訳（1978）『社会福祉実践の共通基盤』ミネルヴァ書房。

学習課題

① メアリー・リッチモンドは，どのような実践モデルを構築しましたか。考えてみよう。

② 医学モデルと生活モデルの相違について考えてみよう。

キーワード一覧表

☐ **メアリー・リッチモンド**　友愛訪問員として活動し，その体験を基盤にケースワークの母と呼ばれ，ケースワークの基礎を築いた。　35

☐ **『社会診断』**　リッチモンドが1917年に自分の経験を通して発刊した。ケースワークの最初の段階である社会診断の過程を体系づけた。　35

☐ **フロイト**　精神科医で，意識の世界のほかに無意識の世界を考え深層心理学を打ち立てた。自我（エゴ）・原始的自我（イド）・超自我（スーパーエゴ）という類型化をした。　35

☐ **診断主義**　フロイトの精神分析論を基盤に展開した方法。　35

☐ **バートレット**　『ソーシャルワーク実践の共通基盤』を著し，対象が異なってもソーシャルワークの共通性を明らかにした。　36

☐ **医学モデル**　医学の視点に基づき，原因と結果を明らかにしようというアプローチ。　36

☐ **生活モデル**　生活を主体に支援を展開しようというアプローチ。　36

☐ **ジャーメインとギッターマン**　エコロジカルアプローチを開発した。　37

☐ **エコロジカルアプローチ**　人が環境と共存するための能力を対処能力（コーピング）とし，環境が人間にニーズに適応することをレスポンスとする。　37

☐ **ピンカスとミナハン**　ピンカスとミナハンは1973年，ソーシャルワークを1つのシステムととらえ，以下の4つのサブシステムの相互作用を用いて支援を展開するとした。①ワーカー・システム，②クライエント・システム，③ターゲット・システム，④アクション・システム。　37

☐ **ストレングスモデル**　クライエントの強みを活かした支援方法。　38

☐ **ジェネラリスト・ソーシャルワーク**　ケースワーク・グループワーク・コミュニティワークと類型化するのではなくソーシャルワークを総体的に構造化しようというアプローチ。　40

ワークシート

　知的障害者施設に通所している利用者に対する支援です。

　利用者の太郎くんはまだ排泄行為が自立できておらず，たびたび失禁をしてしまいます。太郎くんはコンビニエンスストアに行き，アイスクリームを買い，食べるのが大好きです。支援者としてストレングスモデルに基づいた支援方法を考えてみてください。

① 　太郎くんがどのようなときにパニックになるかを考えてみてください。

② 　太郎くんの好きなことをあげてみてください。

③ 　具体的に支援プログラムを考えてみてください。

第4章

ソーシャルワークのアプローチ

　本章では，心理社会的アプローチ，機能的アプローチ，問題解決アプローチ，課題中心アプローチ，危機介入アプローチ，行動変容アプローチ，エンパワメントアプローチ，ナラティブアプローチ，解決志向アプローチ，実存主義アプローチを取り上げ，ソーシャルワークのアプローチについて説明する。

　以下に示すショート事例に基づき，各種実践アプローチが具体的にどのように展開されていくのか，その実際を知り，各アプローチの特徴について学びを深めてもらいたい。またジェネラリストを志向するソーシャルワーカーとして，多様なアプローチを活用する視点も身につけてほしい。

〈ショート事例〉　子育てに奮闘する吉田志乃さんのケース

　吉田志乃さん（28歳）は娘の知佳ちゃん（5歳）を連れてA市が運営している子育てサロン（以下，サロン）を定期利用している。サロンを利用する志乃さんの最近の様子は，表情に疲れがみられ，知佳ちゃんとのやりとりでもイライラした態度で関わることが増えている。

　ある日，このサロンに勤務している西原ソーシャルワーカーは，最近の志乃さんの様子が気になり，声をかけてみることにした。すると，志乃さんから知佳ちゃんの子育てについてのさまざまな思いが語られた。それは，サロンを利用している他の子ども（知佳ちゃんと同じ年齢くらいの子ども）とわが子の成長を比較した際に，知佳ちゃんはまだ自力で服や靴の着脱ができず，発達に遅れがあるのではないか，とても心配しているという内容であった。さらに，もし知佳ちゃんの発達に遅れがあるということになれば，それは自分の子育ての仕方に原因があるのではないか，という不安も語られた。最近，志乃さんはこうした子育て不安やストレスによって，知佳ちゃんが自分のいうことを聞かない時に，強い口調で怒鳴ったり，時にはたたくこともあり，ひどく落ち込む様子もうかがえた。

　志乃さん一家は約1年前に夫の仕事の都合で県外からA市に転居してきた。志乃

さんの周囲には子育てについて相談したり，協力をお願いできる知人は誰もいない。
夫も常に仕事が忙しく，家事や子育てに協力的ではないため，志乃さんは家事や子
育てを1人で背負いこんでいる状態が続いている。

1　アプローチとは何か

（1）ソーシャルワークにおける実践アプローチとは何か

　バートレット（H. Bartlett）が中心となって1958年に作成された『ソーシャ
ルワーク実践の共通基盤』によれば，ソーシャルワークの方法とは「①社会環
境と関連づけながら，個人の側に，②個人にもたらす結果と関連付けながら，
環境の側に，③相互作用している個人と社会環境に変化を促進させようとす
る」とされている。

　ソーシャルワークは，人間が社会生活を営むうえで抱える問題の発生要因を
個人の側に限定してとらえるものではなく，かといって環境の側に限定してと
らえるものでもない。ソーシャルワークとは，相互に作用し合う人間と環境の
接点に働きかけ，人々のウェルビーイングを増進しようとする専門職の活動と
いえる。こうしたソーシャルワークの考え方を基調に，その展開過程といえば
概ね，①インテーク（受理面接），②アセスメント（事前評価），③プランニング
（支援計画の策定），④インターベンション（支援の実施・介入），⑤モニタリング
（経過観察），⑥エバリュエーション（事後評価），⑦ターミネーション（終結）と
いった流れで説明されることが多い。

　ところが，こうしたソーシャルワークの方法や展開過程についての説明は，
あくまでソーシャルワークを展開していくための基礎的・共通的方法を示す抽
象的な説明にすぎない。

　もっと実践レベルに即した形でソーシャルワーカーが担当するケースをみる
と，そこには独自性や特殊性が働いており，ソーシャルワーカーはそれぞれの
ケースに適合した問題解決がより円滑に進むと考えられる援助のフレームワー
ク（枠組み）を活用しながら，援助活動を展開している。もう少しいえばソー
シャルワーカーは援助対象から得られる多彩な情報のどこに着眼点を置くかに
よって，援助のフレームワークを選定するのである。

　では，志乃さんの事例を確認してみたい。あなたはこのケースのどのような

情報に着目するだろうか。たとえば，このケースにおいて服や靴などの着脱が
まだ自力でできない子どもに対し，母親が不安を覚え，不適応な状態に陥って
いるととらえてみる。このような見方をするソーシャルワーカーは「親子の関
係性」に着目し，子どもが服や靴などの着脱ができないことを問題視する母親
の，子どもに対するネガティブな考え方が変容していくように，じっくり時間
をかけながら働きかける援助方針を選択するかもしれない。

　一方で，子育て不安やストレスによって母親の情緒的バランスが崩れている
状態をクライエントにとっての重大な危機としてとらえ，従前の情緒が安定し
ていた状態に近づけるための素早い介入と比較的短期的なタームで問題解決を
目指す方針を打ち出す援助者もいるだろう。

　繰り返しになるが，ソーシャルワーカーが援助対象の置かれる場面状況を適
切に把握し，それから得られる情報のどこに着目するかによって，問題解決に
つなげる援助のフレームワークは変わってくる。もちろん，ソーシャルワー
カーは専門職であるがゆえに，自身の感覚や経験則のみに頼り，援助のフレー
ムワークを選択することがあってはならない。あくまでクライエントの自己実
現にむかって，その**ウェルビーイング**を大前提にして，エビデンス（根拠）を
大切にしながら援助のフレームワークを選択，活用していくことが重要となる。
本節でいう援助のフレームワーク，これこそが**ソーシャルワークのアプローチ**
なのである。

（2）ソーシャルワークにおけるアプローチの分類と特徴

　副田あけみ[(2)]は，主にアメリカで発展してきたソーシャルワークの主要な実践
アプローチは大きく2つのタイプに分けることができると考えている。

　分類の基準は，そのアプローチがアセスメントを重視するのか否かというも
のである。アセスメントを重視するアプローチの特徴は，問題が発生するメカ
ニズムを把握し，それに基づいて問題解決の方向性を打ち立てようとする部分
にあるといえ，こうしたタイプのアプローチには，心理社会的アプローチ，行
動変容アプローチ，家族療法アプローチ，課題中心アプローチ，生態学的アプ
ローチ，ジェネラリスト・アプローチ，仲介モデルのケアマネジメントなどが
あげられる。

　それとは対照的にアセスメントを重視しないアプローチには，ナラティブア
プローチ（物語アプローチ），解決志向アプローチ（ソリューションフォーカストア

表4-1　ソーシャルワークのアプローチの概要

実践アプローチ	概　要
心理社会的アプローチ	クライエントと彼らが置かれた状況の両面を射程にとらえる。ソーシャルワーカーは多様なコミュニケーションスキルを活用し，課題を抱えるクライエントのパーソナリティとクライエントが置かれている状況に働きかけ，改善を目指すアプローチ。
機能的アプローチ	クライエントが自らの「意思」でソーシャルワーク援助機関の機能を活用しながら問題解決を図り，自己の成長を促していこうとするアプローチ。ランクの意思心理学（意思療法）を考え方の基礎に置いている。
問題解決アプローチ	このアプローチでは，ソーシャルワークは問題解決の過程とみなす。クライエントが主体的に問題解決を目指す当事者ととらえ，問題解決にむけた動機づけが高まるよう援助するアプローチ。
課題中心アプローチ	クライエントが解決を希望し，かつ自らの努力で解決可能であると判断する課題を設定し，短期かつ計画的にクライエントが課題に取り組むことができるよう支援するアプローチ。
危機介入アプローチ	クライエントが遭遇する危機状況が彼らの成長を阻むととらえ，可能な限り迅速に危機的局面に介入し，クライエントの社会的機能の回復に努めようとするアプローチ。
行動変容アプローチ	今クライエントに現れている問題行動に焦点を当て，学習理論を活用しながら問題行動の条件を操作することによってクライエントの行動変容に関わろうとするアプローチ。
エンパワメントアプローチ	社会の不正義や不平等によってクライエントが抑圧された状況に置かれている時，クライエントの潜在的能力を発見し，問題への対処能力が高められるように支援するアプローチ。
ナラティブアプローチ	クライエントが語る物語を重視し，問題認識が詰め込まれているストーリー（ドミナントストーリー）を変容させることで，新しい意味を見出す物語（オルタナティブストーリー）に書き換えていく援助を通じ，問題状況から脱することを目指すアプローチ。
解決志向アプローチ	問題解決した状態のイメージに焦点を当て，解決に寄与する資源を調整，活用しながら，クライエントの問題解決を目指し，社会的機能を向上させようとする短期アプローチ。
実存主義アプローチ	クライエントが他者とのつながりを構築することによって，自らが存在し生きる意味を見出し，疎外感を抱える状態から解放されることを目指すアプローチ。

出所：筆者作成。

プローチ），ストレングスモデルのケアマネジメント，エンパワメントアプローチなどがあげられる。

　ソーシャルワークのアプローチの種類は多岐にわたるが，本章では第2節以降で，表4-1に示すアプローチを取り上げ，その内容について説明していく。

（3）ソーシャルワークにおけるアプローチ活用の考え方

　川村隆彦は「ジェネラリストを志向するソーシャルワーカーは，一つ二つではなく，フルカラーズの引き出しに，多様な実践モデル，アプローチを準備しておく。そうすることでミクロ，メゾ，マクロに横たわる，クライエントの多様な問題やニーズに応えることができる」と述べている。

　ソーシャルワーカーは個人や家族だけでなく，集団や地域，さらには社会全体を援助対象としている。ジェネラリストソーシャルワーカーはそのケースの状況に応じ最も適する支援を行うために，必要に応じて多様なアプローチを組み合わせる判断力と活用スキルが要求されるのである。

　したがってソーシャルワーカーには，活用しようとするアプローチがどのような対象や課題に効果を発揮するのかといった情報や，どのようなタイミングでそれを活用すべきなのかといった精度の高い判断力を有することが重要となる。

2　心理社会的アプローチ

　心理社会的アプローチは，ソーシャルワーカーの経験をもつアメリカの研究者，ホリス（F. Hollis）が，1960年代に著書『社会心理療法』で確立した。ホリスは「状況の中にある人間」を提唱し，利用者個人と，その利用者が置かれている社会環境の両者が，お互いに影響し合っていることを重要視している。したがって，「**状況の中にある人間**」（利用者）を中心に，利用者が状況に向き合う力を高めることを目的にするアプローチである。方法として，面接を通じて実施され，特に言語でのやりとりを用いて展開する特性がある。

（1）心理社会的アプローチの起源と概要

　心理社会的アプローチの起源は，ソーシャルケースワークの母とされるリッチモンド（M. E. Richimond）の理論を継承する**診断主義ケースワーク理論**にあ

る。加えて，1920年代以降にフロイト（S. Freud）が提唱した，精神分析理論の影響を受けている。当時のフロイトの影響は，ホリスが「ほとんどすべてのケースワーカーは，フロイトと彼の後継者の仕事の中に個人理解のための貴重な〈理論的枠組み〉を発見してきた」と述べるほど，大きかった。当時フロイトの精神分析理論は，ソーシャルワーク以外の社会科学のみならず，教育学，哲学など他の学問領域にも大きな影響を及ぼした。

　リッチモンドは，ソーシャルケースワークについて，「ソーシャル・ケース・ワークとは人間と社会環境との間を，個別に意識的に調整することを通して，パーソナリティを発達させる諸過程から成り立っている」と定義している。ここではソーシャルケースワークの目的として，パーソナリティの変容が示されており，その関心は，フロイトの精神分析理論への接近に重なることがわかる。この定義で，リッチモンドが個人のみならず個人を取り巻く社会環境にもしっかりと目を向けていることは，あらためて確認しておきたい。

　ホリスは，リッチモンドの理論を踏まえて，心理社会的アプローチを確立した。ホリスは，「自分自身の問題を自力で処理する能力を強化することが一番大切」「主として，自我機能を改善させる問題」と述べ，自我機能の改善を重要視している。自我について，杉本照子は，フロイトの理論等を踏まえて，「社会関係を対象領域とするケースワークにとって非常に有用」と述べ，有益性を示している。さらに自我は，「人間の理性的部分」で，「人間の内的要求と外界の現実が人間に要求するものとを調停する役割」をもつものとした。このように，自我は心の理性的部分に位置づき，調整機能をもつ，重要なものとされている。

　無論，現代を生きるわれわれソーシャルワーカーは，精神分析に関する専門家ではない。しかしながら，心の成り立ちについて，自我の働きから理解することは，利用者をとらえる際の知識の1つとして有用であろう。それを踏まえて，ホリスが『社会心理療法』で中心概念として示した「状況の中にある人間」について，掘り下げていきたい。

　ホリスは「状況の中にある人間」における援助の目標について，個人と状況，あるいはその両者に変化を起こさせること，と示した。人と状況の相互作用からの「状況の中にある人間」の視点から，人と人とが関わる際の相互順応ができていないという状況とのストレスをとらえる。そのうえで個人および，状況の両方に変化を起こさせるように働きかけていく。

　またホリスは，「パーソナリティの変化や成長は，ケースワーク処遇の結果起こるものであり，処遇によってもたらされる環境の変化は，順応を促進するもの」と位置づけた。パーソナリティの成長を直接の目標に掲げていない点に，リッチモンドを踏まえた，ホリスの心理社会的アプローチの特性があるといえる。

（2）個人に対する働きかけにおける5つのポイント

　個人に対する働きかけにおける5つのポイントを以下に示す。

---

① 利用者を受容する

　ソーシャルワーカーは利用者の福祉に心を注ぎ，関心をよせ，尊敬することによって利用者を受容すべきである。これには，利用者に対する温かい感情も含まれる。

② 利用者のニードを優先する

　ソーシャルワーカーはまず利用者のニードを優先させるような「相手中心」の関係であるべきである。これは，援助の目標は，常に利用者のニードが優先になるべきである（ソーシャルワーカー本位ではない）という戒めであろう。

③ 科学的な客観性によって利用者を理解する

　ソーシャルワーカーは，利用者に評価や応答をする場合，個人的な先入観をとりのぞいて，できるだけ科学的な客観性によって利用者を理解すべきである。今日のソーシャルワーク実践では，利用者の語りとともに，「根拠を示した実践（Evidence Baced Practice：EBP）」が重要視されている。ホリスが示した心理社会的アプローチでも，「客観性」に力点が置かれていることは興味深い。

④ 利用者が自己決定する力を引き出す

　ソーシャルワーカーは利用者が自分自身で決定する権利があることを認め，また利用者には自己指向の力があるので，それを引き出すよう努力すべきである。ここでは，誰もが自分自身のことは自分で決定したいというニードをもっていることをソーシャルワーカーがしっかりと自覚すること，それに加えて，利用者の自己決定を引き出す重要性が示されている。

⑤ 他者との相互依存を認める

　ソーシャルワーカーは，利用者と他者との相互依存を認めるべきである。ここにおける依存とは，利用者の「自立」を目指す際に，他者に対する信頼感を基本にして，他者への理解をもとに補い合い，それぞれの存在価値を認めるということであ

ろう。

（3）個人に対する働きかけにおける6つの技法

次に，個人に対する働きかけにおける6つの技法[02]を示す。

---

① 持続的支持

　ソーシャルワーカーが利用者に対して，関心と共感を伴った傾聴を行い，利用者に関心を寄せていることを示す。また，非言語的側面も重視し，表情，声の調子，言葉の選び方，座り方などにより利用者への関心を態度により伝える。さらに利用者の罪悪感や不安感をソーシャルワーカーが受け入れ，利用者への信頼感を表現したり，努力の成果を認めたり，成功したことに対して喜びを表現していく。

② 直接的指示

　利用者への直接的な指示として，意見や態度，助言などを表明する。最も強い方法では，強い介入がある。不適切な介入をしないために，以下の3つが求められる。(1)ソーシャルワーカーは，利用者にとって最もよいことが何かをあらかじめ知っておくこと。(2)ソーシャルワーカーが，自分自身を権威者と位置づけるためにあるのではないと意識すること。(3)できる限り，利用者が自分自身でものごとを考えられるようにすること。

③ 浄化法

　換気法ともいわれる。利用者の感情の自由な表現を促進し，自由な表現を可能にするような雰囲気を重んじる。しかし，話をすることによって利用者が自身の感情の渦中に深く巻きこまれてしまうことがある。その場合は，感情の表現は続けないようにすべきである。また，利用者の状況に関する事実の知識を引き出すのみでなく，状況についての感情が示されるように関わっていく。

④ 人と状況の全体性についての検討

　以下4つがポイントとなる。(1)利用者自身が置かれている現在の状況について，利用者が自分で考えることができればできるほど，自分で発見した答えをますます信じられるようになる。(2)その状況に対する利用者自身の反応について，利用者が自分でその前後関係を検討するように関わる。(3)利用者が，自身の状況に対する内面的な自覚をするために，時に利用者の不適切な行動があれば自覚し熟慮するよう，激励する。(4)ソーシャルワーカーと利用者の関係を通じて，利用者が自分自身の反応を表現したり，自覚したりできるように関わる。

⑤ 利用者の力動的な要因についての検討

　「力動的要因」とは，ソーシャルワーカーが，利用者が自身の応答の仕方やその

傾向について，利用者の感情，態度，行動の型などについて，自身の行動傾向や出来事から考察することを促すことを指す。この力動について田嶋英行は，フロイトの精神分析の影響が強く表れており，「心」は静的なものではなく，動的，ダイナミックなものとしてとらえていたことに特徴があると述べている。[13]

⑥　発達的な反省

　ソーシャルワーカーが，利用者の現在の行動に関すると思われる，自身の幼少期の生活の諸場面について，話し合いおよび考察を行う。そこから応答の仕方や傾向の発生的，発達的要因についての話し合いをする。「無意識の材料の顕在化」は求めない。

（4）心理社会的アプローチを用いる際の留意点

　小松啓と窪田暁子は，心理社会的アプローチを扱う際の重要な点として，自身の児童相談所での臨床経験を踏まえて，「クライエントは内的な葛藤を指摘されたから改善されるわけでもなく，かえって反発のみ残るのであって，むしろ支持的，受容的に扱われて自然に長い時間をかけて自分の力で乗り越えていくべきものである」と述べている。[14]この言及からは，ソーシャルワーカーの受容的，支持的態度の重要性がうかがえる。現在のソーシャルワークにおいては，内面への葛藤に焦点を当てるより，受容的に接し，利用者が自分の力で乗り越えていく過程に取り組めるように援助することが求められている。

　また，ホリスは前項で示した6つの技法について，「利用者自身との接触の場合はもちろんのこと，利用者の環境になっている人びとに対する面接にも応用できる」としている。[15]したがって，個人に対するアプローチのみならず，状況や環境を把握する際にも，意識しなければならない。

（5）ショート事例に対する心理社会的アプローチの展開

①　関わりはじめ

　ソーシャルワーカーは，まず利用者個人である志乃さんに働きかけ，援助関係の形成を深めるとともに，志乃さんおよび状況への理解を深めたいと考えた。そこで，子育てサロンに来所した志乃さんに「吉田さん，先日はお話を聞かせてもらってありがとうございました。可能であれば，本日も面接をさえてもらえますか」と声をかけた。知佳ちゃんのケアは，他のスタッフが責任をもって行うことを伝えた。

②　面接における関わり：言語化と権利の尊重

　面談室に入室した志乃さんは，以前に話をしたにもかかわらず何を話すのかと不安そうな様子だった。ソーシャルワーカーは「面談に応じてもらって本当にありがとうございます。びっくりしましたよね」と伝え，警戒心を理解している様子を伝えた。

　さらに「先日お話をお聞きして，知人のいないこの地に転居して，ご主人の協力がなかなか得られない状況にある中で，吉田さんが懸命に頑張っていらっしゃることがうかがえました」と伝え，子育ての過程を言語化して成果として示し，言葉と行為から，利用者の権利を尊重していることを伝えた。

③　面接における関わり：利用者への関心の表出と支援の同意

　続けて，「随分落ち込んでいらっしゃる様子もうかがえて案じています」と落ち着いたトーンで，やわらかい表情を用いて支持を示した。

　それに対して，志乃さんは「温かい言葉をかけてもらえるのは嬉しいですが……」と言いながらも，警戒感が解かれた様子はなかった。また，「私のつらさはわからないと思います」と述べた。その言葉の意味を考えながら，「志乃さんのつらさについて，どうすることができるのかソーシャルワーカーとして力になりたいと思っています」と支援への同意を依頼した。

④　面接における関わり：発達的要因への言及

　ソーシャルワーカーは，子どもをたたいてしまうことを話題にあげた。「知佳ちゃんをたたいてしまうことが，つらさの要因の1つではないかと考えています。たたいてしまうのは，どんな時でしょうか」と尋ねた。それに対して，志乃さんは自身も子どもの頃父親は不在がちで，母親と2人の生活が多く，母親からたたかれることがたびたびあったこと，自身も知佳ちゃんが注意してきき入れない時は，たたいてしまうことを途切れがちに話した。

⑤　面接における関わり：浄化法

　志乃さんは「知佳のことは本当に心配です」「それなのにたたいてしまう自分が本当に情けない……。つらいです」と涙を流した。「そのような話しにくいことを話してくださったこと，勇気がいりましたよね，話してくださって本当にありがとうございます」と伝え，つらいという気持ちを軽減し，慣れない土地での生活を少しでも今後過ごしやすいものにしていくために，定期的な面接を提案し，面接の間は子育て支援センターで子どもを観ることを保証した。

　⑥　状況へのアプローチ：夫との関わりはじめ

　面談を継続し，志乃さんとの面接を継続する中で，少しずつ気持ちがほぐれて，表情もやわらかくなり，理解が深まり，関係形成はできつつあると感じたソーシャルワーカーは，状況へのアプローチを試みた。

　そこで，「志乃さんがここまで頑張っていらっしゃったことは，ソーシャルワーカーとしてしっかりと理解できたと感じています。お仕事や家庭のことを頑張っていらっしゃるのは，ご主人も重なる部分があると思います。可能であれば，ご主人にも来所いただきたく，ご主人の連絡先をお聞きしていいでしょうか」と夫へのアプローチについて同意を求めた。

　志乃さんは同意してくれ，後日志乃さんより，連絡可能な時間と夫の連絡先がソーシャルワーカーに伝えられた。

　⑦　状況へのアプローチ：夫が理解している状況の把握

　ソーシャルワーカーは指定された時間に，夫へ電話をした。「お忙しい中，こちらからの声かけに応じていただき本当にありがとうございます。志乃さんとはこの間，面談に応じていただき，継続しています。最近の志乃さんのご自宅での様子はいかがでしょうか」と尋ねた。

　それに対して，夫は志乃さんや知佳ちゃんのことは気がかりではあったが，仕事が多忙で，また責任感の強い志乃さんに対してどのように接すればよいのかわからなかったと答えた。

　⑧　状況へのアプローチ：今後の支援体制を夫とともに構築

　ソーシャルワーカーは，夫の気持ちへの理解を示すとともに，知佳ちゃんの発達に関して，専門相談の機関からの助言が必要と考え，同じ市で実施している療育相談を紹介したいと考えていること，そのことについて志乃さんも同意していることを伝え，情報共有について同意を得た。

　⑨　状況へのアプローチ：人と状況への応答性

　後日志乃さんとの面談を実施し，療育相談に関して，夫にワーカーからも伝え賛成してくれたこと，今後も適宜相談を継続していきたく，遠慮なく声をかけてほしいと伝えた。

　加えて，志乃さんに市の保健センターで実施している「転勤者の配偶者の会」を紹介した。志乃さんの在住地域には転勤者が多いにもかかわらず，対面でやりとりする機会が不足していると考え，転勤者の配偶者としての知恵や大変さなどを共有する機会が必要だと考えたためである。会への参加を慌てる必

要はなく，会の存在を志乃さんが知ることそのものにも意義があると，ソーシャルワーカーは考えている。

⑩　関わり終わり

以上の関わりを通じて，志乃さんは，他者との交流，そして自身と向き合う中で，気持ちが落ち着き，知佳ちゃんをたたくことはなくなり，地域の中で居場所を得ることが可能になった。もちろん，これからも子育てや夫婦関係ではさまざまなことが生じるであろう。しかし，志乃さんが状況への応答性を高めた過程を自信にして，生活を続けてほしいとソーシャルワーカーは願っている。

3　機能的アプローチ

（1）機能的アプローチとは

The Social Work Dictionary 5th Edition によれば，機能的アプローチは，1930年代から1950年代にかけて影響力をもったアプローチであった。そして機能的アプローチの特質は，フロイト理論や診断的な質問等を重視するよりも，時間を限定（time limited）し，**機関の機能**（the function of the agency）から生じる問題に焦点を当てる方針（戦略）であったことである。さらに機能的アプローチ（**機能派**）は，診断派（心理社会的アプローチ）と一線を画しつつ，発展していった。そのため1930年代以降，診断派と機能派の間に大きな論争が起こり，それは第二次世界大戦後の両派を統合しようとするソーシャルワーク実践が生じるまで続くことになった。では，機能的アプローチとは何か。スモーリー（R. E. Smalley）は，次のように定義している。

　　ソーシャル・ケースワークとは，基本的に1対1の関係の過程（a relationship process）を通じて，クライエント自身や社会一般の福祉に向けて，ソーシャルサービスを利用するよう働きかける方法である。

そして，スモーリーは，診断派と比して機能的アプローチの特徴を主に3つあげている。第一に，機能的アプローチは成長の心理学（psychology of growth）に依拠しており，クライエントが変化する主体であるとした。そのためワーカーはクライエントの成長を引き出す関係の過程に関わるとしている。要するに，機能的アプローチは，利用者の成長と主体性等を大切した。第二に，機能

55

的アプローチにおける機関の目的は，ソーシャルワーク全体の目的の部分（または具体例）であり，ワーカーに実践の焦点・方向性・内容を与える。そして機関のある特定のソーシャルサービスはアドミニストレーションの方法からなる。要するに，ワーカーが所属する機関（の機能）とワーカーとの間で目的や支援・実践に齟齬が生じないようにしたのである。

　第三に，機能的アプローチは，ソーシャルケースワークの概念を援助の過程（helping process）としてとらえ発展させた。そして機関のサービスは，ソーシャルワークの原則を生かし，人間関係の中で開始し，継続し，終結するという過程で展開される。要するに，利用者とワーカーは互いとの関係を支援（援助）の過程の中で見出し，そして共に，何かを見出していくのである。

　このことからすれば，機能的アプローチとは，人々の成長や発達の“変化”や“過程”を重視するアプローチである。そこでは利用者を中心に据えた支援とともに，“機関の機能”を重視していた。

（2）機能的アプローチの背景

　機能的アプローチの背景を理解するには，主にランク（O. Rank），タフト（J. Taft），ロビンソン（V. P. Robinson），スモーリーという人物をおわねばならない。小松源助によれば機能的アプローチが形成されていく場は，ペンシルバニアソーシャルワーク学校であり，そこでタフトとロビンソンは出会い，協働していく。そして1920年後半，彼女らはランクから多大な影響を受けた。ランクからの影響は，たとえば出産外傷説や“will（意思）”の概念等であった。出産外傷説とは，人は自立したと思う一方で，依存状態でもありたいという分離不安を抱き，この不安や葛藤は出産時に子どもが母胎から切り離されることで経験される。そのうえで人は自らの“will（意思）”によって，分離不安を乗り越える力・選択等ができると考えた。また支援関係では，時間や期間を限定的にすることで，“今，ここで”を重視し，これらの影響を受けアプローチが形成された。

　また機能的アプローチを体系化・理論化したスモーリーは，1960年代にペンシルバニアソーシャルワーク学校がペンシルバニア大学に統合され大学院の充実が図られたタイミングで招聘されたという。

（3）機能的アプローチの支援展開（原則）とターゲット

　機能的アプローチのソーシャルワーク実践の原則として，スモーリーがまとめた5つの原則をみていきたい。なお，以下の諸原則の要約については，スモーリーの原著（1970）と，久保紘章（1985），小松源助（2002），高山恵理子（2005）の訳出を参照し要約していることを断っておく。

【原則1】　効果的な診断は，サービスの活用と関連づけられ，クライエントが協働と参加を得られ，サービスが進められ適切な場合等，ワーカーの診断と理解がクライエントに告げられ，利用される。

【原則2】　ワーカーが時間による開始期，中間期，終結期の段階を意識的に活用することによって促進される。これによって時間のもつ可能性がクライエントに活用される。

【原則3】　機関の機能と専門職の役割機能の活用によって，ソーシャルワーク実践の内容や方向づけ，焦点が定まる。同時に機関のアカウンタビリティ，協働，具体化，個別化等を可能とする。

【原則4】　機関と過程から発展し，構造を意識的に活用することから，ソーシャルワークのプロセスの効果を高める"フォーム"を取り入れる。

【原則5】　クライエントが関係を活用し，クライエント自らが目的達成にむけた取り組みとして選択と決定，行動，協働する。

　次に機能的アプローチのターゲットについては，ソーシャルワークの実践のすべての分野に適用できるという。機能的アプローチでは，すべての社会問題にソーシャルワークは貢献することができ，ソーシャルワークの方法においても第一次過程と第二次過程の双方で扱うことができるとした。ちなみにここでいうソーシャルワークの第一次過程とは，利用者やクライエントシステム，直接的に扱うケースワーク，グループワークコミュニティオーガニゼーション，第二次過程はスーパービジョン，アドミニストレーション，リサーチ，ソーシャルワーク教育のことである。

（4）ショート事例に対する機能的アプローチの展開

　ショート事例は支援過程の初期場面である。志乃さんは，表情が疲れ気味で知佳ちゃんにイライラした態度を示していた。そして西原ソーシャルワーカーに吐露した語りには，知佳ちゃんの発達への心配，子育てへの不安やストレス，

志乃さん自身の言動や振る舞いへの嫌悪と気分の落ち込みがみられていた。

　機能的アプローチでは，利用者とワーカーが共に協働できる目標を見つけることが重要である。そのために，志乃さんの語りは，ワーカーとの関係やニーズの整理等にとって大切な吐露となる。そして志乃さんは，ワーカーとの関わりの中で自らが抱える問題や課題を整理し，自ら歩めるようになることが重要である。事例をみる限り志乃さんにとっては，知佳ちゃんの成長に対する悩み・葛藤，夫との関係，頼れる他者がいない等のことが，大きな問題となっている。志乃さんはワーカーと共に丁寧に状況を紐解き，自らが課題を理解できるようになることが重要である。これらの点は機能的アプローチの特徴でみたように利用者（クライエント）が変化する主体であり，ワーカーにとっても志乃さんの成長を引き出す関係の過程となる。また，支援の初期場面であっても機能的アプローチは，機関やワーカー，サービス等の利用要件や期待等を明確にする。この点は機能的アプローチの定義や【原則3】においても明らかである。

　以上のように初期場面を中心にみてきた。その後の支援の過程においても，【原則2】のように時間を意識的に活用していく。そして【原則5】にあるようにワーカーとの関係の中で志乃さんは“援助を受けている”ということを実感していくことが大切である。さらに諸原則や時間の意識的な活用等を通じて，ワーカーの支援は，志乃さんが自ら選択や決定，行動していけるように，徐々に志乃さん自身に責任を委ねていくように方向づけていくことが重要である。

　その後，支援は終結を迎える。サービスが効果的であれば，支援の終結は，むかえるべきものである。志乃さんに対してワーカーは，支援が終結していくことを気づかせ，志乃さん自身が問題解決できるように支援しなければならない。そこでは志乃さんのこれまでの経験・体験，できたこと等を振り返り評価することも必要である。また，現在の志乃さんの不安や葛藤を語ってもらうことが大切になる。ワーカーとの支援（援助関係）が終結することが，志乃さんにとって新しい“準備”となるように関わらなければならない。

（5）機能的アプローチの汎用性

　すでにみてきたように，機能的アプローチは，すべての実践分野に適応することができる。アプローチの適用分野は，実際に児童福祉分野や公的扶助等の公的福祉，家族福祉等へ拡大していったという。

4 問題解決アプローチ

　1930年代に機能主義が診断主義を批判して以降，両者の論争が続いた。診断主義はフロイトの精神分析に依拠し，利用者の過去の心の傷や生活歴に注目して疾病を治療する発想で支援するものである。これに対し機能主義はランクの意思心理学に依拠し，利用者の過去の心の傷というよりも現在の状況とそれに対する成長の意思に着目して支援するものである。

　そこで，診断主義の立場をとりながら機能主義の議論を取り入れ，折衷しようとしたのがパールマン（H. H. Perlman）の問題解決アプローチである。人間は生まれてから死ぬまでずっと何らかの問題を解決しながら生きている。生きることは，自分でさまざまなものを使いこなし，問題を解決して，社会環境に適応して生活することである。パールマンは，人間にはその柔軟な力があると考えた。

（1）4つのP

　パールマンは1957年に『ソーシャル・ケースワーク——問題解決の諸過程』を著した。そこで彼女はソーシャルワークを以下のように説明している。ある問題〔problem〕をもつ人〔person〕が，専門家の支援の過程〔process〕によってその人を助ける場所〔place〕に来る。この説明は4つのPといわれる。「問題」とは，満たされていないニーズ，欲求不満，社会への不適応などを指す。「人」とは，利用者とその性質である。「過程」とは，ソーシャルワーカーが利用者やその問題に影響を与えて，自分で問題を解決できるようにする手順のことを指す。「場所」とは，社会福祉に関係する施設や機関を指す。

　これら4つを意識して支援するのが問題解決アプローチである。

（2）人——自我をもつ潜在的な問題解決者

　人は生活上の問題を解決する時，意識的あるいは無意識に，自分なりの思考や感情，行動の性質をもっている。そのような個人の特性をパーソナリティという。パーソナリティのうち，問題解決アプローチでは特に自我（エゴ）に着目する。私たちは欲求の衝動のままやりたい放題で生きるわけにはいかない。逆に，ルールに縛られすぎて欲求を満たせずに生きるのもつらい。そこで私た

ちはなんとか社会環境にうまく**適応**しながら欲求を満たそうとする。そうやって現実的にうまく行おうとする心の機能が自我である。

　社会環境に適応しながら生きるには，使えるものをうまく使って，柔軟に対処する自我の強さが求められる。私たちは貧困や孤独といった問題の大変さはわかっても，「問題に対処できない自分」と向き合う大変さは軽視しがちである。そこで，繰り返しになるが，パールマンは利用者が自分で現実的に対処するための自我の力を重視した。パールマンは，人は誰でもその力があり，「潜在的な問題解決者」であるという。

（3）問題——自我の弱さと不適応

　人がうまく生きていくには，社会が求めてくる役割に応えていかなければならない。たとえば，会社で働き始めると「出勤する」「上司の指示に従う」といった「会社員」の役割を求められるだろう。妊娠すると「産婦人科などに行く」「お酒を控える」といった「妊婦」の役割を求められるだろう。子育て中の人が病気になり，「入院患者」にならざるをえない状況では，子育てをすべき「親」という役割との葛藤を覚えるかもしれない。その時，現実的に問題に対処する自我の働きが弱いと，うまく役割を果たせず，ストレスを感じ，生活の問題が増大していく。

　そこでワーカーは，利用者が強い自我をもって自分で解決していくことを支援する。たとえば，パールマンは，そもそも利用者が相談に来ること自体，これまでと違うやり方でやってみようと自我が努力している証拠だという。まずは利用者の努力を受け止めたい。

（4）過程——支援のゴールと方法

　ではどのような支援がよいのか。パールマンは，利用者が自分で適切に支援を求め，支援を活用する力を高めることを重視した。その力を**ワーカビリティ**という。ワーカビリティを高める支援では，利用者が支援を受けて解決しようという「動機」や，身体的・知的・情緒的な「能力」の向上，そして能力を発揮する「機会」の提供を重視する。

　利用者は自我が弱まっており，ワーカビリティを十分に発揮できていない。したがってワーカーは，利用者がなぜ自我の弱さを抱え，問題を解決できずにいるのかを丁寧に診断しながら支援する。

　問題解決アプローチは，リッチモンドのケースワークのような，パーソナリティの発達を目的とした支援ではない。パールマンは，そんな支援は「鬼火の像を追う」ようなもので，長期化して困難だという。支援のゴールは，現在の問題についての現実的な診断と，現実的な解決方法のうちで試行錯誤する中で「あらわれてくる」ものである。支援の過程が以下である。

---

　①　利用者と協働関係を築き，利用者の自我を安定させる。
　②　向き合うべき問題について話し合い，話を整理しながら，利用者自身の動機と行動で解決するよう働きかけていく。
　③　その行動を助けるための機会と社会資源を提供する。

　まず，利用者と丁寧に関係性を築くことが大事である。利用者の自我を安定させ，問題に前向きに取り組もうという動機づけを高める必要があるからだ。
　では，向き合うべき問題をどう決めるのか。私たちはよく「生きづらさ」などの曖昧な言葉を使う。実際，つらい状況に置かれた利用者は「生きづらい」「もうどうしていいかわからない」「すべてが嫌になる」といった曖昧な表現を使うことがある。漠然とした大きな問題やストレスの塊が利用者にのしかかっているのである。そこでワーカーは，利用者の抱える問題やストレスを小さく切り分けて，明確にする。これを**部分化**という。
　ただし，問題を明確にして支援していくためには丁寧な診断が必要だ。診断は利用者の変化していく能力の理解のためにも大事であり，支援の始めから終わりまで続く。利用者の精神障害や病気，トラウマ，ストレスはどうか。何が原因で，その結果どんな問題につながっているのかを理解する。もちろん病気や障害だけが利用者のすべてではない。コミュニケーションを通して，利用者の振る舞いや反応を確認しながら理解する必要がある。利用者が何を問題だと感じているのか。問題にどんな感情を抱いているのか。問題にどのくらいの思いで取り組もうとしているのか。どのくらい取り組める力があるのか。これまでの人生で問題にどう対処してきたのか。特に，問題を理解し，自分の潜在的な力を活かし，環境に働きかけながら問題に対処する能力を**コンピテンス**という。これらを丁寧にみながら支援していく。
　そのうえで，利用者が現実的に解決可能だと感じる範囲で「問題」を部分化して設定する。そしてワーカーは，利用者にとって重要な他者に働きかけ，社

会資源を活用するなどして，さまざまな機会を提供していく。ロールプレイなどのリハーサル体験を行うのも有効だ。成功体験を重ねて利用者に「自分は現実に問題に対処できる」と感じてもらい，自我の機能を回復させていくのである。

（5）場所——機関の機能

　ところで，診断などの支援の過程で，パールマンは機能主義の議論も取り入れている。ソーシャルワーカーなどの専門職がいる機関（施設も含む）には，それぞれの機能がある。その機関はどんな制度や資金によって維持されているのか。どんな専門職によって支えられているのか。どんな分野の，どんな役割があり，何ができて，何ができないのか。まずはワーカーが自分の機関や連携先の機関の機能を熟知しておかなければならない。

　そして利用者が向き合うべき問題について，機関の機能に照らしながら，利用者側とワーカー側でできることを話し合い，その範囲で問題を検討していく。

（6）問題解決アプローチのその後

　こうしてパールマンは診断主義の立場にたちながら，機能主義の議論を取り入れて両者を折衷したアプローチをつくりあげた。

　しかし，問題解決アプローチが登場してまもない1960年代のアメリカでは，ソーシャルワーク業界そのものへの批判が起こった。当時のアメリカは，貧困，差別，泥沼化するベトナム戦争などの社会的な問題を抱えていた。社会を変えていく必要があるのに，ソーシャルワーカーたちは利用者個人ばかりに注目し，カウンセリングのような支援をしていたために批判が起こったのだ。パールマンもまた「ケースワークは死んだ」という記事を書き，ソーシャルワークの再生を図ることとなった。

　批判を受けたソーシャルワーク業界では，その後，システム理論やエコロジーの視点などを取り入れ，このほかにもさまざまなアプローチが隆盛する。問題解決アプローチもまたこれらを参考にして自らを補強していくことになる。

（7）ショート事例に対する問題解決アプローチの展開

　問題解決アプローチの視点からこのケースを支援する場合，まずは志乃さんと協働関係を築き，自我の機能を回復しながら，抱えている問題を切り分けて

いく。そのうえで，分けられた問題のそれぞれに対応する機関のサービスを志乃さん自身が使っていけるよう支援していく。それにより志乃さんが自身の力で問題を解決し，生きづらい社会環境に適応できるようになることを目指すのである。

　さて，志乃さんの抱えている「問題」は何だろうか。「子育て不安やストレス」を抱えていることはわかる。しかし具体的には何だろうか。

　ワーカーはまず，志乃さんの自我の働きに注目しながら，労い，協働関係を築いた。娘と他人の子どもを比べたり，適切に関わったりできずに自分を責める心理は，志乃さんがあるべき母親像（役割）から乖離して苦しんでいることを示している。そして，引っ越し後の孤立と，夫の消極的な姿勢から考えて，誰も志乃さんの娘への愛情と行動を労うことなく，協力してくれない状況がある。そんな状況でも志乃さんは子育てサロンを継続的に利用し，ワーカーに思いを語ってくれた。ワーカーはそこを受け止めた。そしてやりとりを続けたあと，「私は，志乃さんがきっとこの問題を解決する力があると考えています」と伝え，向き合うべき「問題」を話し合った。

　ワーカーは「お話していただいたおかげで多くのことがわかってきました。小さな問題が積み重なって，大変に感じられているのですね」と言葉をかけ，「知佳ちゃんの発達課題」「子育ての方法」「感情のコントロール」「夫の協力」「地域とのつながり」など，現実的に解決可能と考えられる（解決するサービスや機関などが思い浮かぶ）範囲で話を整理した。

　そしてワーカーは，志乃さんの自我の働きを，思い描く母親役割に縛られながら孤独に奮闘する力よりも，機関の機能を適切に使いこなしていく力へと向けていった。「知佳ちゃんの発達課題」「子育ての方法」「感情のコントロール」については，児童発達支援センターと，（子育てサロンを含む）地域子育て支援拠点などを利用し，ほめ方や注意の仕方などについてロールプレイや体験学習を活用した。そして「夫の協力」については，休日にサロンの一室で，ワーカーが同席して夫婦で家族のあり方について話し合ってもらい，協力関係を再構築した。そのうえで，「地域とのつながり」について，地域のイベントに夫婦で参加してもらうことにつなげた。こうして志乃さんは，さまざまな機会と資源を活用し，大きな問題に少しずつ対処していった。

　しかし今後，知佳ちゃんが入学する学校で新たな問題を示すかもしれない。また，再び夫の仕事の都合で転居するかもしれない。そのような何らかの事情

で志乃さんに再びパーソナリティの危機が訪れるかもしれない。そんな時でも，志乃さんが強い自我をもって，使えるものは使いながら，問題に対処していけるようになってもらうというビジョンで支援していくことが大事である。

5　課題中心アプローチ

（1）課題中心アプローチとは

　課題中心アプローチは，利用者が直面する問題に対して，短期間で解決可能な目標を設定し，解決していくアプローチである。私たちが抱える問題は１つだろうか。お金の問題や人間関係などいくつもの心配事や不安が同時に重なることもあるだろう。そんな時は気持ちが混乱してしまうこともあるだろう。問題が多くなると混乱し，また努力も分散してしまう。

　このアプローチは問題を分類し，優先順位をつけ，重要な問題を利用者自身が選ぶ。その問題解決のための課題を小さい段階に分け（**断片化**），時間を限定して取り組んでいく。計画や手順も含めてソーシャルワーカーと利用者が同意し，双方が協働で取り組んでいくものである（表 4 - 2 ）。

　このアプローチは利用者自身がソーシャルワーカーと共に目標を選ぶこと，短期で解決できることを目指すアプローチであること，利用者が計画から実行のすべてに参加することが特徴である。

（2）ショート事例に対する課題中心アプローチの展開

　志乃さんは「子どもの発達」「自身の子育ての方法」「相談できる人がいない」という問題が浮き彫りになっている。いくつも問題がある状況で混乱しているかもしれない。

　この場合，志乃さんは意思決定する能力があり，問題解決能力が備わっていると考えられる。そして，子どもをたたくなどの心配な行動が発生しており，短期間で問題解決が必要だと考えられる。

　課題中心アプローチを活用することで，複数ある課題を整理し，その中から目標設定をして，本人が目標を達成することで解決に近づくことができる。

　①　課題を選ぶ段階

　「子どもをたたくのをやめたい」「相談できる人をまずつくりたい」という目標が志乃さんにあることがわかったため，この２つに焦点を当て，目標を設定

表4-2　課題中心アプローチの展開過程と支援のポイント

過　程	ポイント
課題を選ぶ段階 （ターゲットの特定）	・課題は利用者とソーシャルワーカーが協働で選ぶ。必ず利用者自身が問題を認識し，解決したいと思っていることが重要。 ・利用者にとって，解決可能であり，具体的なものを選ぶ。抽象的で，利用者にとって，利用者自身の手では解決が難しい問題は選ばないよう支援する。 ・利用者自身が，解決したいという思いがあり，目標が設定できること，利用者自身の努力が達成につながるものであることが求められる。
課題設定・契約段階	・具体的に目標を設定し，達成までのプロセスや計画を詳細に立てる。 ・目標だけでなく，計画についても合意する。短期間のセッション（4か月間で6～12回程度）で達成していくための計画である。そのため小さく分けられた目標とその期限が設定されることで取り組みやすくなる。 ・ソーシャルワーカーは，その目標に向かって取り組んでいく際に障壁となりそうなものを予測し，調整する。
課題を遂行していく段階	・計画に基づいて，協働で課題解決を目指す。課題に取り組めるように利用者に気づかせたり，はげましたり，方向づけしたりして双方の協働で遂行していく。 ・ソーシャルワーカーは解決の主体を利用者に置き，利用者をサポートする。 ・利用者が主体で解決することを忘れず，情報共有を行いながら，利用者が達成したことを自身で感じることができるよう，評価する。 ・設定した目標が達成した時点で終結する。

出所：筆者作成。

することとした（利用者が認識している課題）。

　子どもをたたいたりしないように，気持ちを落ちつけるため，「誰か相談できる人をつくる」ことが必要であり，それを目標とすることとなった（利用者とソーシャルワーカーが決めた目標）。

　この目標を達成することで，悩むことが少なくなることが期待され，悩みたくないという利用者の願望にもつながるものである。

　②　課題設定・契約段階

> 目標1：悩んだ時，相談できる相談先をつくる。
> 課題1：子育てサロンの中で，子育てが終わったボランティアさんに毎回子どもの様子について話す（毎週1回）。
> 課題2：家での子どもの様子について，子育てサロンの担当の職員に相談する（毎

> 週1回）。
> 課題3：子育てサロンに参加している人たちとママ同士で，子育てについて会話する（毎週1回）。

　「誰か相談できる人をつくる」という目標を明確にし，そこにつながる課題を設定する。特に回数や，いつ，どこでといった場面を記載することで明確にする。目標設定で重要なのは明確で測定が可能なことである。また，利用者自身のコントロールが可能な範囲で設定されることが有用である。ターゲットは相談できる場所をつくることとし，そのために相談のきっかけとなる他者と関わり，子育てに関する会話をする機会をつくることを短期で具体的に設定した（時間を限定して目標を設定する際に，その期間におけるソーシャルワーカーと利用者の接触の回数も含めて設定する）。

　また障壁となりそうなことについても検討する。この相談するという課題を達成した結果，安心したり，気分転換になり，悩んでいた子どもをたたくなどの行為が減少していくことにもつながるだろう。

　③　課題を遂行していく段階

　一つひとつの課題を達成することができたら，それを認識できるよう評価する。もし障壁があり，うまく達成することが難しい場合は，ソーシャルワーカーは利用者をサポートしたり，はげましたり，環境の調整を行う。たとえば，子育てサロンの場で話ができるよう，最初は全体で参加者同士が話すきっかけをつくるなどのサポートが必要かもしれない。

（3）問題解決アプローチの汎用例

　短期的で目標を明確化して取り組むこのアプローチは，他のさまざまな場面にも応用可能である。例として資格の取得が必要な場合や，就職活動の準備，生活習慣の改善など，少しずつ課題を達成していくことで大きな目標達成につながる場合などにおいて有効である。このアプローチは問題を整理すること，そして何が一番重要な問題かを確認することにも貢献する。いずれにしても利用者自身が目標を認識していることが重要であり，解決する意欲がある課題となっていることが重要である。そのため，利用者が問題を認識し，目標を認識できる能力があることが前提となる。

6　危機介入アプローチ

このアプローチは，大規模な災害，大切な人の死，突然の失業など，突然起きた，その人にとってストレスが大きい出来事に対して，これまでの対処法では対応できず，精神的危機が起こった場合（**危機**）に有効なアプローチである。

感情面，情報面，環境面でも即時の支援が有効であるとされている。また短期のうちに頻回に関わるという特徴をもつアプローチであり，発症後すぐに対応すること，現実を認識できるように支援することがポイントである。

（1）アプローチの説明

①　危機とは

回避できないほどのストレスを感じると，人は危機を経験することとなる。同じような災害等の出来事が起こった状況であっても，人々の反応は多様である。たとえば退職など，一般的に起こることであっても，それが予測していなかったり，突然に起こると危機を感じやすいだろう。

私たちは，さまざまなストレスにさらされたとしても，自身がもっている対処能力で対応しようとする。友人や家族と話すなど，自身がこれまで行ってきた方法で危機を回避し，サポートを受けるなどの方法で回復していく。

しかし，これらの対処法では対処が難しい状況になると回避が難しく，危機となる。その出来事の性質，その出来事が利用者にとってどういう意味をもつものなのかによって，その人にとってどのくらいストレスになるのか，危機となるかはそれぞれ違うものである。

②　危機の状況理解

危機に直面すると，**悲嘆**の感情を経験し，精神的な苦痛や身体的な機能障害が起こりやすい。その状況では普段より，問題解決能力が著しく低下する。つまり普段対応できることができない状況に陥る。こうした危機的状況は6〜8週間続くとされている。

危機の状況は，利用者の問題の状況，利用者にとってのその問題の意味，利用者を取り巻く環境により違う。同じ状況にあっても危機になるかどうかは利用者のその問題に対する解釈によっても差異が生じるだろう。

たとえば同じことが起こっても人によって感じ方が違うということは当然で

ある。同じ災害が起きたとしても，それが最近住み始めた場所の災害である場合は危機にならなくても，長年住んでいた場所で，周囲の環境が一気に変わる，災害と同時に大切な友人を亡くす，自分の家がなくなる，などが同時に起こっていれば，当然危機になりやすいことが予測できる。

　つまり，同じ状況にあっても危機介入が必要か，否か，ソーシャルワーカーはアセスメントし，見極める必要がある。そして危機を体験することは当然に，誰にでも起こりうることであり，異常なことではない。また，危機は否定的な結果のみでなく，成長と発達の機会にもなるとされている。

　③　展開過程と支援のポイント

　ソーシャルワーカーは，利用者の悲嘆作業，否定的な感情を認め，吐露を助ける役割を担う。また，危機を促進している出来事の実態や危機の影響の大きさ，対応するための知覚，対処能力，社会的サポートを探っていく。利用者に見通しをもたらし，具体的で現実的なサポート体制を組んで支援する。積極的に介入すること，具体的に社会資源をつなぎ，サポートすることが求められる。

　危機が発生した直後，2週間程度の頻回な関わりが重要とされ，6週間程度の関わりが有用である。その後，長期的な支援に切り替えられる。

　危機を乗り越えることは私たちに成長，発達，対処方法の増加をもたらす。

（2）ショート事例に対する危機介入アプローチの展開

　志乃さんが住む地域が災害の被害に遭ったと仮定する。志乃さんの家が津波の被害に遭い，住んでいた家が流された。周囲の景色が変わってしまった。いつも行くお店も，近所の道も変わってしまった。また近隣の人たちも避難したり，引っ越したりして，話す人もいない。唯一のつながりであった子育てサロンも災害のためにしばらく開催されないことになった。

　現在，避難所で泣き叫ぶ子どもと暮らしはじめている。喪失感と不安が強く眠れない日々が続いている。つまりショック，不安，この先の見通しのなさから，精神的な安定を崩し，不眠などの症状も出てきている（危機）。

　志乃さんはこの状況をまったく予想しておらず，どう対応していいかわからなかった。もともとのサポートも少なく，悩みも多かった。また唯一のつながりであった子育てサロンのつながりも中断されている，つまり自分の対処能力だけでは対処することが難しく，危機となったのである。

①　悲嘆作業

　ソーシャルワーカーはつらい気持ちを受け止めた。志乃さんの家がなくなったこと，大切なものもなくなったこと，周囲の店や景色が変わってしまったこと，今後どうしていいかわからないことなどが泣きながら話された。

　ソーシャルワーカーはこの気持ちの吐露を助ける。「どんな気持ちですか？」など，感情に焦点を当てて面接をした。

　現実視を助ける支援として，被害の状況を確認する。同様の人がたくさん避難していることなども確認した。今，志乃さんは今後の生活への不安，自宅を失ったことなどを自分で知覚していた。

②　具体的なサポート

　具体的な支援として，今後は，避難所から仮設住宅に移ることができること，その際の引っ越し費用の保障があることなどを調べて志乃さんに伝えた。

　短期的な状況として，罹災証明の取得など具体的な手続きを進めることにした。そうすることで志乃さんは少し先の見通しがつき，不安が軽減した。

　アギュララ（D. C. Aguilera）は，危機から脱するには，精神的な均衡を保持するため，①出来事の知覚，②社会的支持があること，③対処機制があることが必要である，としている。

　志乃さんに，ソーシャルワーカーは現実視できるよう支援し，社会的なサポートを組もうと試みることが必要と考えられる。

　これまでの対処方法が，活用できることも多い。たとえばこの事例であれば同じように家を失ったことはないかもしれないが，引っ越してきた時のこと，何もこの土地のことを知らなかった時どう対応したか，学生時代に共同生活をしていたなどの経験などがあればそれが役に立つかもしれない。これらの経験を思い出してもらえるよう声かけすることも有用である。

③　その後の支援

　同じように被災した人同士で支え合える，話ができる体制を創り，そこへ志乃さんをつないだ。志乃さんはそこで同じような状況にいる人と話をしながら，この状況にあるのは自分だけではないこと，次の手続きの方法などを把握し，徐々に現実を受け止めていった。

（3）危機介入アプローチの汎用例

　虐待，大切な人の死，災害など，自身の対処能力では対処できない問題がしばしば出現する。ソーシャルワーカーは災害や虐待などの支援において，その際の利用者の身体的，心理的な反応に着目することが求められる。

　そして危機となっている場合は，発症後すぐに，現実視を助け，見通しをもたらす関わりが求められる。

　近年，トラウマへの介入方法としても有用とされているなど，幅広い活用が期待されているアプローチである。

　現代は大規模災害も多く発生している。また災害のみならず親族の自殺，突然の失業なども多く発生している。このアプローチは判断が早い方が発症後早く介入できるため，必要性を見極め，瞬時に対応することが求められるであろう。

　危機に着目し，支援の必要性を判断できるアセスメント能力がソーシャルワーカーには求められる。

7　行動変容アプローチ

（1）行動変容アプローチの特徴

　行動変容アプローチは，見えない心理よりも，観察可能な行動に焦点を当てる。望ましい行動を身につける，あるいは望ましくない行動をなくすことを目的とする。行動を具体的に測定し，支援の効果である行動の変化を明確に測る。自然科学に近い考え方をする**実証的**なアプローチである。

　行動の理解では，行動を引き起こす要因と行動によって生じる結果に注目する。行動の変化に向けて，「Aの状況や出来事の時に，Bの行動をとったら，Cの状況や出来事になった」という時系列的な因果関係を活用する。行動前に受ける刺激と，行動後に起きる結果を調整し，必要に応じて望ましい行動が増える，あるいは望ましくない行動が減るようにする。

　たとえば，ある施設において共同スペースの利用と入所者間の交流を促すために，「共同スペースに行く」行動を増やしたいとする。できることは，そのためのさまざまな環境要因の調整である。共同スペースにお菓子を置く，共同スペースの利用のスタンプラリーを企画する，共同スペースの温度設定を個室の空調よりも快適にするなどが考えられる。このような取り組みは，「共同ス

ペースに行く」行動を増やす要因となりうる。

　本アプローチの由来は心理学などの隣接領域にあり，ソーシャルワークにおける提唱者はアメリカのトーマス（E. J. Thomas）である。トーマスは，研究者人生を通して実践の科学性を追求してきた。そのために，さまざまな学問分野の理論を実践に活用し，その効果を科学的な根拠に基づいて実証する方法を研究した。1960年代から1970年代にかけて，彼の研究チームは，行動理論と学習理論の知見を活かして，行動変容アプローチを確立させた。

（2）行動変容アプローチの背景

　このアプローチに影響を与えた主な理論は，レスポンデント条件づけ，オペラント条件づけ，社会的学習理論である。これらの理論は，実験によって実証されているという共通点をもつ。

　パブロフ（I. P. Pavlov）は，ロシアの生理学者で，イヌの実験から**レスポンデント条件づけ**に基づく学習を提唱した。イヌの唾液腺の研究において，餌が準備される音を聞くだけでも唾液が分泌されることを発見した。さらなる実験から，ある反射行動（唾液の分泌）を条件づけることができることがわかった。餌提供時に毎回ある音を鳴らせば，いずれ餌がなくてもその音だけでイヌが唾液を分泌するようになった。このように，ある行動を他の刺激と関連づけて身につけることをレスポンデント条件づけと呼ぶ。その後，この理論は，心理学において各種の恐怖症の治療，とりわけ異なる刺激から間違って連想する恐怖反応をなくすために活用された。

　スキナー（B. F. Skinner）は，アメリカの心理学者で，行動を引き起こす事前の刺激よりも，行動の結果を調整することによって行動を変えられることに注目した。レバーを押すと餌が出てくる仕組みを設定したネズミの実験から**オペラント条件づけ**による学習を提唱した。毎回，レバーを押す行動が，その後に餌をもらうことによって促され，ネズミはレバーを押す行動を覚えることがわかった。これは，オペラント条件づけである。この考え方によれば，ご褒美や罰を受けるなどの行動の結果は，行動の増減を左右する。行動後の状況や出来事を変えることで，行動を変える（望ましい行動を増やす，望ましくない行動を減らす）ことができるという支援方法である。

　バンデューラ（A. Bandura）は，カナダ出身の心理学者で，子どもを対象とした実験をもとに**社会的学習理論**を提唱した。実験において，子どものいる部

屋に大きい人形を置き，部屋に入ってくる大人が人形を殴る・蹴るなど，暴力を振るうようにした。その結果，子どもも人形を同じように扱い，暴力的な行動をとるようになった。この仕組みは，他者を観察し，それを模倣して行動を身につける過程を説明する社会的学習理論の基本である。行動の学習において行動前後の状況や出来事だけではなく，行動の主体である人の観察力などの認知面も重視しているため，その後に展開された社会認知理論の由来となった考え方である。実践では，社会生活技能訓練（SST）などにおいて活用されている。

（3）行動変容アプローチの考え方

　このようにさまざまな実験に基づく理論的な背景をもつ行動変容アプローチであるが，その前提となる3つの主要な見方は以下の通りである。

---

① 利用者の問題を観察可能な行動としてとらえる（問題観）。
② 利用者の行動学習歴，すなわち行動を身につけてきた経緯は，行動の理解に役に立つ（人間観）。
③ 効果的な支援は，話し合いよりも，新しい行動の学習などの積極的な手段を必要としている（支援観）。

　つまり，本アプローチは，行動の引き金につながるものが感情なのではなく，むしろ行動によって感情が発生するととらえるのである。そのため，支援においては，カウンセリングなどによって感情を変えることで行動を変えることではなく，逆に環境的な要因の調整などによって行動を先に変えることで感情を変えることに従事する。

　支援は，対象となる行動の正確な定義と測定から始まる。これは，行動の観察や聞き取りによって行われる。測定可能性は，行動の頻度，時間や期間，程度などの数字によるとらえ方によって確保される。対象となる行動を正確に特定してから，以下のA→B→Cの枠組みに沿って行動が起きる仕組みを分析する。

A）刺激（Antecedent）：行動を誘発する，あるいは抑制する要因
↓

　B）行動（Behavior）：身につけたい・増やしたい望ましい行動，あるいはなくし
　　たい・減らしたい望ましくない行動

↓

　C）結果（Consequence）：行動に対して受けるポジティブな影響（報酬），あるい
　　はネガティブな影響（罰）

　行動前の刺激か行動後の結果を，環境調整などによって変えることで，徐々
に行動を変える。たとえば，望ましい行動を増やすためには，①誘発する要因
を加える，②報酬（行動によって受ける良い影響）を加える，③抑制する要因を
取り除く，④罰（行動によって受ける良くない影響）を取り除くという支援があ
る。反対に，望ましくない行動を減らすためには，①誘発する要因を取り除く，
②報酬を取り除く，③抑制する要因を加える，④罰を加えるという支援がある。
なお，代表的な技法は**モデリング**，**ロールプレイング**，**シェイピング**などを含
む。

（4）行動変容アプローチの展望

　このアプローチは，動物実験から生まれた理論に基づいていることもあり，
「アメとムチ」で人を調教する，あるいは意思を無視して一方的に操るなどの
批判も受けている。しかし，実際には，利用者の主体性を認め，合意とパート
ナーシップの下で展開されている。行動の定義と分析，それを変えるための刺
激や結果の調整についても，利用者と話し合い，介入計画を一緒に作成する。

　また，面接における肯定的な声がけ（褒め言葉）は，望ましい行動を強化す
る報酬として考えられ，積極的に行われている。さらに，このアプローチの考
え方に沿って利用者が自分で行動変容に取り組むことを支援する自己管理型の
活用方法もある。

（5）ショート事例に対する行動変容アプローチの展開

　本アプローチの支援過程は，アセスメント，計画，介入，評価，終結，追跡
の段階に分けられる。共通事例における取り組みは次の通りである。

　①　アセスメント

　対象となる行動を明確にし，その頻度などを数字で表す（ベースライン測定）。
また，A（刺激）→ B（行動）→ C（結果）の枠組みに沿って，行動が起きる状況

を把握する。

　この場合，知佳ちゃんや夫のさまざまな行動も対象にできるが，志乃さんの「怒鳴る・たたく」行動を具体例に取り上げよう。最初に，本人と話し合いながら，その頻度などを数字化する（たとえば，週3回）。次に，起きる仕組みを一緒に考える。「怒鳴る・たたく」行動を引き起こす刺激は，「知佳ちゃんがいうことを聞かない」ことで，行動の結果として，「知佳ちゃんがいうことを聞く」や「志乃さんがひどく落ち込む」などがある。

　②　計画と介入

　計画においては，行動に対する目標，行動変容に必要な介入の内容と具体的な手順を利用者と決める。それを踏まえて，介入では計画を実行し，実際の変化を測りながら達成度をモニタリングする。進み具合によっては，必要に応じて再アセスメントや計画の修正を行う。

　この事例の目標は，週3回の「怒鳴る・たたく」行動を0回にすることとなる。行動前の「知佳ちゃんがいうことを聞かない」という刺激をなくすために，「知佳ちゃんがいうことを聞く」ような育児方法を習うことができる。

　具体的に，志乃さんが子どもの発達を理解し，自我の芽生えを受け入れ，理解するための行動変容が必要である。そのために，たとえば，育児教室に通うスケジュールを定め，そこで子どもがいうことを聞かない場合の他の対応の見本（モデリング）やその練習（ロールプレイング）を通して，「怒鳴る・たたく」以外の行動を徐々に身につける（シェイピング）。

　新しい行動を強化するために，それによって得られる結果にも注目する。たとえば，怒鳴ってたたかなくても「知佳ちゃんがいうことを聞く」ようになる，「志乃さんがひどく落ち込む」ことがなくなる。他にも，「怒鳴る・たたく」行動を抑えられたら，志乃さんのご褒美として，好きな小物かお菓子を自分にプレゼントする，育児教室でポイントを集めたり，賞品をもらったりするような仕組みを導入できる。

　③　評価，終結，追跡

　最後に，効果を測定し，目標達成時に介入が終了となる。なお，一定の期間を経て，新しい行動が続けてできているかどうかを確認し，必要に応じて前の段階に戻る。

　志乃さんの場合，「怒鳴る・たたく」行動が目指した週0回まで減れば，育児教室などの介入を終える。ただし，行動がまた現れた場合，あらためて一緒

にアセスメントし，介入計画を立て，実施する。

（6）行動変容アプローチの汎用例

　最後に，具体例としてダイエットのケースを通して，環境調整の種類について整理する。これらの環境調整は，**正の強化，負の強化，正の罰，負の罰**の4種類がある。ダイエットでは，増やしたい行動として「運動」，減らしたい行動として「食べすぎ」を考えよう。

　①　運動を増やす

　行動を増やすために，【正の強化】か【負の強化】が必要である。「運動」という望ましい行動の場合，次のようになる。

　【正の強化】としては，運動前に「格好いい運動着」，あるいは運動後に「欲しい賞品」という条件を加えることがありうる。運動着は，運動を誘発する刺激となり，賞品は運動したら得られる報酬となり，どれも運動を増やすように働く。

　【負の強化】としては，運動前に「運動施設の利用料」，あるいは運動後に「家事当番」という条件を取り除くことがありうる。利用料の減額は，運動を抑制する刺激（利用料）の低下になり，家事の免除は運動によって失う時間を減らすように働き，同じくどれも運動を増やすであろう。

　②　食べすぎを減らす

　行動を減らすために，【正の罰】か【負の罰】が必要である。「白米の食べすぎ」という望ましくない行動の場合，次のようになる。

　【正の罰】としては，食事前に「前菜サラダ」，あるいは食事後に「反省文の執筆」という条件を加えることがありうる。前菜サラダで少しでもお腹を満たすことが，白米の食べすぎを抑制する刺激となり，また食べすぎた場合の反省文は時間などを失うことになり，どれも食べすぎを減らすように働く。

　【負の罰】としては，食事前に「食事間の時間」，あるいは食事後に「デザート」という条件を取り除くことがありうる。食事間の時間の短縮は，白米の食べすぎを誘発する刺激（空腹感の程度）の低下になり，食べすぎるとデザートをもらえないことが，今まで食べすぎても得られた報酬をなくすように働き，同じくどれも食べすぎを減らすであろう。

8　エンパワメントアプローチ

（1）エンパワメントアプローチの定義

　エンパワメントの語源は，「権利や権限を与えること」「権力，あるいは権威を法的，もしくは正式に授ける」という意味の法律用語だといわれている。1950年代以降，アメリカにおける黒人解放運動や公民権運動などの理念として幅広く用いられるようになった。

　このエンパワメントを最初にソーシャルワークの援助理念として規定したのは，1976年，ソロモン（B. Solomon）が著した『黒人のエンパワメント――抑圧された地域社会におけるソーシャルワーク』である。ソロモンは，エンパワメントアプローチを「スティグマ化された集団の構成メンバーであることに基づいて加えられた否定的な評価と差別的な待遇によって作られたパワーの欠如状態（powerlessness）を減らすことを目的に，ソーシャルワーカーがクライエントと共に取り組んでいく過程」と定義した。やがて，エンパワメントアプローチは，黒人だけではなく，同じようにパワーの欠如状態（powerlessness）に置かれている女性や障害者，高齢者，エイズ患者などすべての抑圧されている人々を対象ととらえるようになった。

　エンパワメントアプローチは，パワーレスネス（powerlessness）な状態にあるクライエントが，自己の価値観や考え方が尊重される中で，自らの力や権利意識，自己統制感を高め，自己をパワーレスにさせている社会を改革できるようになることを目指して，ソーシャルワーカーがクライエントを個人的，対人関係的，および社会的に支援していくアプローチである。

　2000年の国際ソーシャルワーカー連盟（IFSW）の総会で示されたソーシャルワークの定義の中にも，エンパワメントが明示されるなど，現代のソーシャルワークにおける中核的価値に位置づけられた重要な概念になっている。

（2）鍵概念としてのパワーとパワーレスネス

　エンパワメントアプローチの鍵概念となるパワーについて，ギテレッツ（L. Guiterreze）は，個人的レベル（個人的な事柄を解決したり，影響を与える能力や感情），対人関係的レベル（問題の解決を促す他者との経験），環境的レベル（自助努力を促したり，妨害する社会制度）の3つのレベルで生起するとしたうえで，次

のように整理している⁽⁴⁵⁾。

> ①　個人の人生航路に影響を及ぼしていく能力
> ②　自己の進化を表現していく能力
> ③　公的な生活の諸側面を統制するために他者と協働していく能力
> ④　公的な意思決定メカニズムにアクセスしていく能力

　したがって，パワーレスは，上記の4つのパワーが失われている状態を意味し，自身の抱える問題を解決するのに必要な資源へのアクセス，知識，技能が不足している状態であると定義できる。このパワーレスは，個人と環境との相互作用を通して，個人に内面化されるという特性をもっている。パワーレスが内面化されると，不信感，自己嫌悪，自信喪失，あきらめ，絶望といった日常的な態度や行動が醸成され，一段とパワーレスを強め，問題をよりいっそう困難にさせるという悪循環が引き起こされる。

　このようにパワーは，人が自分と自分の生活を変えていく力であると同時に，他者や社会システムとの相互関係の中で，誰しもがパワーレスになる可能性を秘めているといえる。

（3）エンパワメントアプローチの特徴

　ソーシャルワーカーが用いる実践アプローチには，**医学モデル**に基づきクライエントの疾患や心理的な側面に問題の所在を求め，インターベンションを行うことがある。しかしながら，そのことによりクライエントはますます自信や希望を失い，依存的になってパワーレスを深める傾向が少なくない。

　エンパワメントアプローチでは，こうした病理や弱さを認めながらも，ソーシャルワーク実践における利用者像を，専門職による保護や治療が必要な無力な人ととらえるのではなく，すべての人は，どのような悪い状況にあっても，それを改善していけるストレングスとパワーを有しているということを前提とする。このストレングスとは，個人や集団，コミュニティが潜在的に有している総合的な力（強さ）であり，その強化と開発を通して問題解決を図ることに力点を置くところにこのアプローチの特徴がある。

表4-3　エンパワメントアプローチの援助プロセス

段階	過　程	内　容
対話	パートナーシップを形成する	クライエントに敬意を示し，個性を尊重するソーシャルワーカーとクライエントの協働的関係を形成する。
	状況を明瞭にする	ソーシャルワーカーとクライエントが相互理解を進める。
	方向を定める	ソーシャルワーカーとクライエントが具体的な目的を達成するために援助活動を方向づける。
発見	ストレングスを確認する	ソーシャルワーカーがストレングス視点からクライエントの話を聴いて，クライエントのもつ能力や社会資源，創造性などを発見する方向に導く。
	社会資源能力を事前評価する	ストレングスや社会資源を発見し，どの程度活性化することが必要かをアセスメントする。
	解決を形成する	ソーシャルワーカーとクライエントが解決を創り出すために行動のプランを展開させる。
開発	社会資源を活性化する	協働的に作ったプランに沿ってクライエントが行動を具体化する。
	アライアンスを創り出す	クライエントを支えるための支援ネットワークを創り出す，ソーシャルワーカー自身のネットワークを創り出す。
	機会を拡大する	ソーシャルアクションやコミュニティオーガニゼーションの活動を通して，社会資源の開発を図る過程。
	成功を認識する	目標達成がなされたかどうかの成果の評価をする。
	獲得したものを統合する	クライエントの変化や成長を強調するとともに，継続してクライエントがものごとに対処できるようにする。

出所：Miley, K. K., O'Melia, M. O. & Dubois, B. (2007) *Generalist Social Work Practice 6th ed.: An Empowering Approach*, Alley & Bacon をもとに筆者作成。

（4）エンパワメントアプローチの展開

　エンパワメントアプローチでは，パワーレスネスに陥る要因を個人と環境（社会システム）の絶え間ない相互作用の力動としてとらえることを起点とし，クライエント自らが，置かれている否定的な状況を認識し，潜在能力に気づき，その能力を高め，抱える問題・課題に対処していくこと，また，抑圧状況を作り出している環境要因を変革することに焦点が置かれる。クライエントの抱える問題や病理など，クライエントの弱さや欠点に目を向ける問題解決型アプローチとは異なり，クライエントを取り巻く環境との相互作用への介入に焦点を当てるため，ミクロ・メゾ・マクロの各次元に複眼的な視点をもって働きか

ける。ミクロレベルの介入とは，個人，家族，小集団の人々に焦点化されるものである。メゾレベルは，組織やチーム，作業集団，サービス提供者のネットワークなどへの介入を指す。そこでは，構造や目標，機能などの変化を目指す。マクロレベルとは，コミュニティでの社会的問題や社会制度などを対象とした介入になる。具体的には，近隣の組織化，コミュニティ計画，政策展開やソーシャルアクションなどがあげられる。

　適宜複数の次元に同時に介入する可能性があることを踏まえて，マイリー（K. K. Miley）らは，エンパワメントの展開過程を対話・発見・開発の3つの段階であるとしている（表4-3）。[46]

（5）ショート事例に対するエンパワメントアプローチの展開

　2019（令和元）年の国民生活基礎調査によれば，日本で児童のいる世帯は1122万1000世帯（全世帯の21.7％）であり，少数である。また，核家族化が進む中で，家族内での子育ての担い手は，親のみであるケースが多い。加えて，男性の育児休業取得率については，年々増加傾向にあるものの12.56％と低水準となっている。依然として男性が中心となって家計を支える「男性稼ぎ主モデル」が横たわっており，母親が育児を担うことを当然とする社会システムや文化的な土壌が根強く残っている。こうした状況下で母親は，子育てを1人で担うことを余儀なくされ，孤独感を高める傾向がみられる。

　この事例のクライエントである志乃さんは，非協力的な夫はもとより，転居1年とあって近隣にも相談できる相手がおらず孤立している。また，子育ての不安や負担を解消することができず，時に，子どもに手を上げることで自責の念をいっそう募らせるなど負の連鎖が生じ，パワーレスの状況に陥っているといえるだろう。

　エンパワメントアプローチに基づく支援は，実際にどのように展開できるだろうか。以下にみていこう。

　①　対話

　ソーシャルワーカーは，クライエントの変化に気づき，何気ない会話を通して接近を図る。そして，クライエントの言葉を積極的な傾聴を通して受容していく中で，クライエント自らが子育ての悩みや不安を自己表明できるようになっていく（パートナーシップの形成）。ソーシャルワーカーは表明された声を受容しつつも，1人で子育てを担わざるをえない状況であることや，子どもの

発達をはじめ，誰しもが子育てに不安を感じる場面や苛立ちを覚える経験があること，問題は，そうした時に相談できる人や場がなく孤立状況を生み出している環境にあるとの認識を，クライエントと共有し「状況の明瞭化」を図っていく。

そのうえで，いつでも誰かに相談できる場の必要性，子育て世帯がつながり，不安や悩みをわかちあえる機会，気軽に専門職に相談できる機会を増やすことを当面の援助方針として方向を定めていくこととした。

②　発見

クライエントは，孤独を感じながらも子育てを一手に担い，また，自身の子育ての仕方をよりよくしたいという母親としての向上心をもち続けている。これらの「ストレングスを確認する」ことと同時に，クライエントを取り巻く家族や友人，知人などの社会的関係の状況などについて把握していく。そこで，クライエントが定期的に通う子育てサロンが，本来は悩み不安をわかちあえるはずの場であるにもかかわらず，他の子とわが子の成長を比較する場となり劣等感を醸成する機会となっていたことがわかった。これら「社会資源能力の事前評価」を踏まえて，ソーシャルワーカーは，このサロンの状況をあらためて確認しながら，つながりづくりや相談ができるように機能を改善，強化するためのプログラムをクライエントとともに検討していくことで「解決を形成していく」こととした。

③　開発

ソーシャルワーカーは，クライエントとともに，子育てサロンにおいて子育てに対する不安や悩みなどをわかちあえるグループワークのプログラムを企画していく。クライエントが主催者となり，ソーシャルワーカーからまずは協力的な数名の母親に声をかけお茶を飲みながら気楽に参加できる場を設けることとした。母親たちからは，クライエントと同じような不安や悩みの共有があり，子育てサロンでもっと相談できるような機会や夫の育児参加を促すプログラムの必要性などの声が寄せられた。こうして子育てサロンの活性化を進めていくと同時に，このような場や機会を必要とする母親は他にたくさんいるであろうという認識が共有されていく。クライエントとソーシャルワーカーは，市内の子育て支援に関わる NPO やボランティア団体などに働きかけアライアンスを形成しながら，各地域の子育てサロンでのグループワークの機会や定期的な専門職による相談会など全市的な展開を通して「機会の拡大」を図っていく。

　こうした取り組みを通して，クライエントは，子育てに対する不安や悩みを共有できる社会関係を獲得した（成功を認識する）と同時に，同じような状況に置かれる母親にとっても必要な場や機会を提供する，いわば支援の担い手としても役割を果たしていく（獲得したものを統合していく）。

（6）エンパワメントアプローチの汎用例

　この事例は，子育て支援の場面にエンパワメントアプローチを適用したものであるが，このアプローチは，すべての抑圧状況にある人々を対象としてとらえる。たとえば，発達障害がある若者が，人間関係がうまくいかず就職と離職を繰り返し，結果的にひきこもるケースも少なくない。クライエントは，離職の理由を自身のコミュニケーションの問題であると認識することから徐々にパワーレスに陥っていく。このようなケースでは，単にソーシャルスキルトレーニングなど本人の就労能力を高めるアプローチでは解決しない。企業などをはじめ労働組織の障害に対する無理解や，たとえ理解があったとしても配慮の方法を知らないなどの課題がある。クライエントが，これまで，就労意欲をもち離職しても就職活動をしてきたという事実は，クライエントのもつストレングスである。その意欲をあらためて喚起しながら，働くことが困難な要因を整理し，クライエントとともに，企業などの労働組織に対して，理解や配慮のあり方を問い，労働環境を改善していくアクションにつなげていくこともエンパワメントアプローチといえるだろう。

9　ナラティブアプローチ

（1）ナラティブアプローチの理論的背景

　ナラティブアプローチは，**社会構成主義**や**フーコー**（M. Foucault）の思想の影響をうけ，問題の存在を前提としたこれまでのアプローチに懐疑的な，新たなアプローチとして注目されている。
　社会構成主義は，科学的に実証された知識や理論よりも，人の主観的なものごとのとらえ方や経験に対する意味づけ，それらが言語で共有されることに着目をするポストモダンの思想である。たとえば，名前を知る知人をすべて友達と呼ぶ人もいれば，深い話ができる関係にならなければ友達と認めない人もいる。このように「友達」という言葉が示す意味には幅があるが，私たちはそれ

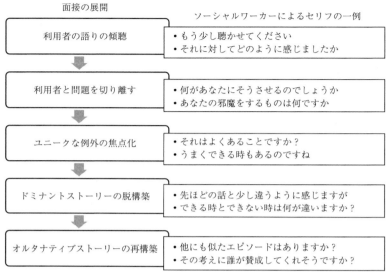

面接の展開

ソーシャルワーカーによるセリフの一例

利用者の語りの傾聴	・もう少し聴かせてください ・それに対してどのように感じましたか
利用者と問題を切り離す	・何があなたにそうさせるのでしょうか ・あなたの邪魔をするものは何ですか
ユニークな例外の焦点化	・それはよくあることですか？ ・うまくできる時もあるのですね
ドミナントストーリーの脱構築	・先ほどの話と少し違うように感じますが ・できる時とできない時は何が違いますか？
オルタナティブストーリーの再構築	・他にも似たエピソードはありますか？ ・その考えに誰が賛成してくれそうですか？

図4-1　ナラティブアプローチによる面接の展開

出所：筆者作成。

ほど不便なく「友達」と付き合い，日常的に「友達」という言葉を用いる。こうした現象を，現実は社会により構成され，現実は言語により共有されているからだと，社会構成主義ではとらえる。

　フランスの哲学者フーコーは，真理（絶対の正解）を知る人と知らない人の間には権力構造が生まれることを指摘し，真理の存在に疑問を呈した。たとえば一緒に危機的状況を経験した相手に感じた好意を，専門家が「それは吊り橋理論で説明できる，ゆえに恋ではない」と言うと，一般人は自分の感情であるにもかかわらず疑ってしまう。しかし，人の感情のすべてを理論で説明することはできないため，その感情は恋心である可能性は十分にある。フーコーの思想は，専門職であるソーシャルワーカーが利用者に権力を感じさせることを避けるために，利用者の意味づけを重視するアプローチの意義を示唆した。

　こうした背景をもつナラティブアプローチは，利用者を人生の専門家として尊重し，ソーシャルワーカーはパートナーとして関わることを重視する。徹底して利用者の言葉に耳を傾け，自らを苦しめる意味づけをした人生の物語（ストーリー）を，ともに変えていくことで問題の解決を図るアプローチである。

（2）ナラティブアプローチの面接技術

　ナラティブアプローチは，家族療法の分野で確立されたナラティブセラピーの支援姿勢や技術を取り入れている。ここではナラティブアプローチに特徴的な，グーリシャンとアンダーソン（H. Goolishian & H. Anderson）による「**無知の姿勢**」，ホワイトとエプストン（M. White & D. Epston）による「**問題の外在化**」を紹介する。

　人生の専門家である利用者の意味世界やストレングスを活用するために，ソーシャルワーカーは専門知識や枠組みに基づくアセスメントを控える。無知の姿勢で利用者の語りに関心をむける質問は，利用者の理解に役立つだけではなく，権威を感じさせず語りやすい雰囲気も作りだす。

　ホワイトとエプストンは，問題が問題であり，人や人間関係が問題ではないと考え，利用者から問題を外在化する 12 の治療ステップを提示した。それは，利用者が語る問題が染み込んだドミナントストーリーを解体し（脱構築），その陰に隠れていた出来事も汲み上げた**オルタナティブストーリー**を再構築する手順で構成されている。

　これらの技術は，ナラティブアプローチの面接で図4-1のように用いられる。

（3）ショート事例に対するナラティブアプローチの展開

　ナラティブアプローチを行う西原ソーシャルワーカー（逐語部では西原 SWr とする）との面接で，志乃さんは次のように語った。

志乃さん　：知佳に発達の遅れがあるとしたら，私の子育てに問題があると思います。

西原 SWr：そのように志乃さんに思わせるものは何でしょうか。

志乃さん　：母親の接し方は子どもの発達に影響するとよく聞くので。

西原 SWr：そういう話があるのですね。ほかには何かありますか。

志乃さん　：子育ての相談できる人がいなくて，これでよいのかわからなくて……。

西原 SWr：相談できる人や認めてくれる人がいないことも，志乃さんに不安を抱かせる要因の1つなのですね。

　西原ソーシャルワーカーは，無知の姿勢で志乃さんのストーリーを把握するために，積極的でありながら志乃さんが語りやすいよう配慮し質問をしている

（傾聴）。また，志乃さんの語りに対して，安易な慰めや性急な解釈を行わず，問題が志乃さんの内側ではなく，外側にある前提の質問を繰り返している（利用者と問題を切り離す）。

> 西原SWr：相談できる人を探すために何かしてみましたか？
>
> 志乃さん　：このサロンを探して通うことくらいでしょうか。
>
> 西原SWr：そのおかげで，私は志乃さんや知佳ちゃんと出会うことができました。こちらに足を運ぶことは，初回から抵抗なかったですか？
>
> 志乃さん　：実は初めての場所苦手なんです。早く知佳に友達を作ろうと必死でした。
>
> 西原SWr：志乃さんが相談する人を探すためではなく？
>
> 志乃さん　：あら……。言われてみると，私の相談相手よりも知佳の友達を探すためにサロンに来ました。でも，サロンでよそのお子さんと比べて，自分の子育てが不安になりました。

　志乃さんの語りから，知佳ちゃんのために苦手なことも頑張る志乃さんの姿が西原ソーシャルワーカーには見えてきた。この矛盾を，育児が下手な母親という志乃さんのドミナントストーリーの影に置かれていたユニークな結果ととらえ，西原ソーシャルワーカーは質問を重ねている（ユニークな例外の焦点化）。この質問により，志乃さんは育児への不安がサロンの利用後に生まれたことに気づき，自分の育児が知佳ちゃんの発達の遅れの原因であるというドミナントストーリーを疑いはじめる。

> 志乃さん　：これまで知佳に遅れを感じたことはありませんでした。引っ越ししてからです。場所が変わったことがストレスだったのかしら……。
>
> 西原SWr：なるほど。ほかにも引っ越し後に知佳ちゃんに変化はありましたか。
>
> 志乃さん　：はい，思いつくことがいくつかあります。

　志乃さんは，知佳ちゃんの発達の遅れの背景にある転居という出来事に気づくことで，自分は悪い母親であるというドミナントストーリーを解体した（ドミナントストーリーの脱構築）。この後，志乃さんと西原ソーシャルワーカーは，より広く現実をとらえることができる新たな物語をともに描いていく（オルタナティブストーリーの再構築）。

　ドミナントストーリーは一度解体されても，できたてのオルタナティブストーリーよりも強く志乃さんに影響する。そこで，オルタナティブストーリーが新たな人生のストーリーとして定着する支援も必要である。具体的には，志乃さんを支える夫や知人，子育て支援事業などサポーターを増やす方法や，志乃さんの母親としての努力を見える形で残すために，自分自身に宛てた手紙や絵を書くよう促す方法が考えられる。

　ナラティブアプローチでは，志乃さんがとらわれていたドミナントストーリーの影に隠れていた現実に焦点を当て，オルタナティブストーリーへ志乃さん自身が書き換えることのサポートにより，知佳ちゃんに対する暴言・暴力を防ぐことができた。

　これまでもソーシャルワークが対象としてきた高齢者や障害者等は，「もう年だから」「障害があるから」とドミナントストーリーに支配されていることが多い。ソーシャルワーカーによるナラティブアプローチは，高齢や障害に対する社会による意味づけを利用者とともに解体するという方法で，彼らのエンパワメントを支える可能性を十分に備えている。

10　解決志向アプローチ

（1）解決志向アプローチとは

　解決志向アプローチ（ソリューションフォーカストアプローチ）は，アメリカのシェイザー（S. D. Shazer）とバーク（I. K. Berg）夫妻によって創出された新しいアプローチである[49]。シェイザーは，従来のアプローチで強調されてきた問題の起源や性質の解明とは異なる解決に焦点を当てたブリーフセラピーを提唱した[50]。さらに，東洋に出自をもちソーシャルワーカーでもあるバークは，家族の視点を含めながらアルコールや薬物依存，ドメスティック・バイオレンス，児童虐待，犯罪や貧困等への実践を通して解決志向アプローチの有効性を示した[51]。

　解決志向アプローチの根本となる考え方は，原因という言葉から自由になることであり，「問題と解決は関係がない」「解決とは問題と別の所に新たに作りあげていくものである」ことを意味している[52]。解決志向とは，過去を追求するよりも現在の問題解決を考え，また理論的な整合性よりも実用性を重視する。そうすることで，利用者自身が主体となって抵抗なく問題に取り組むことができ，比較的短時間で変化が生じる可能性が開けるとされる。

表4-4　解決志向の原則

原則1	壊れていないならば，直すな。
原則2	何かがうまく行っているならば，もっとそれをせよ。
原則3	うまく行っていないならば，何か違うことをせよ。
原則4	小さな歩みの積み重ねが大きな変化につながる。
原則5	解決は必ずしも直接的に問題と関連するとは限らない。
原則6	解決を作り出すための言語に必要なものは，問題を記述するために必要なものとは異なる。
原則7	どんな問題も常に起こっているわけではない。利用可能な例外が常にある。
原則8	未来は，創り出されるし，努力して変えることもできる。

出所：ピショー，T.・ドラン，Y. M.／三島徳雄訳（2008）『解決志向アプローチ再入門——臨床現場での効果的な習得法と活用法』金剛出版，27頁をもとに筆者作成。

　つまり，他のアプローチで用いられる過去の問題に原因を求めて解決を図っていくという発想や考え方ではなく，今ある問題の解決に焦点を当てる未来志向のアプローチということができる。たとえば，「子育て」の困難を例に考えた場合，夫が原因，母が原因，家庭が原因，また通っている保育園が原因といった特定の原因探しを行うことは，かえって解決の邪魔をしてしまう場合があると考える。このような直線的な原因−結果という原因探しをするのではなく，解決に向かう力，すなわち利用者に潜在している良い側面や環境（子どもが好き，両親がサポートしてくれる等）に着目するという特徴をもつ。

（2）解決志向アプローチの原則
　解決志向の原則として，ピショー（T. Pichot）とドラン（Y. M. Dolan）は表4-4のように述べている。
　解決志向アプローチの本質は，利用者の問題が解決されている未来に焦点を合わせることである。8番目の原則である「未来は，創り出されるし，努力して変えることもできる」が出発点となり，他の原則を含めたさまざまな技法による支援が展開される。

（3）共同作業としての質問技法
　解決志向アプローチによる関わりとして，「コンプリメント（ほめる）」「ノーマライズ（一般化することで，安心してもらう）」「リフレイミング（言い換え）」

表4-5　解決志向アプローチの質問技法

質問技法	質問内容の例
ミラクル・クエスチョン	「あなたが眠っている時に奇跡が起きて，悩み事が解決したとします。あなたは眠っているので奇跡が起きたことは知りません。それで，目が覚めた時に，どのような変化があって奇跡が起こったと思いますか？」というように，解決した後の生活を具体的に思い描いてもらう質問技法。
スケーリング・クエスチョン	「今，悩み事で頭がいっぱいな状況を1から10の数字で表すとどうなりますか？」というように，相談者の自分の置かれている状況，意欲等を数字に置き換えて評価してもらう質問技法。
サポーズ・クエスチョン	「仮に今までお話された問題がなくなったとしたら，どう生活が違ってくるでしょうか？」というように，仮に……としたらという望ましい状況を尋ねる質問技法。
コーピング・クエスチョン	「とても大変なことがあった中で，どうやって仕事を続けてくることができたのでしょうか？」というように，困難な状況をいかに切り抜けてきたかというコーピングを尋ねる質問技法。

出所：相場幸子・龍島秀広編／解決のための面接研究会（2006）『対人援助のための面接法——解決志向アプローチへの招待』金剛出版，41～50頁をもとに筆者作成。

「例外（問題が生じていない状態もあることを見つける）」「リソースの探索（解決のための利用可能な資源を探す）」を行うことで相談者がもつ解決の力を引き出していく。特に，面接においてはリソースの探索が中心的な課題となり，相談者が明確に気づいていない解決の糸口をいかに引き出していくかがポイントとなる。

　表4-5は，その解決の糸口を引き出す4つの代表的といえる**解決志向アプローチの質問技法**である。これらの質問技法は，問題を抱えた今の生活から問題がない（もしくは軽減した）未来の生活に向けて，利用者のものの見方や考えの転換を図ることを意図する技法である。面接においては，相談者がもっている解決に向けた力をとらえることができるかが重要となる。ただし，その場しのぎの小手先の技法ではなく，相談者との信頼関係や相談プロセス，他の技法との兼ね合いや介入タイミング等による面接の文脈や雰囲気を踏まえて実施する必要性はいうまでもない。

　表4-5に記載された質問技法は一部分のみであり，他の質問技法や相談者との関係性の取り方は多岐にわたっている。このアプローチの学びを深めるためにも，注にあげている文献を参考にしてほしい。

（4）ショート事例に対する解決志向アプローチの展開

　本項では，ショート事例について，解決志向アプローチの質問技法を用いてどのような支援展開ができるかを検討する。以下は，子育てサロンに関わるソーシャルワーカーが相談を受けた面接場面としている。利用者である吉田志乃さんを「志乃さん」，支援者であるソーシャルワーカーを「西原 SWr」と表記する。下線部は質問技法の名称である。

> 西原 SWr：そうですか，吉田さんはそのような悩みを抱えていらっしゃったんですね。今，ご自身の子育ての疲れを 0 から 10 の間の数字で表すとしたらどの程度だと思われますか？（<u>スケーリング・クエスチョン</u>）
>
> 志乃さん　：うーん，どうでしょうか，たとえると 9 ぐらいでしょうか。
>
> 西原 SWr：9 ですか，吉田さんは本当にきついというお気持ちなんですね。それでも，本当に頑張って子育てをされている。一生懸命に子どもや家族のために努力されるのはすごいことだと感じます。こんなに大変なことが続いているのに，とても頑張って 1 年間子育てをしてきたのは何か大切な思いがあったのではないですか？（<u>コーピング・クエスチョン</u>）
>
> 志乃さん　：いや，私なんかとても母親としてはダメで。子どもに強くあたってしまうこともあるし……。でも，ずっとつらい中で頑張ってこられたのは，やっぱり子どもが可愛いし大好きだからです。
>
> 西原 SWr：吉田さんは，母親としてお子さんのことをとても愛おしく思っておられるのですね。他のお母さんと同じように立派にお子さんと向き合っていると思います。とても努力されている状態が続いていますが，もし今の子育ての負担が軽くなるとしたら，どのようなサポートがあればと考えますか？（<u>サポーズ・クエスチョン</u>）
>
> 志乃さん　：そうなんですか。私の子育ての仕方でも大丈夫なんですね。ありがとうございます。子育ての負担については，なかなか難しいと思いますが，もしも夫が子育てについてもっと理解してくれて相談できるとしたら，とても気持ちが楽になると思います。
>
> 西原 SWr：なるほど，ご主人が協力してくださったら吉田さんの子育ては良い方向にいくと思うのですね。それでは，ご主人のことをもっとお伺いしてもいいでしょうか。

　本事例では，今後の面接の方向性として，夫との関係性を問題解決の糸口と

して焦点化していくことも1つの展開方法である。このように解決志向アプローチにおいては，ワーカーは利用者がもつ解決のリソースを質問技法を通して探っていくことがポイントとなる。そのためには，面接するワーカーが「相談者自身が解決の方法を知っている」こと，そして「ワーカーはそれを見つけるために，相談者に教えてもらう姿勢」を認識しておくことが前提となる。

　解決志向アプローチは，相談者が悩んでいる目の前の問題に焦点を合わせる実用主義を重視する。また，ワーカーからみた客観的事実よりも，相談者との関わりの中で現れてくる共通理解（解決のための変化）を重視していくところが特徴だといえる。

　実践学であるソーシャルワークは，他節で紹介されているように多様なアプローチをもっている。アプローチの選択にあたっては，利用者の状態や状況にあわせてそれぞれのアプローチの長所と短所を理解して用いることが肝要であるといえるだろう。

11　実存主義アプローチ

（1）実存主義アプローチとは

　実存主義アプローチを学ぶにあたって，「**実存**」とは何かを考えてみたい。実存とは，哲学の領域で「**実存哲学**」という概念で用いられてきた背景がある。よりわかりやすい言葉・表現で説明すると，実存とは，真実存在や現実存在という言葉の中間の2文字をとったものと考えていいようである。つまり，真実にして現実なる人間存在という意味を含ませた言葉としておおまかに理解しておきたい。

　実存主義が誕生した背景には，哲学の影響が少なくない。前近代では，神が世界の中心であると考えられてきた。しかし近代では，人間こそが世界の中心であるという考えが主流となり，理性（論理的に物事を考える能力）や合理性（きちんとした理由があって誰もが納得すること），普遍性（共通的でいつでも，どこでも，誰にでも，何にでも当てはまること）を重要視した。この考え方がたどり着いたのは，人間の画一化や平均化である。それは，1人の人間としての個性や特徴が失われることへとつながった。

　私たちが生きる今この瞬間は，一人ひとりの存在を大切にすることが当たり前のように考えられているが，以前はそのような考えではない時代もあったの

である。そこで，1人の人間の存在や価値を大切にする考え方として実存主義が登場したのである。

　哲学の領域から視野を広げてみると，心理学の領域においても実存主義アプローチを取り入れた心理療法としてロゴセラピーがある。ロゴセラピーでは，「生きる意味」を探求している。

　それは，以下のような中心的な概念を用いることで生きる意味を再び感じる手法である。

---

① 　意思の自由（人は自分の意思で決めることができる）

② 　意味への意思（人は生きる意味を求める）

③ 　人生の意味（人はどんなにつらい人生であっても生きる意味がある）

　ソーシャルワークの領域に実存主義を取り入れた実存主義アプローチは，クリル（D. F. Krill）が提唱した。

　具体的には，疎外感のある利用者に対して「人は人。あなたはあなた。人はどうであれ，あなたが，今この瞬間に，ここに存在していることに意味がある」という気づきを促し，疎外感からの解放を目指す支援方法である。ここでいう「疎外感」とは，自分が存在する意義を自分自身で理解することができず，不安や葛藤を抱えて苦しんでいる状態であると理解しておこう。

　実存主義アプローチ（**実存主義ソーシャルワーク**）では，ソーシャルワーカーは自身が「無知」であることを前提にして関わりをはじめる。そして利用者が抱えている不安や苦悩に対して，しっかりとその意味や主訴を理解しようと関心を向け，利用者が語る言葉に耳を傾け，ソーシャルワーカーがともに考え，共感する他者として対話を重視して，解決の糸口へと利用者が自ら歩むことへの支援過程に大きな意義がある。主人公は，利用者自身であり，自らの力で前に進んでいく。

　その支援過程では，ソーシャルワーカーが利用者のために何らかの支援を行うことに意義があるのではなく，利用者とともにいること，利用者と同じ世界にいることを大切にする。それは，利用者との会話に限ったものではなく，沈黙においても意味がある。沈黙を共有し，ただそばにいることの安心感が利用者を疎外感からの解放へと導くのである。

　すなわち，実存主義アプローチ（実存主義ソーシャルワーク）は，利用者を1

人の人間として尊重し，利用者自身が生きる意味や価値を実感することに大きな意味がある。

（2）ショート事例に対する実存主義アプローチの展開

　以下は，志乃さんの，娘の知佳ちゃんの子育てについての悩みへの，実存主義アプローチの展開である。

　志乃さんが抱えている課題（不安な要素）は，次のようなものである。

- 知佳ちゃんの発達に遅れがあるのではないかという不安。
- もし知佳ちゃんの発達に遅れがあるということになれば，それは自分の子育ての仕方に原因があるのではないかという不安。
- 子育て不安やストレスによって知佳ちゃんが自分のいうことを聞かない時に，強い口調で怒鳴ったり，時にはたたくこともあり，ひどく落ち込むことがある。
- 志乃さんの周囲には子育てについて相談したり，協力をお願いできる知人は誰もいない。
- 夫も常に仕事が忙しく，家事や子育てに協力的ではないため，志乃さんは家事や子育てを1人で背負いこんでいる状態が続いている。

　ソーシャルワーク実践の基本は，傾聴と共感である。まずは，対象者である志乃さんの悩みや不安などの主訴を傾聴し，共感することからはじめ，ラポール（信頼関係）の形成をする。

　実存主義アプローチの展開として，志乃さん自身が，今，ここに存在していることに意味があること，娘の知佳ちゃんは，きっと志乃さんを選んで生まれてきてくれたこと，この出会いは奇跡的なことであり，かけがえのない事実であることを伝えていく。そのうえで，誰かと比べるのではなく，人は人，知佳ちゃんは知佳ちゃんであり，知佳ちゃんが今この瞬間に，ここに存在していることに意味があると気づき，疎外感からの解放を目指すことに大きな意味がある。

> 志乃さん　：知佳はまだ自分で服を着たり，靴も履けないんです。他の子たちはもう自分でできるのに……。もしかしたら，うちの子は発達に遅れがあるんじゃないかなって思うんです。
> 西原SWr：そうですか。1人で不安でしたね。よく話してくださいましたね。（傾

　　　　　　　聴と共感)

志乃さん　：もし知佳の発達に遅れがあるということになれば，それは私の子育て
　　　　　　　の仕方に原因があるんじゃないかって思うんです。

西原SWr：志乃さんは，よく子育てをされていると思いますよ。(受容)

志乃さん　：ありがとうございます。そう言っていただけると嬉しいんですが，西
　　　　　　　原さん(ワーカー)から見て，今の私と知佳は，どんなふうに見えま
　　　　　　　すか?

西原SWr：そうですね。とてもよく子育てをされていると思います。今日，声を
　　　　　　　かけさせていただいたのは，先日，知佳ちゃんがサロンでお母さん
　　　　　　　(志乃さん)のいうことを聞かない時に，強い口調で叱っていらっしゃ
　　　　　　　る様子をお見かけしたものですから。

志乃さん　：あぁ，あの時の……。家でもよくあるんです。私のいうことを聞かな
　　　　　　　い時は，イライラして怒鳴ってしまったり，たたいたりする時もある
　　　　　　　んです。でも，その後で何で怒鳴ったりたたいたりしてしまったのだ
　　　　　　　ろうって，すごく落ち込むんです。

西原SWr：確かに，そう思う時もありますよね。

志乃さん　：引っ越してきて1年になるんですが，子育てのことを相談したりする
　　　　　　　人もいないですし，夫も仕事が忙しくて毎晩遅くて，家事や子育てに
　　　　　　　協力的ではないので，私が1人で全部をやっていかなくてはならない
　　　　　　　んです。

西原SWr：慣れない土地で，1人で一生懸命頑張ってこられたんですね。

志乃さん　：はい。私も子育てのことを相談できるところがあればと思ったことと
　　　　　　　知佳も同じくらいの歳の子たちと遊ばせてあげたいと思ってこのサロ
　　　　　　　ンを利用するようになったんです。でも，あの子はこれができるのに，
　　　　　　　知佳はできないとか……。知佳だけ発達が遅れているんじゃないかと
　　　　　　　思うと，気持ちが後ろ向きになってしまって。

西原SWr：子育ての相談と知佳ちゃんを同じくらいの歳の子たちと遊ばせてあげ
　　　　　　　たいと思ってこのサロンを利用されたことは，とても素晴らしいこと
　　　　　　　だと思いますよ。子どもの成長は早い子もそうでない子もさまざまで，
　　　　　　　視点を変えてみると，たとえば，4月生まれと3月生まれでは，ほぼ
　　　　　　　1年違うのに同じ学年になってしまうんですね。当然，身体の大きさ
　　　　　　　も違えば，言葉や自分でできることの早さや内容もそれぞれです。

志乃さん　：そんなふうに言っていただけると気持ちが楽になります。人は人です
　　　　　　　よね。知佳は知佳。そんなに焦らずにいこうと思います。今，この瞬

間に私と知佳が一緒にいることは奇跡的なことで，この瞬間を大切に
したいと思います。

（3）実存主義アプローチの汎用例

　実存とは何かを考え，他のケースでの汎用を考えるならば，サルトル（J.P.
Sartre）の「実存は本質に先立つ」という言葉をキーワードとして，具体例を
あげて考えてみたい。実存とは，現実に存在するゆるぎない事実を意味してい
る。本質とは，あるものをそのものとして成り立たせているそれ独自の性質・
本性のことである。

　具体的には，〇さんという学校の先生は，現実に存在する者（実存）であり，
〇さんは学生に対して，とても優しい（本質）人であると表現した場合，とて
も優しいという本質が存在する前に〇さんが存在しなければ（実存）その説明
は成り立たないということになる。すなわち，もともと本質としての優しさが
存在するのではなく，本質の前に現実に存在する〇さんの存在がある（実存が
本質に先立つ）からこそ，その優しさが意味をもつということになる。

　したがって，実存主義アプローチ（実存主義ソーシャルワーク）は，人々の生
活の不安や生きづらさから目を背けず，あるがままの自分を見つめ，決して自
分を責めず，過去を後悔せず，過去は過去，人は人，自分は自分，今この瞬間
を大切に生きることを支援するソーシャルワークのアプローチである。

注

(1)　山縣文治・柏女霊峰編集委員（2010）『保育用語辞典（第8版）』ミネルヴァ書房，
　　245頁。

(2)　副田あけみ（2005）『社会福祉援助技術論──ジェネラリスト・アプローチの視
　　点から』誠信書房，60〜61頁。

(3)　川村隆彦（2021）「ソーシャルワークの実践モデルとアプローチの考え方」日本
　　ソーシャルワーク教育学校連盟編『ソーシャルワークの理論と方法〔共通科目〕』
　　中央法規出版，121頁。

(4)　ホリス，F.／黒川昭登・本出祐之・森野郁子訳（1966）『ケースワーク──社会
　　心理療法』岩崎学術出版社。

(5)　(4)と同じ，14頁。

(6)　リッチモンド，M.E.／小松源助訳（1991）『ソーシャル・ケース・ワークとは何

　　　か』中央法規出版，57頁。

(7)　(4)と同じ，282頁。

(8)　杉本照子（1968）「自我心理学がソーシャルワークに与えた影響」『社会学部紀要』17，83〜92頁。

(9)　丹野真紀子（2005）「心理社会的アプローチ」久保紘章・副田あけみ編著『ソーシャルワークの実践モデル──心理社会的アプローチからナラティブまで』川島書店，3〜16頁。ただし丹野は，状況ではなく環境という用語で示している。

(10)　ホリス，F.／久保紘章訳（1985）「ケースワーク実践における心理社会的アプローチ」ロバーツ，R. W.・ニー，R. H. 編『ソーシャルケースワークの理論──7つのアプローチとその比較1』川島書店，33頁。

(11)　(10)と同じ，34頁。ただし本節では用語の統一の観点から，クライエントを利用者に置き換えて示している。

(12)　(4)と同じ，101〜166頁。ただし本節では用語の統一の観点から，クライエントを利用者に置き換えて示している。

(13)　田嶋英行（2016）「第1回実践アプローチ　心理社会的アプローチ」『さぽーと』63(1)，44〜50頁。

(14)　小松啓・窪田暁子（1998）「わが国の児童相談所における心理・社会的アプローチの実践とスーパービジョンの展開」『東洋大学児童相談研究』17，17〜30頁。

(15)　(4)と同じ，142頁。ただし本節では用語の統一の観点から，クライエントを利用者に置き換えて示している。

(16)　Robert, B. L. (2003) "Functional school in social work," *The social work Dictionary 5th Edition*, NASW Press, p. 171.

(17)　Smalley (1970) を訳す際に，先達の訳出も参照した。Smalley, E. R. (1970) "The Functional Approach to Casework Practice," Roberts, W. R. & Nee, H. R. (Eds.), *Theories of Social Casework*, p. 81.（＝1985，久保紘章訳「ケースワーク実践に対する機能派アプローチ」ロバーツ，R. W.・ニー，R. H. 編『ソーシャル・ケースワークの理論──7つのアプローチとその比較1』川島書店，77頁。）

(18)　(17)と同じ，pp. 79-80.（＝75〜76頁。）

(19)　(17)と同じ，p. 80.（＝76頁。）

(20)　(17)と同じ，pp. 80-81.（＝76〜77頁。）

(21)　小松源助（2002）『ソーシャルワーク実践理論の基礎的研究』川島書店，78〜79頁。

(22)　(21)と同じ。

(23)　(21)と同じ，110頁。

(24)　高山恵理子（2005）「機能的アプローチ」久保紘章・副田あけみ編『ソーシャルワークの実践モデル──心理社会的アプローチからナラティブまで』川島書店，

17～32頁。

(25)　(17)と同じ，p. 81.（＝77頁。）(21)と同じ，127頁。(24)と同じ，25頁。

(26)　(25)と同じ。

(27)　(17)と同じ，p. 81.（＝77頁。）(21)と同じ，127頁。(24)と同じ，27頁。

(28)　(17)と同じ，p. 81.（＝77～78頁。）(21)と同じ，127頁。(24)と同じ，27頁。

(29)　(17)と同じ，pp. 81-82.（＝77～78頁。）(21)と同じ，127頁。(24)と同じ，27頁。

(30)　(17)と同じ，p. 121.（＝118頁。）

(31)　(30)と同じ。

(32)　(30)と同じ。

(33)　(17)と同じ，pp. 102-105.（＝97～100頁。）

(34)　(33)と同じ。

(35)　(21)と同じ，96～100頁。

(36)　アギュララ，D. C.／小松源助・荒川義子訳（1997）『危機介入の理論と実際——医療・看護・福祉のために』川島書店，25～29頁。

(37)　川村隆彦（2011）「行動理論・アプローチ」『ソーシャルワーカーの力量を高める理論・アプローチ』中央法規出版，56～75頁。

(38)　Jayaratne, S. (1995) "The Contributions of Edwin J. Thomas," *Research on Social Work Practice*, 5(4), pp. 404-410.

(39)　Angell, B. (2008) "Behavioral Theory," Mizrahi, T., Davis, L. E. (Eds.), *The Encyclopedia of Social Work 20th Ed. Volume 1*, NASW Press, Oxford University Press, pp. 190-192.

(40)　(39)と同じ。

(41)　(39)と同じ。

(42)　津田耕一（2005）「行動療法とソーシャルワーク」久保紘章・副田あけみ編著『ソーシャルワークの実践モデル——心理社会的アプローチからナラティブまで』川島書店，75～92頁。

(43)　(42)と同じ。

(44)　Solomon, B. (1976) *Black Empowerment, social work in oppressed communities*, Columbia University Press, p. 19.

(45)　Gutiérrez, L. M., Parsons, R. J. & Cox, E. O. (Eds.) (1998) *Empowerment in Social Work Practice : A Sourcebook*, Brooks Cole Publishing Company, pp. 9-10.

(46)　Miley, K. K., O'Melia, M. & DuBois, B. (2009) *Generalist Social Work Practice 6th ed. : An Empowering Approach*, Aley & Bacon.

(47)　近代（モダン）の後にあるものという意味。ナラティブアプローチの説明では，科学や専門的知識，人を理性的ととらえるモダンに対して懐疑的な立場として用いられる。

⑷　吊り橋を用いた心理実験により得られた知見から，緊張状態を共に経験すると，恐怖と恋愛感情を混同するという学説。

⑷　ターナー，F. J. 編／米本秀仁監訳（1999）『ソーシャルワーク・トリートメント──相互連結理論アプローチ（上）』中央法規出版。

⑸　シェイザー，S. D.／小野直広訳（1994）『短期療法　解決の鍵』誠信書房。

⑸　バーグ，I. K.／磯貝希久子監訳（1994）『家族支援ハンドブック──ソリューション・フォーカスト・アプローチ』金剛出版。

⑸　相場幸子・龍島秀広編／解決のための面接研究会（2006）『対人援助のための面接法──解決志向アプローチへの招待』金剛出版。

⑸　ピショー，T.・ドラン，Y. M.／三島徳雄訳（2008）『解決志向アプローチ再入門──臨床現場での効果的な習得法と活用法』金剛出版。

⑸　⑸と同じ。

⑸　松波信三郎・飯島宗享編（1964）『実存主義辞典』東京堂，77頁。

⑸　新村出編（2008）『広辞苑（第 7 版）』岩波書店，2613頁。

参考文献

アギュララ，D. C.／小松源助・荒川義子訳（1997）『危機介入の理論と実際──医療・看護・福祉のために』川島書店。

小口将典・木村淳也編著（2021）『ソーシャルワーク論──理論と方法の基礎』ミネルヴァ書房。

金子絵里乃（2007）「ソーシャルワーク理論の再考──フローレンス・ホリスの研究の変遷を辿る」『現代福祉研究』7，161～192頁。

加茂陽編（2000）『ソーシャルワーク理論を学ぶ人のために』世界思想社。

川村隆彦（2011）『ソーシャルワーカーの力量を高める理論・アプローチ』中央法規出版。

北島英治（2011）「診断主義ケースワーク」『社会福祉援助技術論Ⅱ』全国社会福祉協議会，68～73頁。

久保紘章・副田あけみ編（2005）『ソーシャルワークの実践モデル──心理社会的アプローチからナラティブまで』川島書店。

厚生労働省政策統括官（統計・情報政策担当）編（2021）『2019年（令和元年）国民生活基礎調査』厚生労働統計協会。

小森康永・野村直樹編（2003）『ナラティヴ・プラクティス（現代のエスプリ）』至文堂。

櫻井秀雄・橋本有理子編著（2020）『ソーシャルワークのための「教育学」』あいり出版。

社会福祉士養成講座編集委員会編（2015）『相談援助の理論と方法Ⅱ（第 3 版）』中央

法規出版。

杉山章子（2003）「医療における実践モデル考（その2）――社会福祉の方法と『医学』モデル」『日本福祉大学社会福祉論集』109，59〜67頁。

ターナー，F. J. 編／米本秀仁監訳（1999）『ソーシャルワーク・トリートメント――相互連結理論アプローチ（上）』中央法規出版。

ターナー，F. J. 編／米本秀仁監訳（1999）『ソーシャルワーク・トリートメント――相互連結理論アプローチ（下）』中央法規出版。

津田耕一・橋本有理子編（2021）『新版　ソーシャルワークの理論と方法 I〔基礎編〕』みらい。

ドエル，M.・マーシュ，P.／小松源助・伊藤冨士江訳（1995）『課題中心ソーシャルワーク』中央法規出版。

狭間香代子（2001）『社会福祉の援助観――ストレングス視点・社会構成主義・エンパワメント』筒井書房。

Gutiérrez, L. M., Glenmaye, L. & DeLois, K. (1995) "The Organizational Context of Empowerment Practice : Implications for Social Work Administration," *Social Work*, 40(2), pp. 249-258.

Miley, K. K., O'Melia, M. & DuBois, B. (2007) *Generalist Social Work Practice 6th ed. : An Empowering Approach*, Alley & Bacon.

Perlman, H. H. (1957) *Social Casework : A Problem-Solving Process*, The University of Chicago Press.（＝1966，松本武子訳『ソーシャル・ケースワーク――問題解決の過程』全国社会福祉協議会。）

Perlman, H. H. (1967) "Casework is dead," *Social Casework*, 48(1), pp. 22-25.

Perlman, H. H. (1970) "The Problem-Solving Model in Social Casework," Roberts, R. W. & Nee, R. H. (Eds.) *Theories of Social Casework*, The University of Chicago, pp. 129-179.（＝1985，久保紘章訳「ソーシャル・ケースワークにおける問題解決モデル」ロバーツ，R. W.・ニー，R. H. 編『ソーシャル・ケースワークの理論――7つのアプローチとその比較 1』川島書店，131〜184頁。）

学習課題

　この章で学ぶソーシャルワークのアプローチの特徴について，あらかじめ自分で調べてみよう。

キーワード一覧表

☐ **ウェルビーイング**　個人の自己実現が保障され,「よりよい状態」「良好である状態」といった意味をもつ概念　　46

☐ **ソーシャルワークのアプローチ**　ソーシャルワークの展開において,問題の原因や解決方法を探る際に活用する援助のフレームワークを指す。　　46

☐ **状況の中にある人間**　ケースワークの中心概念としてホリスが示したもの。「人(人間)」と「状況」と「この両者の相互作用」という相互関連でとらえるものである。　　48

☐ **診断主義ケースワーク理論**　リッチモンドは,著書『社会診断』で,クライエントの抱える問題を把握する方法として,社会的証拠の収集→比較・推論→社会診断を示した。同著や『ソーシャル・ケース・ワークとは何か』で,リッチモンドが診断や処置をケースワークに位置づけ,体系化した理論である。　　48

☐ **機関の機能**　機関の機能とは,機関のアカウンタビリティや協働等を活用することによってソーシャルワーク実践の内容や方向づけを定めていくことをいう。ワーカーはクライエントが機関の機能を主体的に活用できるように援助していく。　　55

☐ **機能派**　機能派はランクの意思の心理学等の考えに基づき,ソーシャルケースワークの理論的枠組み等を考えた。機能派は,ペンシルバニアソーシャルワーク学校(ペンシルバニア大学)を中心に形成された。クライエントが問題解決を自らできる力で有しており,クライエントが機関の機能を利用することが重視された。　　55

☐ **フォーム**　フォームとは,クライエントが機関の機能を利用し,支援を展開する。　　57

☐ **4つのP**　パールマンがソーシャルワークを説明する際に用いたキーワードの頭文字。ある問題〔problem〕をもつ人〔person〕が,専門家の支援の過程〔process〕によってその人を助ける場所〔place〕に来る。この後,2つ追加されて6つのPとなる。　　59

☐ **自我(エゴ)**　パーソナリティの機能は3つの機能が統合されてできている。すなわち,欲求を満たそうという生命力(イド),その生命力を実際の社会に適応するよう調整する自我(エゴ),道徳などによって欲求の衝動を抑制する規範(スーパーエゴ)だ。自我(エゴ)はイドやスーパーエゴをうまく調整しながら,実際の社会に適応して行動するための機能だ。　　59

☐ **適応**　パールマンは,環境に従うという意味が強い adjustment に対して,クライエント自身が環境に働きかけ,創造し,変えていくことを含む adaptation の概念を重視している。　　　　　　　　　　　　　　　　60

☐ **ワーカビリティ**　適切に援助を求めたり，援助を活用したりできる力。クライエントのワーカビリティを高める支援では「動機づけ」「能力の向上」「機会の提供」を重視する。　　　　　　　　　　　　　　　　60

☐ **部分化**　クライエントが対処できるよう，大きく漠然とした問題を，小さく分けること。緊急のこと，より重大な問題に関係していること，クライエントが自覚できて現実的に解決できることに着目しながら分けていく。　　61

☐ **断片化**　問題を小分けにすること。小分けにすることで取り組むことの障壁が下がり，また達成度の測定もしやすくなるという利点がある。　　64

☐ **契約**　相談援助に関するソーシャルワーカーとクライエントの合意を意味する。課題中心アプローチでは目標達成までの計画も含めて合意する。　　65

☐ **危機**　大規模な災害，大切な人の死，突然の失業など，突然起きたストレスが大きい出来事に対して，これまでの対処法では対応できず，精神的に危機が起こっている状態。　　　　　　　　　　　　　　　　67

☐ **悲嘆**　危機により，気分の落ち込みだけでなく，怒り，罪悪感など，さまざまな心理的反応が起こっている状態。　　　　　　　　　　　67

☐ **実証的**　科学的に証明されているという意味である。　　70

☐ **レスポンデント条件づけ**　ある行動を，その行動を引き起こす刺激に対する反射の反復を通して身につける考え方である（レスポンデントは「反射的」という意味）。　　　　　　　　　　　　　　　　71

☐ **オペラント条件づけ**　ある行動を，その行動によって得られる結果の反復を通して身につける考え方である（オペラントは「操作的」という意味）。　71

☐ **社会的学習理論**　ある行動を，他者の模倣を通して身につけるという考え方である。　　　　　　　　　　　　　　　　71

☐ **モデリング**　新しい行動を，見本の模倣を通して身につけるような援助技法である。　　　　　　　　　　　　　　　　73

☐ **ロールプレイング**　新しい行動を，シミュレーションにおける練習を通して身につけるような援助技法である。　　　　　　　　　73

☐ **シェイピング**　新しい行動を，少しずつできるようになることを通して身につけるような援助技法である（直訳すると「形作る」という意味）。　73

☐ **正の強化**　A（刺激）→B（行動）→C（結果）の枠組みにおいて，ある条件（AかC）を加えることで，行動（B）を増やす調整方法である。　　75

☐ **負の強化**　A（刺激）→B（行動）→C（結果）の枠組みにおいて，ある条件（AかC）を取り除くことで，行動（B）を増やす調整方法である。　　75

☐ **正の罰**　A（刺激）→B（行動）→C（結果）の枠組みにおいて，ある条件（AかC）を加えることで，行動（B）を減らす調整方法である。　　75

☐ **負の罰**　A（刺激）→B（行動）→C（結果）の枠組みにおいて，ある条件（AかC）を取り除くことで，行動（B）を減らす調整方法である。　75

☐ **スティグマ**　差別や偏見と訳されるが，特定の属性や事象をもった個人や集団に対する根拠のない否定的な認識のことをいう。　76

☐ **医学モデル**　障害を病気や疾病，外傷，もしくは，そのほかの健康状態により直接生じた個人の問題としてとらえ，専門職による個別治療を必要とするとらえ方。　77

☐ **社会構成主義**　近代の行き詰まりを克服しようとするポストモダンを代表する1つの立場。デリダやヴィゴツキー等が有名。　81

☐ **フーコー**　フランスの哲学者で，「真理＝権力」論のほか，著書には『監獄の誕生』や『性の歴史』がある。　81

☐ **無知の姿勢**　専門知識を用いたアセスメントが，クライエントのストーリーを歪ませてしまう危険性を強調し，専門知識に影響されなかったストーリーの語りを促すため，ソーシャルワーカーが意識的に行う面接態度。　83

☐ **ホワイトとエプストン**　家族療法分野において，ナラティブセラピーの基本となる新しいアプローチを提唱。2人の共著である『物語としての家族』は日本語訳も出版されている。　83

☐ **問題の外在化**　「問題が問題であり，人が問題ではない」という前提に立ち，問題が染み込んだ物語をクライエントから切り離すことは可能であると考えるナラティブアプローチの基本姿勢。　83

☐ **ドミナントストーリー**　問題の染み込んだ物語や，支配的な物語と訳されることもある。多くの場合，クライエントが自身を反省的にとらえているストーリーとして語られる。　83

☐ **オルタナティブストーリー**　新たなストーリーや，再構成されたストーリーと訳されることもある。これまで注目されなかった出来事に気づき拾い上げるものであり，拡張や書き換えるといった表現が使われる。　83

☐ **解決志向アプローチ**　シェイザーとバークによって創出されたアプローチ。今ある問題の解決に焦点を当てるアプローチである。　85

☐ **解決志向の原則**　8つ原則があり，「未来は，創り出されるし，努力して変えることもできる」という原則が最も強調される。　86

☐ **リソースの探索**　さまざまな質問技法等を用いて，相談者の解決のための利用可能な資源を探すことがポイントとなる。　87

☐ **解決志向アプローチの質問技法**　ミラクルクエスチョン，スケーリングクエスチョン，コーピングクエスチョン等の質問技法がある。　87

☐ **実存（実存哲学）**　真実存在や現実存在という言葉の中間の2文字をとったものと考えていいようである。つまり，真実にして現実なる人間存在という意

味を含ませた言葉。 89

☐ **実存主義ソーシャルワーク**　クリルが提唱した。ソーシャルワークの領域に実存主義を取り入れたアプローチ。 90

ワークシート

　ショート事例（子育てに奮闘する吉田志乃さんのケース）の支援のため，あなたならソーシャルワークのどのアプローチを選択するのか（または組み合わせるのか），その理由を含め考えてみましょう。

第Ⅲ部

ソーシャルワークの支援過程

第5章

ソーシャルワークの過程①
インテーク

　ソーシャルワーカーが生活上の困難を抱えた人々に対する支援を展開する際，専門職としての対人援助技術が求められる。その1つの方法がソーシャルワークの過程であり，このソーシャルワークの過程は分野を問わずさまざまなケースで用いられ，クライエントの望む生活を少しでも実現することができるように働きかけている。本章ではソーシャルワークの過程の中でも最初のステップとなるインテーク（受理面接）を取り上げる。インテークはクライエントがソーシャルワーカーと初めて出会う場であり，この最初の出会いが今後の支援の展開に大きく影響することがある。社会的に不利な状態にあるクライエントを支援に導き，安心して支援関係を構築するためには何が必要とされているのか。インテークの役割だけではなく，求められる支援の視点についても理解を深めていく。

1　クライエントとの出会い

（1）ケースの発見

　人は誰しも生活の中でさまざまな困難に直面することがある。それは，年齢を重ねることにより直面する，ライフステージに応じた変化のようなものであったり，突然の失業や疾病，けがなどによる，予期していなかった変化のようなものであったりする。いずれの場合も，その変化に直面している当事者にとって困難であることには変わりなく，何らかの方法で解決することを考えるであろう。しかし，生活上の困難は必ずしも容易に解決できるとは限らない。時には複雑に絡み合い，何度試みてもうまくいかない可能性もある。こうした生活上の困難に目を向けているのがソーシャルワークであり，専門職であるソーシャルワーカーは，社会資源を組み合わせながら当事者と共に解決を図ろ

うと試み，その困難の過程で弱まっている当事者の力を取り戻すための直接的な働きかけを行う。このように，ソーシャルワークは人生の営みにとても身近な存在であり，なくてはならない重要な役割を担っている。

　では，どのようなケースがソーシャルワークの支援の対象となるのであろう。ソーシャルワーカーが専門職としてクライエントと出会い，支援を開始する前の段階としてケースの発見がある。発見というと専門職が地域に出て，困難を抱えている人を探しているようなイメージになるが，ケースの発見はさまざまな方法が考えられる。たとえば，地域の民生委員が高齢の一人暮らしの人を訪問し，食事が十分に摂れなくなっている状態をみて地域包括支援センターに相談するケース，学校の先生が，身体にあざをつくって登校してくる児童の様子をみて児童相談所につなげるケース，路上で生活している人が病院に搬送され，医療費や今後の生活についての支援が必要だと感じ，主治医が医療相談室につなげるケースなどが考えられる。

　また，これらのケースのように，第三者が介入して支援につながるケースばかりではない。クライエントやその家族が，直接支援の必要性を表出する場合もある。たとえば，けがのためリハビリを送りながらの生活が必要になった場合，今後の生活のために手帳や年金の申請について，本人が直接病院の医療相談室に訪れるケースや，精神科病院から退院し，地域での生活に必要な福祉サービスについて相談するために，本人が相談支援事業所を訪れるケースもある。さらに，家庭で介護をしている親の認知症が進み，介護保険を利用して自宅での介護を継続するために，家族がケアマネジャーに相談するケースもある。このように，支援が始まるきっかけは多様であり，ソーシャルワーカーは個々のニーズに応じて対応が求められる。

（2）ボランタリーとインボランタリー

　生活の中には1人では解決することが難しいニーズが多く存在し，支援が必要なケースはさまざまな方法でソーシャルワーク専門職につながる。そして，これらの多くのケースでは，クライエントの生活は支援を受けることで質が向上し，望んだ生活に少しずつ近づいていく。クライエントは，ソーシャルワーカーと関わりをもつことで新たな社会資源とつながり，関係性を構築していく。こうして主体的に支援を希望するクライエントは，**ボランタリー（自発的）なクライエント**といわれている。

　しかし，支援につながるケースは必ずしも本人が主体的に支援を必要と感じているものばかりではない。たとえば，何年も自宅に閉じこもって生活している息子の支援を行ってほしいと相談に訪れる家族に対し，ソーシャルワーカーが自宅を訪問し息子にアプローチしたとしても，息子が支援を希望していない場合もある。また，公園で生活をしている人に対し，お弁当を配りながら安定した生活の場を一緒に探そうと声をかけるケースでは，クライエントが相談することについて戸惑いがあり，自ら支援機関につながろうと感じていない場合がある。このように支援を受けることを希望しないクライエントや，関わりを希望しないクライエントは，**インボランタリー（非自発的）なクライエント**といわれている。

（3）潜在的ニーズと顕在的ニーズ

　利用者の自己決定を尊重するソーシャルワークにおいて，インボランタリーなクライエントに対する支援は必要なのかという疑問があるが，ソーシャルワーク専門職が把握するニーズには本人が自主的に表出するニーズばかりではない。社会的にみて支援の必要性があると判断されるにもかかわらず，本人が支援の必要性を感じていない，もしくは本人が必要性を感じていても表出されていないニーズは**潜在的ニーズ**といわれている。この潜在的ニーズに対し，何らかの働きかけにより，本人が支援を必要だと感じるようになり，それが表出されると**顕在的ニーズ**となる。

　先ほどあげた何年も自宅に閉じこもって生活している息子のケースでは，本人は両親と一緒に生活しており，衣食住で困ることはない。人とのつながりが途切れてしまっていたとしても，日常生活を送ることはできている。しかし，長年の閉じこもり生活から抜け出し，新たな一歩を踏み出して違う世界を切り拓いてみたいという想いがそこにある可能性も否めない。また，公園で生活している人のケースでは，これまでずっと野外で生活してきており，そのために必要な生きる術を身につけている。これらの人々にとって，支援を受けるということは，これまでの生活を一変させることでもあり，容易ではない。

　また，潜在的ニーズのあるクライエントの中には，現在の状態に至るまで，度重なる苦い思いやつらい経験をしていることがあり，こうした経験が背景にあることから，人との関係性を築くことが難しい人たちが存在する。心のどこかで支援が必要だと感じていても，相手を信頼することができなかったり，誰

かが支援の手を差し伸べたりしたとしても，大きな一歩を踏み出すことが難しいのである。ソーシャルワーク専門職は，表出されたニーズに対応するだけではなく，表出されていないクライエントの心の声にも耳を傾け，その大きな一歩を一緒に踏み出すことができるように働きかけることが求められる。

（4）アウトリーチ

　これまでの学びから，すべてのクライエントが，ソーシャルワーカーによる支援を積極的に受け入れたいと思っているわけではなく，支援を受けることに消極的なクライエントも存在することがわかった。このようなクライエントに対し，ソーシャルワーカーが訪問によって支援を行う活動を**アウトリーチ**という。アウトリーチは，支援を必要としている人が支援者側に出向くのではなく，支援者側が支援を必要としている人（社会的にみて支援を必要としている人も含む）のもとへ出向き，一人ひとりのニーズに応じた支援を展開していく。こうした訪問支援を通して，地域で孤立しがちな人たちとソーシャルワーカーがつながることはとても重要である。

　このアウトリーチ活動は，歴史的には1870年代，イギリスの慈善組織協会（Charity Organization of Society：COS）に所属する人たちが，貧困家庭を訪問し，救済を行ったことにルーツがあると考えられる。この個別の訪問活動は友愛訪問といわれ，ソーシャルワークの源流は COS の活動に由来している。そして，ソーシャルワーク専門職としてのアウトリーチ活動は，1970年代前半にアメリカのウィスコンシン州マディソンで精神障害者に対する**包括的地域生活支援プログラム**（Assertive Community Treatment：ACT）として体系化されていった。ACT は精神科病院からの脱施設化が進められる中，病院から退院した精神障害者がすぐに病院へ戻ってくる現象を受け，地域でのケア体制の一環として始まった。地域での生活を継続するためには，医療だけではなく，多様な支援が求められることから，ACT は医療と福祉によるチームでの訪問型ケアサービスを実施し，マディソンの精神科病院の再入院は減少していった。この実践から，訪問型支援の重要性が注目されるようになり，ソーシャルワークにおけるアウトリーチ活動が重視されるようになっていった。

　現在では，地域で生活するクライエントに対するアウトリーチだけではなく，家族支援としてクライエントの家族に対しても訪問による支援を行うことがある。また，危機介入の一環として現地に訪問し，アウトリーチ活動を行うこと

もあり，いろいろな形で実践として展開されている。

2　インテーク

（1）ソーシャルワークの展開過程

　こうしてさまざまな方法でつながった人たちに対する支援の方法として，ソーシャルワークの展開過程がある。ソーシャルワークの展開過程は，専門職が個別の支援を行ううえで重要な基盤となっており，この基盤こそがソーシャルワークの専門性を示している。したがって，高齢・障害・児童・家族・地域・医療など，社会福祉の分野を越えて用いられ，その方法は個人の経験値や道徳的判断ではなく，科学的に行われている。

　ソーシャルワークの過程がどのように展開されていくかをみていくと，クライエントとの最初の面接となるインテーク（受理面接）から始まり，面談を通して現状を把握し，情報を収集・整理するアセスメント（事前評価），アセスメントをもとに目標を立て，その目標の実現に向けてクライエントと共に支援計画を作成するプランニング（支援計画の策定），プランニングの内容に応じて，支援を行うインターベンション（支援の実施・介入），支援が計画に基づいて行われているか，そしてクライエントが計画に取り組めているかを確認するモニタリング（経過観察），支援計画が効果的であったかを評価するエバリュエーション（事後評価），支援の終結としてクライエントと共に確認を行うターミネーション（終結）で構成されている（図5-1）。終結を迎えたからといって，クライエントとの関係が終了するのではなく，クライエントの状況を把握し，いつでもサービスにつなげることができるように，必要に応じてフォローアップやアフターケアを実施する必要がある。現場では，一人ひとりの状況や特性に応じて，個別の理解が求められるため，それぞれの段階で細かい対応が必要となる。

　ソーシャルワークの展開過程の始まりとなるインテークは，クライエントと初めて顔を合わせて状況を把握し，今後の支援につなげていくとても重要な役割を担っている。窪田暁子は，生活に困難を感じている人たちに応じる最初の面接では，その必須要素として，相談に来た人が感じている不安への適切な対処をしなければならないとしている[(1)]。その不安には2つの側面があり，1つ目は相談に至るまでの生活困難に対する不安，そして2つ目はこれから始まるで

インテーク	・受理面接
	・クライエントとの最初の面接

アセスメント	・事前評価
	・面談を通して状況を把握し，情報を収集して支援計画の策定に向けて内容を整理する。

プランニング	・支援計画の策定
	・アセスメントをもとに長期目標・短期目標を立て，目標の実現に向けて計画を策定する。

インターベンション	・支援の実施・介入
	・プランニングの内容に沿って支援を実施する。

モニタリング	・経過観察
	・支援が計画に基づいて行われているか，クライエントが計画に沿って取り組めているかを確認する。

エバリュエーション	・事後評価
	・どのような支援が効果的であったか，効果が不十分であったかを評価する。

ターミネーション	・終結
	・クライエントと支援が終結したこと確認する。フォローアップ・アフターケアを含む。

図5-1　ソーシャルワークの展開過程

出所：筆者作成。

あろう支援に対して，適切に対応してくれるかどうか，支援者がどのように自分を扱うかという不安である。相談者によっては，相談に訪れたというだけでも大きな一歩だったりするケースもあり，初めて会う人に対して自分の感じている困難を話すことは不安と緊張を伴うものである。この場面でクライエントがこの人であれば自分を理解してくれると感じ，話をしたいと感じてもらうことはとても重要であり，ここでの印象が今後のクライエントとソーシャルワーカーの信頼関係の構築（**ラポールの形成**）に影響を及ぼす。したがって，ソーシャルワーカーはクライエントとの最初の面接から，相手に対する敬意をもって接することに加え，バイステックの7原則にもあるように，クライエントを個人としてとらえ（個別化），これまでの苦労を受け止め（受容），そして一方

的に非難しない姿勢（非審判的態度）をもって接することが求められる。

（2）インテークとエンゲージメント

　ソーシャルワークにおける近年の動向として，ソーシャルワーカーとクライエントによる最初の面談を，インテークではなく**エンゲージメント**と表現することがある。特にジェネラリスト・ソーシャルワーク教育を主流としてるアメリカでは，1980年代頃からソーシャルワークの展開過程としてインテークの代わりにエンゲージメントが用いられている。

　インテークは，日本語に直訳すると「摂取する」「取り込む」といった意味があり，社会福祉学の中では一般的に受理面接と訳されている。受理は受け付けるという意味があることから，ソーシャルワーカーが主導となり，支援者として被支援者であるクライエントからの相談を受け付け，次のステップにつなげるといったイメージがもたれる。一方で，エンゲージメントは「約束」「契約」「関与」といった意味があり，ソーシャルワーカーとクライエントのどちらかが主導になるのではなく，同じ目線で今後の支援について検討するといったとらえ方となる。すなわち，対等な関係でクライエントとソーシャルワーカーが今後の支援について合意し，契約を行うことを意味する。このような視点からも，クライエントとソーシャルワーカーのパートナーシップに焦点を当てたエンゲージメントのほうが，適切な表現であると考えられる。これから始まる支援関係が，ソーシャルワーカー主導の下で行われるのではなく，共に考えることができるパートナーシップが基盤となることを確認しながら進められている。

（3）インテークの内容

　インテークでは，クライエントが現在感じている生活上の困難を把握し，その情報をもとにどのような支援を提供することができるかを検討する。この流れの中で，ソーシャルワーカーは自分が所属する機関で，クライエントに対する支援を展開できるかどうか，また対応することが適切かどうかを判断することが求められる。このプロセスを**スクリーニング**という。スクリーニングには，「選別する」「ふるいにかける」といった意味があるが，ここで用いられているスクリーニングは，ソーシャルワーカーがクライエントを選んだり審査したりするという意味は含まれておらず，所属機関が支援できる範囲を説明し，クラ

イエントの条件に当てはまっているかどうかを共に検討すること重視する。その結果，所属機関での支援が適切であれば，クライエントと利用契約を結び，次のステップとしてのアセスメントにつなげていく。一方で，インテークの結果，ソーシャルワーカーの所属機関よりも適切な支援機関がある場合は，他機関へとつなげていくことが必要となる。このプロセスを**リファーラル**という。リファーラルでは，クライエントの状況や希望に応じて，必要な機関を紹介するといった対応を行う。

　こうしたインテークにおける一連の流れの中で，ソーシャルワーカーはクライエントに対して福祉サービスの説明を行う責任があるとされており，近年では，**説明責任（アカウンタビリティ）**が重視されている。もともと，アカウンタビリティには，自己の役割を果たし，求められている結果を出すという責任（結果に対する責任）と，相手から求められた情報を開示し，結果に至った理由を説明する責任（説明する責任）の２つの意味が含まれている。したがって，クライエントと利用契約を結ぶ前段階として，ソーシャルワーカーは自身の機関に関する概要や利用料に加え，利用することで考えられる結果やクライエントから求められる質問に関しても説明する必要がある。

　さらに，クライエントの状況を把握する中で，もう１つ重要なことは緊急性の判断である。相談内容がクライエントやその家族の生命を脅かすものであれば，その内容に応じた支援先へ迅速につなげることが求められる。たとえば，虐待のケースは児童相談所や地域包括支援センター，基幹相談支援センターでの対応となるため，危機介入としてこれらの機関へつなげることになる。さらに，自傷行為があったり，自殺をほのめかしたりするようなケースでは，クライエントの話をしっかり受け止めたうえで，医療機関につなげることも場合によっては必要となる。このように，インテークでのソーシャルワーカーの役割は多岐にわたり，クライエントが最初に関わる専門職としての責任は大きい。

（4）インテークの技術

　インテークを行う際に求められるのが，ジェノグラムやエコマップといった視覚的にクライエントの状況を理解するツールである。ジェノグラムは，クライエントの家族関係を把握するために用いられ，この図によって複雑な家族関係も一瞬にして把握することができる。もともとは，家族療法等で用いられ，家族システムを理解するための手段であったが，現在では，さまざまな相談援

助職により幅広く用いられている。また，ジェノグラムは，ソーシャルワーカーが自分のクライエントの家族関係を視覚化し，支援につなげていくだけではなく，クライエントをチームとして支援する際の関係機関との情報共有ツールとしても用いられる。クライエントにとって，最も身近な存在である家族は，社会資源でありインフォーマルなサポートを提供する存在でもある。一方で，最も身近な存在がクライエントに対してネガティブな影響を与える関係性になることもある。

　さらに，ジェノグラムから読み取れることとして，家族構成と家族の発達段階がある。クライエントの家族は核家族なのか，二世代家族なのか，三世代家族なのか，単親家族なのかなど，家族構成から考えられる課題もさまざまである。また，子どもの年齢がどれぐらいなのか，介護が必要な時期なのかなど，家族の発達段階によっても支援の展開がイメージしやすくなる。したがって，支援の開始段階にあるインテークにおいて，クライエントの家族関係を把握しておくことはとても重要である。

　エコマップは，クライエントを取り巻く社会資源を図示したものであり，クライエントにとっての社会資源を見える化することで，クライエントがどのような環境の中で生活しているのかを理解することができる。また，どのような社会資源をもっており，どのような社会資源が不足しているのかという点に加え，フォーマルな社会資源（学校・病院・福祉サービスなど），インフォーマルな社会資源（家族・友人・近隣の人・ボランティアなど）とのつながりや，関係性も把握することができる。さらに，エコマップを参考にして，今後の支援の方向性を考えたり，関係機関とのネットワーク化を考えたりすることができる。ジェノグラムとエコマップの詳細については，第11章を参照されたい。

注
(1)　窪田暁子（2013）『福祉援助の臨床——共感する他者として』誠信書房。

参考文献
小口将典・木村淳也編著（2021）『ソーシャルワーク論——理論と方法の基礎』ミネルヴァ書房。
窪田暁子（2013）『福祉援助の臨床——共感する他者として』誠信書房。
高木俊介・藤田大輔編（2011）『実践！　アウトリーチ入門』日本評論社。

武田建・津田耕一（2016）『ソーシャルワークとは何か——バイステックの7原則と社会福祉援助技術』誠信書房。

富樫八郎（2019）「『インテーク』から『エンゲージメント』への転換」『医療と福祉』106(53)，17～24頁。

野中猛（1997）『図説ケアマネジメント』中央法規出版。

早樫一男編著（2016）『対人援助職のためのジェノグラム入門』中央法規出版。

マクゴールドリック，M.・ガーソン，R.・シェレンバーガー，S.／石川元・佐野祐華・劉イーリン訳（2009）『ジェノグラム（家系図）の臨床』ミネルヴァ書房。

ルーカス，S.／池田佳奈・久納明里・佐藤愛子訳（2021）『対人援助職のためのアセスメント入門講義』金剛出版。

Courtney, A. J. (2013) *Social Workers Reflect on Engagement with Involuntary Clients*, St. Catherine University.

学習課題

① ソーシャルワークの過程について調べてみよう。

② あなたがソーシャルワーカーとしてインテークを行う場合，どのような視点を重視し，何をすべきなのか，あなたの考えをまとめてみよう。

キーワード一覧表

□ **ボランタリー（自発的）なクライエント** 主体的に支援を希望するクライエント。　　105

□ **インボランタリー（非自発的）なクライエント** 支援を受けることや関わりを希望しないクライエント。　　106

□ **潜在的ニーズ** 支援の必要性があると判断されるにもかかわらず，本人が支援の必要性を感じていないニーズ。本人が必要性を感じていても表出されていないニーズ。　　106

□ **顕在的ニーズ** 本人が支援を必要だと感じ，それが表出されているニーズ。　　106

□ **アウトリーチ** 支援者側が支援を必要としている人（社会的にみて支援を必要としている人も含む）のもとへ出向き，一人ひとりのニーズに応じた支援を行うこと。　　107

□ **包括的地域生活支援プログラム（ACT）** アメリカ・ウィスコンシン州で始まった，医療と福祉によるチームでの訪問型ケアサービス。　　107

□ **ラポールの形成** クライエントとソーシャルワーカーによる信頼関係の構築。　　109

☐ **エンゲージメント**　クライエントとソーシャルワーカーのどちらかが主導になるのではなく，同じ目線で今後の支援について検討していくという考え方。

110

☐ **スクリーニング**　所属機関が支援できる範囲を説明し，クライエントの条件に当てはまっているかどうかを共に検討するプロセスのこと。　110

☐ **リファーラル**　ソーシャルワーカーの所属機関よりも適切な支援機関がある場合，クライエントの状況や希望に応じて，必要な機関を紹介すること。　111

☐ **説明責任（アカウンタビリティ）**　ソーシャルワーカーはクライエントに対して福祉サービスの説明に加え，利用することで考えられる結果やクライエントから求められる質問に関しての説明をする責任がある。　111

ワークシート

1. クライエントとソーシャルワーカーが初回面接を行う場面において，クライエ
ントがどのような気持ちかを想像して書き出してみましょう。

　① 　ボランタリーなクライエント

　② 　インボランタリーなクライエント

2. 初回面接において，何を意識して面接を行うべきか考えてみましょう。

第6章

ソーシャルワークの過程②
アセスメント

ソーシャルワークの過程は、どの段階も不可欠であり、各段階の役割を果たすことで、クライエントのニーズに応えることができるといえる。ただし、その中でも特に重要といえるのがアセスメントである。なぜならば、アセスメントとは、ソーシャルワーカーがどのような目標に向かって実践していくのかといった、支援の方向性を決める段階であるからである。つまり、アセスメントの結果がクライエントの生活に影響を与え、時には人生を左右するかもしれないということである。そのため、アセスメントの意義や方法、留意点について学び、ソーシャルワークのアセスメントとは何であるのかを十分に理解しておくことが求められる。

1 アセスメントの意義と目的

(1) アセスメントの意義

ソーシャルワークのアセスメントとは何なのかを示す前に、少し考えてみてほしい。次のような状況にある友人がいたとしたら、あなたはどのような言葉をかけるだろうか。「一人暮らしで片づけることができずにゴミ屋敷と呼ばれる状態になっている人」「路上生活（ホームレス）者」「ギャンブルが大好きで借金が増え続ける人」「昼夜逆転の生活によって学校で寝てばかりいる人」。

たとえば、このような人たちに、「ゴミはきちんと捨てましょう」「働いて家を借りてください」「人にお金を借りてまでギャンブルをしてはいけません」「規則正しい生活をしましょう」と伝えることで解決するだろうか。

おそらく、そうした言葉がけのみで生活が改善されることはまずないだろう。家族や友人の支えがあり、それが機能している多くの人たちにとっては想像し難いことかもしれないが、さまざまな背景があり、自身の力だけでは解決が難

しく，支援が必要な状況にある人たちは少なからず存在する。

　では，1人では解決できない背景や要因はどこにあるのであろうか。その要因を探る行為こそアセスメントであり，専門分野によってその視点は異なってくる。医療であれば疾患やけがの可能性を考えるであろうし，心理ならば心の問題や精神的な側面に目を向け，解決策を検討するはずである。

　それに対し，ソーシャルワークは，日々の暮らしで生きづらさや困難を抱えた人がいた時，その人自身に何か特定の原因を見つけ出そうとするのではなく，本人とその人を取り巻く環境に焦点を当てた実践といえる。本人がどのような環境に置かれ，周囲との関係に何かひずみが生まれていないか，なぜそこにひずみが生じるのか，あるいはどうすればより円滑になるのかという点に着目しながら支援の方向性をクライエントとともに検討・決定する。これこそがソーシャルワークの特色であり，ここにソーシャルワークの意義がある。

（2）ソーシャルワークのアセスメント

　それでは，もう少し具体的にアセスメントとは何なのかを示していく。アセスメントの重要性は多くの人が認識するところではあるが，定義や方法について統一したものがあるわけではない。アセスメントを強いて簡潔にいうならば，ソーシャルワークの視点に基づいた「分析と判断」ということになるだろうか。生きづらさや課題を抱えるクライエントとその環境に関する情報を収集・整理していくことで，置かれている状況を明確にしていく。そして，明らかになった状況から支援の方向性を決定していくという作業である。具体的な事例で考えてみよう。

> **事　例**
> 　A中学校に通うわたるくん。新学期になり突然学校に来なくなってしまった。高校受験を控えた時期でもあり，心配した担任教員はわたるくんと連絡をとるが，「学校には行きたいが今は行けない」と言うだけで，具体的な話をしてくれない。困った教員はA中学校を担当する**スクールソーシャルワーカー**に相談した。

　さて，このような場合，事例にある情報だけでわたるくんのニーズに沿った支援を開始することができるだろうか。わたるくんには「学校に行きたい」という思いがあるのだから，何としてでも行けるようにするという方向に進める

べきだろうか。もちろん学校としては,「来てほしい」という思いはあるかもしれない。しかし,まずは「行きたいけど今は行けない」を生み出す要因を理解する必要がある。そうでなければ,この時点ではさまざまな要因の可能性が推測される（友人とのけんか,クラスに馴染めない,いじめ,虐待,治療や手術が必要な疾患等）ため,具体的に何から始めたらよいのかが判断できない。

　大谷京子は,ソーシャルワークにおけるどのような実践においても,「アセスメントが介入の礎石として重要であること,アセスメントのプロセスにも体系と手順があること,情報の解釈と分析を基礎にして適切なゴールや目標が設定されること」[1]は共通しているとしている。すべての人が同じやり方ということではないが,①情報収集と整理,②分析,③ニーズと課題の明確化,④目標の設定といった,ある程度共通した段階を経てアセスメントが行われているといえる。

　ただし,そのアセスメントの過程は,決して特別なものではない。たとえば,医師の場合だとイメージしやすいのではないだろうか。私たちは体調不良が続く場合,病院を受診し,診断してもらう。その際に,「頭が痛い」や「お腹が痛い」という情報,もしくは顔色や雰囲気だけを診て正確な診断ができるだろうか。当たり前であるが,具体的な症状を聞いたり,必要であれば検査をしたりすることで適切な診断をするはずである。

　このように,どの専門職においても専門性に沿ったアセスメントが行われ,具体的な支援へと移行していくことになる。ソーシャルワークのアセスメントも同様である。わたるくんの場合,「学校に行きたいけど行けない」状況を,わたるくん本人だけでなく,家族や教員等の環境に関する情報を全体的に収集し整理することで,課題を生み出す要因を分析する。そのうえで,インテーク時よりも具体的なニーズと,ニーズを妨げている課題を明らかにする。以上を踏まえ,目標を設定するという形で,支援の方向性を判断していくのである。

　ここで注意すべきこととして,アセスメントは1人で行わなければならないものというわけではない。必要な場合は同僚や他の専門職とともにチームとして取り組むことも重要となる。また,一度のアセスメントですべてが終わるということでもない。ソーシャルワークの過程の中で,新たな情報が得られる場合もあり,状況に応じてアセスメントを追加・修正していくことも必要である。

2　アセスメントの方法

（1）アセスメントにおける情報収集

　ここまでみてきたように，ソーシャルワークのアセスメントにおいては，「個人と環境」の関係性に着目し，その両者の情報を収集することが必要不可欠となる。そのうえで，先述した情報の整理から目標設定までを行っていくことになるが，どれだけの情報をもとに全体的な把握ができるのか，そしてどのような情報を得ることがソーシャルワークのアセスメントなのかということが重要となってくる。

　空閑浩人は，「アセスメントの作業では，『Bio（身体）－Psycho（心理）－Social（社会）モデル』（BPSモデル）による人間への理解が重要」であり，「これは，人間の身体的側面，心理的側面，社会的側面は相互に連動して，影響しあっているという，いわば人間を『全体的』に理解する見方」であるとしている。

　つまり，先の事例のわたるくんの場合，「学校に行きたくても行けない」という状況は，身体的側面，心理的側面，社会的側面のどこかに特定の原因があるということではなく，それぞれの側面が互いに関連して生じたものと認識するのである。そのため，個人に関する情報として健康状態等の身体的側面，精神状態や意思・意欲等の心理的側面，環境に関する情報として，家族や親族との関係，住環境や就労等の社会的側面の情報といった多角的な視点から，わたるくんを全体的に理解するのである。

　また，より具体的な情報収集のツールとして，目的や対象毎に多様なアセスメントシートが存在する。たとえば，日本社会福祉士会が公表している「生活支援アセスメントシート（2016年度版）」がある。表6-1のように，様式1から様式10までが用意されており，ソーシャルワークの過程や対象に応じて使用できるようになっている。

　その中で，様式2と3がアセスメントシートにあたり，様式2は使用目的がアセスメント一般，様式3は要約とされている。また，様式2には情報収集の項目として生活歴・職歴，心身・判断能力，暮らしの基盤，生活動線，本人の目指す暮らし等が示されており，支援者としての判断と方針まで示すことができるものとなっている。

表 6-1　アセスメントシート（様式等）の一覧表

様式番号	シート名	内　容	使用目的
様式1	インテークシート	氏名・住所・各種制度の認定情報，相談概要・家族構成，受理形態，インテーク項目，ジェノグラム・エコマップ　等	インテーク
様式2	基礎シート	生活歴・職歴，心身・判断能力，暮らしの基盤（各種制度・公共料金，債務状況等），毎日の暮らしぶり・生活動線，本人の目指す暮らし，面接者の判断・支援方針　等	アセスメント一般
様式3	アセスメント要約票	相談概要，生活歴・職歴，心身・判断能力，暮らしの基盤，毎日の暮らしぶり・生活動線，特記事項，本人の目指す暮らし，生活動線，面接者の判断，総合的な援助の方針　等	要約
様式4	プランニングシート	本人の目指す暮らし，総合的な援助の方針，支援計画	計画作成
様式5	支援経過	支援経過	経過記録
様式6	モニタリング・評価票	課題の達成状況，本人の目指す暮らし・満足度，残された課題，新たな課題，今後の対応，総合的な援助の方針	モニタリング
様式7	債務一覧表	債権者名，当初借入額，借入残高，最後の返済日，返済状況，合計額　等	多重債務者
様式8	領域別シート①（リーガル・ソーシャルワーク）	罪名，刑期刑名，矯正施設名，入所回数，現在の状況（満期出所，保護観察中），関係機関，犯罪の概要（動機・原因），過去の犯罪歴，反社会的集団との関係，特記事項，面接者コメント　等	犯罪を犯したことのある方
様式9	領域別シート②（滞日外国人支援）	国籍，地域，入国年月日，入国時の目的・経緯，在留資格，在留期間，有効期限，就労資格の有無，在留カードの有無，有効な旅券（パスポート）の有無，民族，宗教，母語，日本語運用レベル，食事，異性からの身体的接触の配慮　等	滞日外国人
様式10	ご紹介シート	相談内容，依頼内容	他機関紹介

出所：日本社会福祉士会「アセスメントシート一覧表」（https://www.jacsw.or.jp/citizens/seikatsukonkyu/documents/assessment/00_ichiran.doc　2022年5月15日閲覧）。

ただし，どのようなアセスメントシートや項目を用いて情報収集や整理を行うのかは，実践分野や職場等によっても異なるのが現状である。今回取り上げた「生活支援アセスメントシート」が万能ということでもない。しかし，アセスメントを行うということはソーシャルワークの視点からクライエントの状況を全体的に明らかにし，支援の方向性を判断することに変わりはない。自身の実践する現場において，柔軟に対応できる力量が必要といえる。

（2）ストレングス視点とリフレーミング

ソーシャルワークのアセスメントにおいては，「個人と環境」に目を向けた情報収集が基本となる。そのうえで，アセスメントを通して具体的な支援の方法やポイントを見出すための理論や視点というものが存在する。ここでは，ストレングス視点とリフレーミングについて確認する。

まず，ストレングスとは，クライエントやその環境のもっている「強み（長所）や能力」のことである。ソーシャルワークの支援の対象となる人たちのアセスメントを行う場合，どうしても問題や課題，できないことや不足しているものに目が向きやすい。しかしながら，クライエントは，単に「課題や生きづらさを抱えた人」ではなく，「自ら課題を解決する力をもっている人」である。アセスメントにおいて，この誰もがもっているストレングスに目を向け，見出していくことで，支援に活かしていくことが求められる。

また，課題や問題と思えるような情報も，見方を変えることで強みになることがある。たとえば，先の事例のわたるくんでは，「学校には行きたいが今は行けない」という情報は，「学校に行くことができない」という課題としてとらえることもできる。しかし，見方を変えると「学校に行きたい意欲はある」ととらえることができる。このように，物事をみる枠組み（フレーム）を変えて，新たな視点でとらえ直してみる（ネガティブな視点をポジティブにとらえ直す）ことをリフレーミングという。

ストレングス視点やリフレーミングを用いることで，見出された強みなどをその後の支援に活かすことができるだけなく，クライエントとの**信頼関係**（ラポール）の構築やクライエント自身が課題解決に向けて取り組む動機づけを高めることにもつなげることができる。

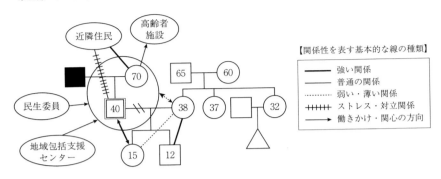

対象となるクライエントの同居家族を丸で囲み，関係する社会資源を周囲に書き込む。また，家族や社会資源との関係を線で結んで示す。

図6-1　ジェノグラムを活用したエコマップの例

出所：筆者作成。

（3）マッピング技法

　最後に，詳しくは第11章で学ぶことになるが，情報収集により得られた内容を文字情報として記録し整理する以外に，図や線を用いて視覚的に情報を理解する方法がある。その方法をマッピング技法といい，クライエントが抱える課題を共に解決していくために，関係するさまざまな人や施設・機関等の**社会資源**と，その関係性を図式化する方法である。ある程度共通化された図や線を用いて視覚化することによって，文字情報による説明を補う機能をもっている。マッピング技法の代表的なものとしてジェノグラムとエコマップがあるが，ここではジェノグラムを活用したエコマップの例を図6-1に示す。このような方法を用いることで，自身の理解を助けるだけでなく，他者との情報共有にも役立てることができる。

3　アセスメントの留意点

（1）ソーシャルワークの基盤に基づいたアセスメント

　なぜ，ソーシャルワークは高齢者から子ども，障害のある人や生活困窮者，滞日外国人や自身の性別に違和感を覚える人といった，さまざまな生きづらさを抱えた人たちを対象とするのか。なぜ，ソーシャルワークの介入が必要であると認識するのか。さらに，どのような目的をもってクライエントと関わるこ

とが求められているのか。こうしたソーシャルワークの基盤を理解することは，ソーシャルワークを実践していくうえで必然的に求められる。

特にアセスメントにおいては，ソーシャルワークとしての方向性を見出すという意味で，そこには，実践の基盤となる原理や理念の理解が重要となってくる。これらに基づいた支援の必要性や方向性を判断していくことが，ソーシャルワークのアセスメントとなるのである。

ソーシャルワーク専門職のグローバル定義には，社会正義，人権，集団的責任，多様性の尊重が原理として示されている。今回の事例では，わたるくんの基本的人権をどのように守るのかという，人権の視点が必要といえる。何が要因であるのかをアセスメントによって明らかにすることはもちろん大事であるが，ソーシャルワークとして何を目指し，何を行う専門職であるのかという原理や理念に基づいて取り組むことがより重要である。そのうえで，わたるくんの権利を守るために，情報収集を通した支援の方向性が判断される。

反対に，支援者個人の価値観や，ただ渡されたアセスメントシートの項目に沿って情報を集め，一般的な課題としてあげたものを解決するための目標設定をしたとするならば，それは，ソーシャルワークでなくても構わないことになってしまう。

ソーシャルワークのアセスメントは，ソーシャルワーク実践の基盤となる原理，理念，価値，そして倫理に基づいて行われなければならず，またそれらへの理解が不可欠となる。しかしながら，十分なアセスメントがいつもできるとは限らないであろうし，どうすればよいのか，どのような情報を得たらよいのかに迷う時もあるだろう。そのような際には，自らの実践を原理や理念等に照らし合わせ振り返ることで，何をすべきかが見えてくるはずである。

（2）クライエントへの関心の姿勢

あなたなら，どのような人に悩みを相談したいだろうか。自分で解決できないことへの恥ずかしさや後ろめたさを感じていたとするならば，他者に対して簡単にすべてを話す気になるだろうか。アセスメントでは，クライエント自身のことから家族や友人との関係，生活状況や経済的な情報等を幅広く収集する。ただし，それは支援に必要なことであるかもしれないが，決して当たり前のことではない。話をしてくれたとしても，クライエントは，きちんと話を聞いてくれるのか，解決してくれるのか，馬鹿にされたり，いろいろな人に話された

りしないかといった不安を抱えているかもしれない。

　だからこそ，アセスメントに限ったことではないが，支援者に求められるのは，クライエントに関心を抱き，知りたいと思う姿勢である。クライエントには，自身に関心が向けられているのか，理解しようとしてくれているのかという支援者の姿勢がダイレクトに伝わるものである。

　与えられたアセスメント項目を機械的に聞き取ることや，十分な情報収集をしないまま支援者側の経験則で判断するといったことは，本来すべきではない。それは結果として，実践において重要な信頼関係（ラポール）にも影響を及ぼすであろうし，必要な情報を得られないことにもつながるからである。アセスメントとは，機械的な作業ではなく人と人の関わりを土台とする。クライエントの話に支援者がどれだけ真剣に耳を傾けるのか，理解しようとするのか，生きづらさに共感するのか等，当たり前ではあるがその姿勢が言葉や態度として表れてくる。

　このような姿勢が伝わった時，クライエントは初めて安心して自らの話をするであろうし，そうした過去から未来までの情報は，支援におけるプラスの材料となる。アセスメントにおける聞き取りは決して容易なことではなく，一朝一夕にうまくなるものでもない。けれどもそれぞれのクライエントに関心をもって向き合い続け，さまざまな生活や人生に触れることが，アセスメントの精度を上げ，ひいてはソーシャルワーク実践をより高めていくことにつながるといえる。

注

(1)　大谷京子（2018）「包括的ソーシャルワークアセスメント──アセスメント概念の進化を踏まえて」『ソーシャルワーク研究』44(2)，7頁。

(2)　空閑浩人（2016）『ソーシャルワーク論』ミネルヴァ書房，117頁。

(3)　日本社会福祉士会（2016）「生活支援アセスメントシート（2016年度版）」(https://www.jacsw.or.jp/citizens/seikatsukonkyu/documents/assessment/02.pdf　2022年5月15日閲覧)。

参考文献

渡部律子（2019）『福祉専門職のための統合的・多面的アセスメント──相互作用を深め最適な支援を導くための基礎』ミネルヴァ書房。

学習課題

①　高齢・障害・子ども分野等にどのようなアセスメントシートがあるのか，インターネット等を用いて調べてみよう。

②　あなた自身のジェノグラムとエコマップを作成してみよう。

キーワード一覧表

☐　**スクールソーシャルワーカー**　学校においてさまざまな問題を抱える児童・生徒を取り巻く環境へ働きかけたり，関係機関等との連携・調整を行うことで問題への対応をする人のこと。
117

☐　**信頼関係**　信頼関係はラポールとも呼ばれ，支援を円滑に展開していくために，クライエントと支援者の間で結ばれるものである。
121

☐　**社会資源**　クライエントのニーズを満たすために活用できる人的・物的・情報等のすべてのものを指している。本人がもつ強みや能力，ソーシャルワーカーも社会資源の１つである。
122

☐　**ソーシャルワーク専門職のグローバル定義**　2014年7月に国際ソーシャルワーカー連盟総会および国際ソーシャルワーク学校連盟総会において採択された。この定義では，ソーシャルワーク専門職の中核となる任務・原則・知・実践が示されている。
123

ワークシート

　　事例で相談を受けたスクールソーシャルワーカーが，わたるくん宅を訪問し話を聴いた。現在わたるくんは，父親（40歳），祖母（70歳）と3人暮らし。母親はわたるくんが幼い頃に，祖父は2年前に病気で亡くなっている。母方の両親は健在であるが，疎遠になっている。最近になり，祖母に認知症のような症状が現れ，同時期に玄関の段差につまずき骨折。現在自宅療養中である。わたるくんは，祖母を自宅で1人にすることを心配した父親から，「一時の間家にいて面倒をみてほしい」と頼まれたとのこと。近所に住む祖母の友人や民生委員も心配してくれているが，父親が「家族の問題なので」と言って話を聞かない。わたるくんもこれまで面倒をみてくれた祖母に対する感謝もあって，「学校に行きたい気持ちはあるが，今は仕方がない」とあきらめている。

①　わたるくんの置かれている状況と課題をアセスメントしてみましょう。

②　わたるくんや家族の問題と思われるものをリフレーミングしてみましょう。

問題点	リフレーミング
（例）「学校に行きたいが今は行けない」	学校に行きたい意欲がある

第 7 章

ソーシャルワークの過程③
プランニング

　本章では，ソーシャルワーク展開過程におけるプランニングの位置づけについて理解を深めてほしい。また，プランニングを行う際にソーシャルワーカーに必要となる利用者に対する援助観や，その具体的な目標や方法，留意点などについても理解を深めてほしい。本章では，プランニングを読者自身の生活と結びつけて考える姿勢を大切にしている。プランニングは読者個々人の普段の生活の中でも行っている事柄であるという認識をもつとともに，それをソーシャルワークにおける専門的なものと関連づけて考えるようにしてほしい。

1　プランニングの意義と目的

　ソーシャルワークの展開過程の中で，プランニングにはどのような意義，目的があるだろうか。これについて視点を少しずらして，まずは読者のみなさん自身の生活について考えてみてほしい。たとえば，3か月後に重要な試験があるとしよう。みなさんは，それに向けてどのように生活を組み立てるだろうか。その試験が自分にとって大切であれば，事前に計画を立てこれまでの授業の復習を行ったり，試験の過去問題を解いたりしながら準備を進めていくのではないだろうか。

　みなさん自身の経験から，しっかりと計画を立てながら行った試験勉強は，よい結果に結びついたことが多いのではないか。逆に，勉強の計画を立てることを疎かにして，試験直前に詰め込みで挑んだ試験は，思わしくない結果に終わることが多いであろう。

　この例は，ソーシャルワークの展開過程においても応用可能なものである。利用者にとって，よりよい結果をもたらすためにソーシャルワークは展開されるが，そのためにはしっかりとした計画を立てることが重要となる。

インテーク	アセスメント	プランニング	インターベンションとモニタリング	終結とアフターケア

図7-1　ソーシャルワークの展開過程

出所：筆者作成。

　ソーシャルワークの展開過程におけるプランニングの意義を述べたが，次にプランニングとはどのような定義が与えられているのかについて確認する。プランニングは，たとえば以下のように定義されている。

　　ソーシャルワークにおける援助過程の構成要素の一つで，援助計画を作成すること。情報収集及びアセスメントの段階を経て，このプランニングの段階にいたる。具体的な援助活動は，この内容に基づいて行われる。通常，プランニングには，クライエントの参加を得ながらアセスメントに基づいて援助計画を立案することと援助計画の内容についてクライエントの合意を得ることを含む。援助計画のためには，解決すべき問題の見極めと優先順位の決定，長期・短期の援助目標の設定等が必要となる。[1]

　この定義から，ソーシャルワークの展開過程は，一つひとつの段階が独立したものではなく，相互に影響を与えながら進んでいくことがわかる。

　プランニングの意義と目的は，ソーシャルワークの展開過程が順調に進行していくための進行表を作り，支援の羅針盤を作ることにある。仮にプランニングの過程を抜かした場合，利用者への支援の進むべき道のりがわからなくなる。このように考えると，プランニングとはソーシャルワークの展開過程全体の地図の役割を果たすことが理解されるであろう。

　みなさんが普段生活する中でも，自分のよく知らない土地や初めての場所などへ訪れる際には地図を参照するのではないだろうか。その際，地図がなければ，自分が今どの場所にいて，これからどのように目的地へ向かえばよいのかわからなくなってしまうだろう。

　ソーシャルワークには，一人ひとりをかけがえのない個人として尊重する個別化の原則がある。人間は，誰ひとりとして自分と同じではない。個別化の原則は，ソーシャルワークの展開過程が，一人ひとり異なるものであるという事実を教えてくれる。それは同時に，一人ひとりの支援方法はみな異なるものであり，そこへ向かうための羅針盤となる地図も，それぞれ違ったものになると

いうことである。

　プランニングの意義と目的は，これまで述べてきたように，利用者一人ひとりをかけがえのない大切な存在としてとらえるソーシャルワークの展開過程において，一人ひとりが異なるゴールへ向けての歩みを確実に進んでいくことができるように，支援の地図を描くことにある。その地図を基盤として，ソーシャルワークは具体的なインターベンション（介入）へと進んでいくのである。

2　プランニングの方法

　前節ではプランニングの意義と目的について確認をした。では，プランニングはどのような方法をもって行われるのかについてここでは考えていきたい。プランニングを行う際には，まず支援目標の設定が行われる。支援目標は，利用者一人ひとりによって異なることは前述した通りである。ここでは具体的な事例をもとに，プランニングの方法について考えていこう。

事　例

　山根和男さんは，脳性麻痺の40歳の男性である。5年前に両親が他界し，それ以降，障害者支援施設で生活している。山根さんに兄弟はなく，遠方にいる親戚との付き合いも希薄である。そのような中，山根さんは，施設での管理された生活ではなく，地域で一人暮らしをしてみたいという想いが年々強くなってきた。山根さんは，施設のソーシャルワーカーに地域で一人暮らしをしたいと相談をもちかけた。

　この事例について，ソーシャルワーカーはどのようにプランニングをしていけばよいであろうか。

　プランニングを行う際には，長期目標，中期目標，短期目標を立てていく。この事例における長期目標は山根さんが地域で一人暮らしを営むことである。中期目標としては，一人暮らしをするための地域を絞り，住所を決めることなどが当てはまるであろう。短期目標は，一人暮らしを行うため，自分自身の身の回りを整理整頓することができるなどが当てはまる。

　また，この事例の中では，一人暮らしを行う際に考えられる項目について支援内容を具体的に立てていくことが必要である。それはたとえば，一人暮らしをする場合，普段の買い物はどのように行うか，お金の管理は誰が担うのか，

病院への通院はどのような手段で実施するのか，部屋の掃除は自分で行うことができるのか，仮にできないのであれば，どのような方法で誰がそれを行うのかなどである。

　さらに，プランニングを行う際には，利用者の主治医や看護師，理学療法士や作業療法士などの専門職からの意見を聞くことで，立案するプランがより具体性をもつようになる。このように，プランニングはさまざまな過程を経て作成されていくのである。

3　プランニングの留意点

　プランニングを行う際にはどのような点に注意すればよいのだろうか。ソーシャルワークの展開過程の中で支援者は，利用者に対して，**エンパワメント**の視点をもつことが重要であるとされている。エンパワメントは，たとえば以下のように定義されている。

　　エンパワメント（empowerment）は本来は「力を付与する」ことを意味するが，困難を抱えた当事者に単に力を与えるだけではなく，もっている力の発揮を阻害する要因を取り除くことで，その人本来の可能性を活かせる状況を作り出すことをいう。社会的に不利な状況に置かれ，力を十分に発揮できない状態（パワレス）にある人に対して，その強み（ストレングス）に着目し，自己肯定感を取り戻すことや力や可能性の発揮を促進することにより，自身の抱える問題の解決に向けてクライエントが行動できることを目指す[2]。

　上記の定義を解釈すると，エンパワメントがとらえる利用者像とは，さまざまな理由によって本来有している力や可能性を十分に発揮することが困難な状況にある者と考えることができる。それは，たとえば多重債務を抱えていて途方に暮れている利用者や，何度も再犯を繰り返している利用者などにおいても，本来は果てしない可能性や自立して生きていこうとする力をもっていると考えることである。

　エンパワメントの視点は，プランニングの際だけではなく，ソーシャルワークの展開過程すべてにおいて重要である。この視点が大切であるとされる理由は，ソーシャルワークの対象として支援者の面前に現れる利用者は何かしらの

困難を抱えているからである。

　読者のみなさんは，自らが悩みや不安を抱えた際，どのように対処するだろうか。もちろん，人によって対処方法は異なると思われるが，多くの人は身近な親族や友人に相談をもちかけたり，医療機関を受診したりする中で解決を図ろうとするのではないだろうか。そして，それらを行うことによって，悩みや不安は軽減されることも多いのではないだろうか。

　では，自らが悩みや不安を抱えた際，周囲に相談のできる親族や友人がいない場合はどのように対応するだろうか。たとえば，望まない妊娠をした貧困状態にある女性が，頼れる親族も友人もなく医療機関の受診もしていない場合を考えてみよう。

　上記の場合，当事者は誰にも相談できず，1人で困難を抱え込む可能性が高い。その後出産の段階に至り，ようやく医療機関のソーシャルワーカーが当事者の立たされている現状に気づいたとしよう。その時，当事者はどのような気持ちだろうか。不安や孤独，これからの生活に対する絶望感等を感じ，ソーシャルワーカーに対しても疑心暗鬼な気持ちを抱えるのではないだろうか。

　このように例をあげて筆者が読者のみなさんへ伝えたかったことは，ソーシャルワーカーが出会う利用者は，日常生活で生じるさまざまな困難な状況に対して，自らがもつ社会資源を有効に活用しようとするものの，それが叶わず，自信をなくした状態になっていることが多いということである。そして，それは体調がよく，日常生活を順調に過ごしている際には考えられないようなパワーレス状態に陥っている可能性が高いということにつながる。

　身近な親族や友人によって解決できる問題であれば，それはわざわざソーシャルワークの支援を受ける必要性はない。ソーシャルワーカーは，ソーシャルワークの展開過程において，自身の面前に現れる利用者が上記で述べてきたような困難を抱えている可能性が高いことをしっかりと認識する必要がある。その中で，ソーシャルワーカーは，利用者の潜在能力を信じ，当事者がもっている能力を最大限引き出していこうとするエンパワメントの視点が欠かせないのである。

　本章で主題となっているプランニングに関してもエンパワメントの視点の重要性は変わらない。利用者の可能性を信じ，困難な事象が生じても決してあきらめることなく，前向きな姿勢でプランニングを実施することが大切である。

　また，プランニングを行う際には利用者の意向を踏まえることを忘れてはな

らない。かつて，ソーシャルワークは利用者のできない部分やマイナスの部分に注目することで，それらを治すことに主な関心が置かれてきた時代があった。それは**医学モデル**と呼ばれ，ソーシャルワーカーの主な関心は利用者の置かれている状況を診断することであり，それを改善していくことが主な任務であった。

　その際，ソーシャルワーカーと利用者の関係性は対等なものではなかった。ソーシャルワーカーは専門家として，利用者よりも優位な立場にあり，利用者は，さまざまな専門知識をもつソーシャルワーカーの意向に従い，それに歯向かうことなく順従であることが求められた。このような関係性は**パターナリズム**と呼ばれる。稲沢公一は，援助関係について「本質的に，非対称的な立場性をもつ二者によって構成されている対人関係」であるとしている[3]。これに従えば，パターナリズムな援助関係とは，優位な立場にあるソーシャルワーカーが不利な立場にある利用者との間に成立した援助関係であり，それに両者ともが疑問を感じていない状況といえるであろう。

　もともとパターナリズムは，比喩として幼い子どもとその父親の関係性を例に語られてきた。よって，それは父権主義と呼ばれることもある。パターナリズム思想の背景には，情報を多くもつ側とそれをもたない側における力関係がある。今直面している課題に対し，専門的な知識を有する者が，それがない者よりも偉いとする考え方である。では，この考え方に従うと物事はうまくいくのであろうか。

　読者のみなさんは，これまでの成長過程の中で自身の意向があるにもかかわらず，それを周囲の大人（親や教師）などから否定され，軌道修正を余儀なくされた経験はないだろうか。また，そのような経験は読者自身の中でどのような記憶として残っているだろうか。もちろん，周囲からの勧めによって軌道修正することで，物事がうまく進んだ経験のある読者もいるだろう。その一方で，自分の意向に反し，周囲の勧めに従って行動したことで後悔をした読者も多いのではないだろうか。それはなぜだろうか。もちろん，そこにはさまざまな理由を考えることができるが，その1つとしてあがるのは自分自身の主体性を大切にされなかったからではないか。たとえ，自分自身が選択したことで，失敗や挫折の経験があったとしても，それは自分自身が選んだ結果であるという想いが本人の中にしっかりと残るものであれば，時間が進むにつれて納得のいくものに変化していくのではないだろうか。

　もちろんこれは，本人が選択することのできる選択肢の幅がそれぞれ異なるという潜在能力理論や社会階層論からの教えを無視するものとなってはならない。自己決定という言葉は，その責任をすべて本人に帰してしまう危険性を孕むものであることは忘れてはならない。特にソーシャルワークや社会福祉を学ぶ者はそのことを肝に銘じておく必要がある。

　上記のことを踏まえたうえで，あらためて本人の意向を大切にする視点について考えてみたい。周囲の者がよかれと考えて，本人の意向に反する行動を勧め，それを実行した本人が後悔するという経験は少なからず読者の経験の中にもあるものではないだろうか。

　ここで考えていることは，ソーシャルワークの展開過程におけるプランニングの中でも当てはまることである。近年のソーシャルワークは，ソーシャルワーカーに対し，パターナリズムに基づく対応ではなく，利用者に寄り添う伴走者であることを求めている。

　このことは，1990年代後半からスタートし，2000（平成12）年に結実した社会福祉基礎構造改革による影響も大きい。構造改革以前の社会福祉サービスは，福祉の措置をその基本としていた。これは，サービス利用者には主体的にものごとを選択する余地がなく，行政が決めたサービスを利用者が受けるという考え方である。よって，利用者は「反射的利益」を受ける者であると考えられてきた。

　しかし，社会福祉基礎構造改革は，措置から契約へ考え方の転換を図った。契約という思想は，利用者の主体性を尊重する考え方である。これに従えば，利用者はそれぞれ，自らの意思や想いをもち，それを表明することができる責任主体であるということになる。社会福祉基礎構造改革は，利用者がサービスを選択することを制度上で可能にしたのである。⁽⁴⁾

　このような一連の流れの中で，ソーシャルワークの展開過程においても利用者の主体性を信じ，可能な限りその意向を踏まえることが今日ではより求められているのである。それはすなわち，本章で取り上げているプランニングにおいても同様ということである。支援のプランを立てるための方法や社会資源の知識はソーシャルワーカーが多くもっていたとしても，そこには利用者の意向や想いが必要不可欠であることを忘れないでほしい。

4　効果と限界の予測

　プランニングを行う際には，その効果と限界を予測することが必要である。そのために，プランニングでは抽象的な目標ではなく，より具体的な目標をあげることが重要である。

　では，具体的な目標とはどのようなものであろうか。これについて，読者のみなさんと一緒に考えてみたい。本書の読者の中には，将来，社会福祉士の資格を取得し，現場のソーシャルワーカーとして，児童や，障害，高齢などにより支援が必要な人々のサポートをしたいと望んでいる人も多いであろう。その夢はどのようにすれば叶えられるのだろうか。それにはさまざまな答えが想定される。

　たとえば，日頃から社会福祉関係のニュースに注目したり，新聞で現在の社会福祉の課題を探ること，利用者理解のために，社会福祉関係のボランティアやアルバイトを行うことなどが考えられるであろう。これらの目標は，もちろんそれぞれ，資格取得に役立つものである。福祉に関するニュースや新聞をみて社会福祉の現状を知ることは，資格試験の問題を解くうえで手がかりを与えてくれる可能性があるし，ボランティアやアルバイトを通して利用者理解に努めることで，具体的な相談援助の方法や利用者の身体的特性などを知り，それが試験問題を解くうえで助けにつながることもあるだろう。

　このことをソーシャルワークの支援過程におけるプランニングに当てはめて考えると，それは資格取得をするための長期目標に当たる。ここであがっている目標は，資格取得という目標に到達するまでの間に必要なことであり，それを行うことは目標にたどりつくことを助ける役割を果たす。

　しかし，これらの目標は資格取得という目標に向けて抽象的であるため，日々の生活の中で，どの日時に何をすればよいのかを教えてくれない。この目標は具体性を欠くものである。

　では，これを具体的な目標にするためにはどのようにすればよいだろうか。それに対する答えは複数存在するけれども，たとえば資格取得のために問題集と参考書を購入し，それぞれの試験科目について順番に学習を進めていくことが考えられる。この目標は，先ほどあげたニュースや新聞で社会福祉に関する理解を深めることやボランティアやアルバイトを通して利用者理解に努めるこ

とよりも，より具体的に資格取得に近づく事柄である。ソーシャルワークの展開過程の中に当てはめると，これは中期目標に該当する。

　一方，問題集や参考書を購入して試験科目について学習を重ねるという目標はまだ具体性に欠くと理解することも可能である。これをより具体的にしていくためには，それぞれの科目の勉強を行う日時を具体的に決め，スケジュールを組んで取り組むことが必要となる。ここであげた内容は具体的であり，それについて，今日の目標，もしくは今週の目標という形で各自の取り組みを可視化していくことは短期目標の設定となる。

　試験勉強を例にあげて考えてきたが，ソーシャルワークの展開過程におけるプランニングの効果や限界を考えるうえでも，この例は有効である。上記の例で試験勉強には具体的な短期目標を設定する重要性を述べたが，その目標には効果と限界があることを読者のみなさんはイメージできるであろう。たとえば，試験勉強に取り組む中で学力が上がり，模擬試験の得点を伸ばすことができたとするならば，それはプランニングの効果が現れたことを示している。

　その一方で，試験勉強をはじめたばかりである場合，すぐに試験の合格点までたどりつくというプランを立てることは無謀である。そのような目標を設定したプランニングは，プランニングに限界があることを理解していないものであるといえよう。試験勉強をはじめて月日が浅い場合における模擬試験受験の際のプランニングでは，まずは試験問題に慣れることや，自分自身の得意科目，苦手科目を認識することを目標にあげることが必要である。

　筆者がここで読者のみなさんに理解していただきたいことは，どのようなプランにおいても，その効果と限界があり，それをしっかりと認識することの重要性である。ソーシャルワーク展開過程の中におけるプランニングにおいてもここであげた例と同様に，その効果と限界をソーシャルワーカーは認識しなければならない。また，それと同時にソーシャルワーカーはそれを利用者とともに共有し，長期目標と短期目標を分けて設定することが大切である。その中で，それぞれのプランにおける効果と限界をより具体的に認識し，個々の状況に適したプランニングを行っていくことが重要である。

5　支援方針

　ソーシャルワーカーはプランニングを行う際，利用者に対する支援方針を定

める必要がある。このことは，ただ闇雲にプランを立てればよいということではなく，ソーシャルワーク展開過程全体を通して，ソーシャルワーカーが利用者にどのような目標をもって支援に臨むのかが問われているということである。

　また，利用者がどのような支援を望むのかということもあわせて重要である。たとえば，ソーシャルワーカーが利用者に対して，家族とともに暮らすことが望ましいという考えをもっていたとしても，利用者が一人暮らしを望むのであれば，支援方針は，利用者の一人暮らしに向けた支援を進める方向へ傾いていく。そこにはもちろん，フォーマル，インフォーマルを通した社会資源の有無やその活用，ソーシャルワーカーが所属する機関の地域特性など多様な要因が絡まっているので，利用者の想いを叶えることがすぐにできるかという課題は残されている。

　しかし，支援方針は利用者の想いに寄り添った形で進めていくことが望ましく，そのためにソーシャルワーカーは奮闘する必要がある。

6　内容の説明と同意

（1）内容の説明

　ソーシャルワーカーはプランニングを行った際，利用者に対して内容の説明をしなければならない。ここで留意しなければならないのは，個々の利用者の状況にあわせた説明をすることである。

　たとえば，同じようにプランニングした支援計画を説明する場合においても，5歳の子どもに対して説明する場合と80歳台の高齢者に対してそれを行う場合では自ずとソーシャルワーカーの説明は違ってくるであろう。具体的には，幼い子どもは文字を十分に読むことができないので，より平易な言葉によって口頭で説明を行うとか，当事者が理解をしやすいように紙芝居を使って楽しみながら情報を伝えるといった工夫が考えられる。また，高齢者に対しては，より大きな声で相手が聴き取りやすいように話すように心がけることや，文字を大きくして利用者が少しでもプランを見えやすいように工夫するということができるだろう。このような工夫を行うのは，ソーシャルワーカーと利用者は対等であるという今日の社会福祉の考え方に根差す必要があるからである。ソーシャルワーカーは利用者の伴走者として，利用者に寄り添いながら共に歩むことが今日では重要視されており，プランニングにおける内容の説明もその考え

に沿ったものにしていくことが大切である。

（2）同　意

　プランニングを行う際，利用者の同意は必要不可欠である。これに関連して，近年のソーシャルワークでは，**インフォームド・コンセント**という概念が活用されている。この考え方はもともと，医師と患者との関係性の中で提起されてきたもので，患者の生命・身体についての価値判断の最終決定権は患者にあるという患者中心の考えに基づき，患者の知る権利と医師の説明責任の履行を前提とした医師と患者間における十分な同意のことを指す。[5]

　上記の考え方は，今日においてソーシャルワークの中でも重要なものであると認識されるようになっている。それはもちろん，本章で取り上げているソーシャルワークの展開過程におけるプランニングの中においても同様である。ソーシャルワーカーは利用者の参加を得てプランニングを進めていくが，そこで作り上げたプランについて，ワーカーは具体的十分に説明を行わなければならない。その際に留意することは，プランの内容をそれぞれの利用者が理解できるように，わかりやすく，平易な言葉で説明することである。

　また，利用者にはプランに対して，異議を申し立てる権利があること，わからないことはそのままにせずに，何度でも質問ができることもあわせて伝える必要があるだろう。インフォームド・コンセントは，支援を提供する側とそれを受ける側の対等性がより重視されるようになってきた今日において欠かせない概念であり，ソーシャルワーカーはプランニングにおける同意の重要性を忘れてはならない。

注

(1)　岩間伸之（2013）「プランニング」山縣文治・柏女霊峰編集委員代表『社会福祉用語辞典（第9版）』ミネルヴァ書房，334頁。

(2)　中島健一朗（2021）「エンパワメント」中坪史典・山下文一・松井剛太・伊藤嘉余子・立花直樹編集委員『保育・幼児教育・子ども家庭福祉辞典』ミネルヴァ書房，585頁。

(3)　稲沢公一（2002）「援助者は『友人』たりうるのか──援助関係の非対称性」古川孝順・岩崎晋也・稲沢公一・児島亜紀子『援助するということ──社会福祉実践を支える価値規範を問う』有斐閣，162頁。

(4)　狭間香代子（2001）『社会福祉の援助観——ストレングス視点・社会構成主義・エンパワメント』筒井書房，17頁。

(5)　笠原幸子（2013）「インフォームド・コンセント」山縣文治・柏女霊峰編集委員代表『社会福祉用語辞典（第9版）』ミネルヴァ書房，18〜19頁。

参考文献

パーカー，J.・ブラットリー，G.／岩崎浩三・高橋利一監訳／三上邦彦・渡邉敏文・田中秀和訳（2008）『進化するソーシャルワーク——事例で学ぶアセスメント・プランニング・介入・再検討』筒井書房。

学習課題

①　ソーシャルワークの展開過程において，ソーシャルワーカーと利用者はどのような関係性が望ましいかを事前に調べてみよう。

②　自分自身のこれからの目標について考え，長期目標，中期目標，短期目標を定めてみよう。

キーワード一覧表

□　**プランニング**　利用者支援のためのプラン（計画）を作成すること。　128

□　**エンパワメント**　困難を抱えた当事者に単に力を与えるだけではなく，もっている力の発揮を阻害する要因を取り除くことで，その人本来の可能性を活かせる状況を作り出すこと。　130

□　**医学モデル**　利用者の良くない部分を治そうとする考え方。　132

□　**パターナリズム**　専門家の判断に利用者は従うべきとする考え方。　132

□　**インフォームド・コンセント**　利用者中心の考え方に基づいて，利用者の知る権利と支援者の説明責任の履行を前提とした同意。　137

ワークシート

　以下の文章の空欄を埋めてみましょう（解答は**245**頁を参照）。

○　2000（平成12）年に結実した（1　　　　　　　　　　）はそれまでの措置方式を
　（2　　　　）方式へ改めた。

○　ソーシャルワークにおけるプランニングには，（3　　　　　　　　）目標，
　（4　　　　　　　）目標，（5　　　　　　　　　）目標がある。

○　プランニングを行う際には，利用者の（6　　　　　　　）と（7　　　　　　）
　が必要である。

○　プランニングを行う際には，支援の（8　　　　　　）と（9　　　　　　）を認識す
　る必要がある。

○　かつてソーシャルワーカーは専門家として，利用者よりも優位な立場にあり，
　利用者は，さまざまな専門知識をもつソーシャルワーカーの意向に従い，それに
　歯向かうことなく順従であることが求められた。
　　このような関係性は（10　　　　　　　　　　）と呼ばれる。

○　支援の際に，利用者中心の考え方に基づいて，利用者の知る権利と支援者の説
　明責任の履行を前提とした同意を（11　　　　　　　　　　　　　）という。

○　本来は「力を付与する」ことを意味するが，困難を抱えた当事者に単に力を与
　えるだけではなく，もっている力の発揮を阻害する要因を取り除くことで，その
　人本来の可能性を活かせる状況を作り出すことを（12　　　　　　　　　）という。

第8章

ソーシャルワークの過程④
インターベンションとモニタリング

　本章では，インターベンション，そしてモニタリングについて学ぶ。イン
テーク，アセスメント，プランニング段階で検討，計画したことを踏まえ，実
際に支援を実施，展開，そして経過を観察していく重要な過程であり，局面と
なる。利用者自身が問題の解決に取り組んでいく経過について，「利用者はど
のような選択をし，どのような対処方法を考えそうか」ということを想像する
とともに，もし同じような問題にあなたが直面したら，「どのような選択をし，
どのような対処方法を考えるか」ということを比較しながら考えてみてほしい。
そうすることが，利用者とともに課題に取り組むということが何を意味してい
るのかを考えるヒントとなるであろう。

1　インターベンション

（1）インターベンションとは

　インターベンション（intervention）とは，日本語では「介入」と呼ばれ，支
援計画をもとに利用者とともに具体的な支援を実施・展開していく段階を意味
している。「介入」という言葉は，国語辞書的にはそもそも直接関係のない者
が間に割り込むという意味がある。その語感から専門職であるソーシャルワー
カーをはじめ支援者が利用者の生活に「割り込んで」改善を促す，もしくは利
用者の発言を「遮って」ワーカーなどの支援者がその専門知識や技術に基づき，
問題解決を図るのではないかとする誤解や印象を与えがちであった。牧野田恵
美子によれば，「我が国では，介入という言葉は，クライエントの主体性の尊
重を失われる印象を与える[1]」と懸念を示しており，米本秀仁も「介入の原語で
ある intervention には『内政干渉』『邪魔』といったネガティヴな意味合いも
含まれている点に留意しておくべき[2]」としている。

本章では，インターベンションについて，「介入」という用語に統一した。その理由は，ソーシャルワークの展開過程における「介入」とは，上記の意味合いとは明確に異なり，「あるものを改善する，あるいは支援するために状況にかかわる」ことである旨を強調するためである。ソーシャルワーカーなどの支援者は利用者の生活状況に主導的に干渉するのではなく，後述する生活状況における「社会関係」に「介入」することであり，牧野田もいうように，決して「クライエントの主体性を損なうものではない」ということをあらためて確認しておきたい。

（2）人と環境との接点に焦点を当てる

ソーシャルワークの展開過程における介入では，利用者をはじめ，人は常に環境と影響し合いながら生活していると考える。そこで，介入を考えていくうえで「人と環境との接点」という視点が重要となる。それは，「人が環境に影響を与えたり，あるいは環境が人に影響を与えるといった原因・結果に基づく相互関係ではない。人と環境が相互に影響し合っている関係」に焦点を当てることであり，「交互作用関係（transaction）」と呼ばれる。「人と環境との接点」とは，まさしく人と環境とを一体のものとしてとらえることであり，その関係のとり方に何か不具合もしくは不調和が生じている時に，その接点にソーシャルワーカーが「介入」するのである。つまり，人と環境との間の関係に摩擦やストレスが生じ，その結果，現実的に利用者が望ましくない状況に置かれているもしくはその状況が継続していることが想定されている。

よって，人だけでも環境だけでもなく，双方の関係を常に包括的にとらえ，その状況の変化を考えるのである。岩間伸之は，「クライエントをめぐる交互作用」に介入することによって，クライエントの生活や人生の流れに合わせながらシステム間の関係を発展させ，次の変化を起こそうとする」ことだと説明している。ソーシャルワーカーなどの専門職が「介入」することの意義は，「望ましい『変化』や『変革』を導き出すために，常に支援の対象者と支援の対象者を取り巻く環境とが接するところ」，つまり，その接点（インターフェース）で行われているさまざまなやりとりに焦点を当て，社会関係，そしてその状況に変化・変革を起こすのである。

（3）人と環境との間で生じる関係の不調和とは

　では，どのような時に環境との間で不調和や摩擦が生じ，その関係に人はストレスを感じるのだろうか。

　私たちは，生活している中で，失業，疾病，障害などさまざまな困難に直面することがある。こうした困難は対応を誤ると，貧困に陥る可能性が高まる。「人」側が経済的な困窮に陥らないよう，たとえば，経済的な困窮に陥ることを未然に防止する法制度を活用できる，もしくは身内や知人，友人など人間関係によって援助が受けられるなど，広く「環境」側がそのニーズにうまく応えられていれば，人と環境とのやりとりはうまくいっていると考えられるだろう。しかし，私たちの日常生活上の困難は，こうした法制度だけでは解決できないことも多いし，現代社会は，身内に限らず地域での人間関係が希薄になっており，そもそも援助を求められる状況にない場合も決してめずらしくない。

　少し異なる面から考えてみると，たとえば，私たちは，病気になれば，一般的には病院やクリニックなどの医療機関を受診し，治療をするだろう。もちろん，市販薬で対処する等，さまざまな方法も考えられる。医療機関を受診し，診察を受ける，もしくは治療をするという一連の流れがスムーズな場合，私たちは問題として認識することはないし，意識することもないだろう。しかし，何らかの事情で，医療機関を受診できない状況に陥ることはないだろうか。医療機関を受診できない具体例としては，物理的に近所に医療機関がない，近所に医療機関は存在するが，自分の病気を治療できそうな専門医がいないということを想像してみてほしい。こうした場合でも，タクシーを使って遠くの医療機関を受診する，家族に送迎してもらうといった代替策をとることができる人は，不便さを感じることはあっても，特に問題とはならないだろう。しかし，受診したいが，足が不自由で外出できない，タクシー代や公共交通機関での移動にかかる費用を捻出する経済的な余裕がない，運転免許証もなく，居住している場所が公共交通の乏しい地域にあり，移動手段が限られている場合もある。また，頼れる親族が近くにいないという場合や，何らかの事情で保険料を滞納していて保険証が使えない（そもそも加入していない），もしくは医療機関の窓口で医療費が支払えない，市販薬を購入する金銭的な余裕がないということもありうる。

　また，仮に医師から入院が必要と判断された場合，あなたは，その判断に素直に従えるだろうか。こうした問いかけをすると，多くの人は，当たり前すぎ

て驚くかもしれない。なぜなら，医師は，その医学知識をもとに専門的に入院の是非を判断するということを想定している。その結果，私たちは，常識的には治療のため，その助言，指導に従い，やむをえず「入院」という選択をするからである。また，病気の治療を最優先させるべきだという社会通念を誰もが理解しており，その判断に基づく助言，指導を受け入れる場合が多い。しかし，仕事が忙しくて，どうしても長期間入院治療をする時間がとれない，ひとり親家庭で，もし入院となれば，入院している間，子どもを養育することができないといった場合はどうすればよいだろうか。つまり，「入院治療をしなければならない」，もしくは「医師の助言，指導を受け入れ，入院した方がよい」とわかっていても，「そもそもその選択ができない」「助言，指導を受け入れることができない」，もしくは「難しい状況に陥る」事態を，ソーシャルワークでは，人と環境との間に，不調和や摩擦が生じていると考える。

（4）ソーシャルワーカーによる介入とは

　私たちは，普段，あまり意識しないかもしれないが，実は生活の大部分をその状況に応じて，うまく調整し，対処しながら営んでいる。たとえば，朝何時に起き，ご飯を食べるのか，その人の好みや必要性によって，自分自身で判断し，決めている。何時に帰宅し，就寝するのかも同様である。しかし，生活している日常場面では，至るところで人と環境との間に不具合が生じるケースが見受けられる。たとえば，さきほどもみたような「入院」というケースである。「入院する」ということは，病状によっては，自由に外出もできないかもしれない。両親や友人，知人とも自由に会えないかもしれないし，学校や会社にも行けないだろう。子どもの送迎や養育も同様である。実際に入院した経験のある人はお気づきだろうが，「入院する」ということをあらためてとらえ直してみると，実は一時的であれ，普段の日常生活から離れることを意味している。日常生活から離れられる場合，つまり何の心配もせずに入院できる場合はよいが，入院して治療したいのにさまざまな要因が複雑に絡み合って，入院という選択を阻むことがある。

　このように考えてみると，私たちは，社会の中でさまざまな関係をもち，選択と決定を重ねながら，日常生活を営んでいることに気づく。こうした社会の中での関係のことを岡村重夫は「社会関係」と呼び，「社会生活の基本的要求を充足するために，社会制度との間に取りむすぶ関係[8]」だと説明している。そ

れは人と法制度との関係性だけではなく，福祉サービスなども当然含まれている。もちろん，先ほどの入院の例のように，入院を阻まれていても，資源を利用・活用することによって問題が解決するのであれば，つまり岡村のいう社会生活の基本的要求が充足されていれば，専門職による介入の必要性は低いだろう。しかし，自分1人だけでは，関係を調整できないことも多い。

　では，入院する必要があり，入院したいのに，何らかの事情で入院できないといった矛盾した状況に陥った際，どのように対処すればよいだろうか。誰に相談すればよいだろうか。そうした困難な状況に陥った際，その関係を調整し，一緒に考え，支える支援者の1人が社会福祉士をはじめとするソーシャルワーカーである。長年ソーシャルワーカーとして相談援助に従事してきた宮本節子は，ソーシャルワークの焦点は，「その人自身とその人が暮らしている環境の双方に焦点を当てて，その人と一緒に考え行動し，どうしたらこの困難な事態を緩和し生活の立て直しを図ることができるかを模索していくこと[9]」だと説明している。

　このようにソーシャルワークにおいて介入とは，摩擦が生じている人と環境との関係のとり方を変えていくことである。その際には，アセスメントした情報をもとに策定された支援計画を実行に移していくことになる。支援計画は一般的に，短期，中期，長期という時系列に立案されることが多い。それぞれの段階もしくは局面での目標を設定し，実現させるべく具体的な方法が示されていることが求められる。

（5）「人それぞれ」「人さまざま」

　先述のように，私たちは，さまざまな社会関係をとり結びながら日常生活を営んでいる。よって，ソーシャルワークの展開過程において，介入に限ったことではないが，利用者の支援を考えていくにあたっては，常に自分自身の社会的な関係に目を向け，思いめぐらせてみることが大切である。自分自身や親族，友人など身近な人が予測困難な事態に直面した場合，現実問題として，日常生活上にどのような困り事が起こりうるのか。こうしたことを自らの問題として引き寄せ考え続けることが，支援者として利用者に関わることになった際，その現実世界の認識を共有する一助となりうるだろう。誰しも，「入院」や「治療」のような一見すると同じ問題にみえる，似たような出来事に遭遇することはありうる。しかし，人によってその状況に置かれた際の感じ方，とらえ方は

千差万別である。井垣章二は，「同様の環境や条件にありながら，それのもつ意味，受けとめ方，対応の仕方は異なる」のであり，個別的なニーズは「人それぞれ」だと説明する。また，援助を要するに至った人たちは，「それにいたるそれぞれの経過があり，それぞれの事情の下に生きるための戦いを続けている。その人たちは決して社会における特殊・異常な存在ではなく，ただ援助を必要とする事情が生じただけのこと」で，年齢も異なれば，置かれている状況や事情，経過は「人さまざま」だという。

　こうした井垣の指摘は，支援を要する人は何も特別な人ではないし，利用者も私たち支援者も同じように社会生活を営んでいるのだという理解をいっそう促すことにつながる。誰しも，何らかのきっかけで，自分自身の力だけではその関係をうまく調整できず，折り合いがつかないまま，人と環境との関係に不調和が起き，摩擦によってその関係性にストレスが生じる場合が起こりうる。忘れてはならないのは，利用者はその生涯を常にサービスの受け手の立場として生きてきたわけではないということである。もちろん利用者の立場として過ごす時間の長短はそれぞれ異なる。しかしながら，あくまでも，私たち支援者が関わるのは，その利用者の生活もしくは人生の一部分，一時期，一場面だということを強く意識しておく必要がある。

　私たちは，今は支援者の立場で利用者と関わっている（もしくは関わろうとしている）かもしれない。しかし，私たちも福祉・行政サービスを利用することが当然あるだろうし，逆に社会関係の糸が絡まってしまい，ほどけない，つまりうまく調整できず，社会生活の基本的要求が充足できなくなり，自らも利用者になる可能性が十分ある。時にはソーシャルワーカーのような支援者の手を借りることがありうるのである。その人の生活している具体的場面を常にイメージしながら，個別の事情や価値観，想いを尊重し，状況に配慮しながら寄り添い，支援を組み立てていけるのかがこの「介入」の段階では非常に重要となる。

（6）直接介入と間接介入

　介入は，「生じている望ましくない状態もしくは望まれる，より良い状態に対して，直接的もしくは間接的に働きかける事態」を志向している。ワーカーなどの支援者が利用者とともに，主に面接を通じて利用者自らが問題に取り組めるよう援助関係を形成し，解決に向けて直接働きかけるプロセスのことを直

接的な介入という。その際，利用者の中には，自分の権利を行使するのが難しかったり，自らの意思を表明しにくい場合もあるため，**権利擁護（アドボカシー）**については常に念頭に置きつつ，意図的に支援していく必要がある。そして，ワーカーなどの支援者は利用者の自己決定をどのように尊重していくかが重要となる。

　利用者自身に直接的に働きかけて，状況の改善を試みることを直接的な介入と呼ぶのに対して，主に利用者の背景にある環境に働きかけることを間接的な介入と呼ぶ場合がある。ここでいう「環境」とは，法制度だけではなく，家族や学校，職場，社会福祉施設やサービスなど支援対象者を取り巻く人間関係，機関や地域など活用可能なあらゆる資源すべてを含んでおり，その調整を通じて解決に向けて取り組むプロセスといえる。

　実際のソーシャルワーク実践では，直接介入も間接介入も同時に実施する場合が多く，混在していることが多い。ソーシャルワーク実践としては，人が環境に適応できるよう，その対処能力を高めるといった働きかけはもちろんのこと，当然，環境が人に適応できるような働きかけもある。時には社会活動（ソーシャルアクション）のように，人のニーズを満たす資源がなければ，新たな資源を創出していく活動もありうる。また，社会変革や社会開発を行う支援活動がその実践に含まれるなど，その範囲は多岐にわたっている。先述の宮本は，「その人自身に焦点を当てるということは，直面している生活困難性の特性を明らかにしながら，その人が内在的に持っている生きる力や意欲を引き出す働きかけをして，しばし伴走しながら，支え，育てること」，そして「その人の暮らしている環境に焦点を当てるということは，その環境がその人の生活をどのように阻害しているのかを見極め，その人にとって生きやすいような環境に調整する」ことと同じ意味であり，「その人が直面した生活困難性を克服するために，その人を支え育てることと，その人の暮らす環境を耕すという二つの方向性を持つ[12]」ことがソーシャルワークの中核だと言及している（図8-1）。

　繰り返しになるが，人と環境，そして，その両者が接する関係性そのものにも働きかけるのがソーシャルワークにおける介入なのである。

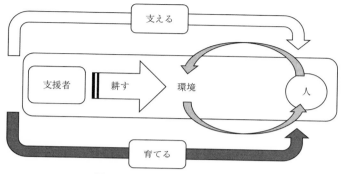

図8-1　ソーシャルワークの中核
出所：宮本節子（2020）『ソーシャルワーカーという仕事』筑摩書房をもとに筆者作成。

2　モニタリング

（1）モニタリングとは

　ソーシャルワークの支援過程におけるモニタリング（monitoring）は，実際に支援が開始された後に行われる現状把握や経過を観察する段階である。利用者の生活状況は，目まぐるしく変化している。その変化の流れの中で，利用者とともに立案した支援計画に沿って適切にサービスが実施されているか確認する必要がある。また，ソーシャルワーカーなどの支援者が介入したことによって，掲げた支援計画，そして目標の達成にどの程度近づいているのか，利用者をはじめ家族の生活，周囲の環境にどのような変化が現れたのか，もしくはあることが変化したことによって，新たに別の課題が生じていないかなどを丁寧に把握していくことが求められる。

（2）モニタリングを実施していくうえでの留意点

　モニタリングは，利用者自身に，介入による変化をなるべく自らの言葉で語ってもらい，その聞き取った内容をもとに，利用者とともに実施していくことが望ましいのはいうまでもない。しかしながら，利用者自身が自らの考えや想いを常に言葉で表現できるとは限らない。たとえば，障害特性が影響している場合もあれば，長期的にストレスフルな状況に置かれていたことによって，

経験したことのない感情，うまく伝える言葉を持ち合わせていないということもありうる。利用者は，ソーシャルワーカーなどの支援者とともに共同作業しながら問題に取り組むが，支援が進捗していく中で，状況が好転することもあれば，悪化してしまうことも当然ありうる。また課題が整理されたことによって，利用者自身が自らの置かれている状況が鮮明に見えることもあり，それがかえって不安や焦りなどさまざまな感情として表出する場合もありうる。利用者の抱える課題の解決・軽減状況だけに焦点を当てるのではなく，利用者自身もしくは取り巻く環境や状況に変化が生じたことによって，そのことを利用者自身がどのように受け止めているのか，意思や心情も考慮しながらモニタリングしていく必要がある。

（3）モニタリングの方法

　利用者が語る問題もしくは提示された課題は，ソーシャルワーカーなどの支援者からは，漠然としてみえる場合もあり，不明瞭で把握しづらい場合も考えられる。もちろん利用者自身がとらえている現実への認識と実際支援者が理解する現実への認識の間には乖離（ギャップ）が生じることも十分考えられる（図8-2）。モニタリングの方法として，たとえば，これまではデイケアに週1回の通所だったのが，ソーシャルワーカーなどの支援者が介入した結果，週4回に通所回数が増えたなど「行動」として具体的に数値化するなど，なるべく明確にすることも大切である。また，物や写真，図解するなどで視覚化しながら，進捗状況を説明することで利用者自身の理解を促す方法も有効であろう。場合によっては，短く，シンプルな言葉で伝え，語ってもらうという方法や「モニタリングシート」のような視覚情報を提示しながら，現状を共有するとともに，説明を加えることも大切である。利用者からの聞き取りだけではなく，家族をはじめ関係者など利用者を取り巻く周囲や環境も視野に含め，状況の把握に努めることにも注意を払う必要もある。また，モニタリングの段階に限ったことではないが，私たちソーシャルワーカーをはじめとする支援者が何気なく使用している専門用語を多く含むコミュニケーションのあり方もあらためて見直す必要があるだろう。

　モニタリングは，なるべく利用者の自宅など普段から生活している場での面接を通じて実施するなどの配慮も必要である。もちろん支援者の所属機関でのケース検討会を定期的に設けたり，関係者や担当者会議など外部の関係機関を

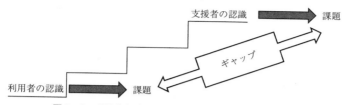

図8-2　利用者と支援者との課題認識に対するギャップ
出所：筆者作成。

含めて開催するなど，その支援過程における連携状況の把握にも留意する必要
がある。

　支援には多職種が関わりながら協働して取り組む場合が多い。それぞれの専
門職が利用者の支援計画における目標達成のためにどのような動きをしている
のかについても客観的に，多角的に分析しつつ，参加者が確認し合うことが重
要である。実際に支援計画に基づき，実施している支援が展開していく中で，
利用者と支援者の間だけではなく，利用者と他の専門職，ソーシャルワーカー
と他の専門職との間にも支援計画に対するとらえ方のズレや違和感を覚えるこ
ともある。

　そうした時には放置せず，介入を一旦中断する勇気をもつことも重要である。
モニタリングは時として，介入を中断する根拠や判断材料にもなりうる。たと
え支援計画通り順調に進んでいたとしても，利用者への支援が長期化すること
が見込まれる場合は，定期的に再アセスメントする，介入の方法も工夫を加え
るなど，丁寧に見直し，支援の流れが停滞しないような試みも忘れてはならな
いだろう。

注
(1)　山崎美貴子・北川清一編著（1998）『社会福祉援助活動――転換期における専門
　　職のあり方を問う』岩崎学術出版社，107頁。
(2)　北島英治・白澤政和・米本秀仁編著（2005）『社会福祉援助技術論（上）』ミネル
　　ヴァ書房，100頁。
(3)　社会福祉士養成講座編集委員会編（2014）『相談援助の理論と方法 I （第2版）』
　　中央法規出版，201頁。
(4)　(2)と同じ，107頁。
(5)　(3)と同じ，29頁。

(6)　社会福祉士養成講座編集委員会編（2014）『相談援助の基盤と専門職（第2版）』中央法規出版，161頁。

(7)　(6)と同じ，25頁。

(8)　岡村重夫（1997）『社会福祉原論』全国社会福祉協議会，84頁。

(9)　宮本節子（2020）『ソーシャルワーカーという仕事』筑摩書房，9頁。

(10)　大塚達雄・沢田健次郎・井垣章二・山辺朗子編著（1998）『ソーシャル・ケースワーク論——社会福祉実践の基礎』ミネルヴァ書房，8〜9頁。

(11)　(2)と同じ，100頁。

(12)　(9)と同じ，10頁。

学習課題

①　あなたがもつ「介入」という語感のイメージを整理してみよう。

②　私たちは社会関係をとり結びながら日常生活を営んでいます。たとえば，あなた自身はどのような社会関係をもちながら生活しているかを考えてみよう。

キーワード一覧表

☐　**介入**　インターベンションとも呼ばれる。ソーシャルワークの展開過程における「介入」とは，生活状況において望ましくない社会関係を改善するための取り組み，活動のこと。　　　140

☐　**人と環境との接点**　人と環境とが相互に影響し合い，人と環境とが接するところでのやりとりのこと。　　　141

☐　**権利擁護（アドボカシー）**　利用者が，何らかの事情で，自らその意思表示をすることができない，もしくは難しい場合は，支援者がその利用者に代わって権利を求めたり主張したりすること。　　　146

ワークシート

① 本章では「入院」を例にしたが，自分 1 人だけでは，社会関係を調整できない，
もしくは難しかった出来事を想像して，書き出してみましょう。

② その時，どんな心境だったのか，なるべく具体的に書き出してみましょう。

③ ワークシートの内容を友人らと見せ合い，話し合いながら，振り返ってみま
しょう。そして，振り返ってみた感想や考えたこと，感じたこと，友人らのワー
クシートの中で印象的な記述を書き出しておきましょう。

第 ⑨ 章

ソーシャルワークの過程⑤
終結とアフターケア

　前章までを通して，ソーシャルワークの展開は，インテーク，アセスメント，プランニング，インターベンションとモニタリングという流れで行われていることを説明してきた。ソーシャルワーカーによる支援は利用者に対して一生涯行われるものではなく，はじめから終結を想定しながら行われるものである。本章では，終結とはどのようなことを指すのか，その後にどのようなアフターケアを必要としているのかについて具体的に説明していく。

1　ソーシャルワークの支援が終わる時

　ソーシャルワークの支援が終結を迎える時とは，どのような状況なのだろうか。たとえば，目標が達成されることが基準となる場合もあるし，利用者の困り事のいくつかが制度とつながり課題が解決し，生活力や課題との向き合い方がわかり，自らの力で歩んでいけるようになった時ともいえるだろう。そのため，利用者とソーシャルワーカーとが一緒になって共同で**波長合わせ**をすることがきわめて重要である。一方，利用者と支援者との関係性がうまくいかない場合，突然支援を断られたり，面接を約束しても利用者が来なかったり，連絡を絶たれてしまう場合もある。そういった場合も連絡が来ることを待ちながらしばらくは支援保留とするが，やがて終結したケースとして扱われる。

　ソーシャルワーカーが所属する機関・施設の特性によって，終結の仕方はさまざまであることから，本節では，いくつかの機関・施設のケースから終結についてみていくことにする。

（1）医療機関での支援の終結

> **事例1**
>
> 　A病院は，急性期病院である。医療相談室には医療ソーシャルワーカーがおり，患者のさまざまな相談に応じている。現在，1か月前に脳梗塞で入院してきた長岡さん（54歳・男性）の退院支援をしている。長岡さんは半年後の職場復帰を目指しており，長岡さんと長岡さんの家族との面会を重ねた結果，リハビリテーションができる病院への転院を希望したため，ソーシャルワーカーは受け入れてくれる病院を探し，その病院のソーシャルワーカーにつなぎ，無事に回復期病院に転院した。

　この場合には，長岡さんが退院先にどのような希望があるのかを聞き，その条件に合う場所を医療ソーシャルワーカーが探し，入所申し込み等の手続きを経て，退院となった。長岡さんは，今後回復期病院のソーシャルワーカーの支援を受けることになり，A病院のソーシャルワーカーとの支援関係は終結する。

（2）地域包括支援センターでの支援の終結

　続いて，次の事例をみてみたい。

> **事例2**
>
> 　ゴミ屋敷に住んでいる岡本さん（74歳・女性）。家賃を滞納しており，管理会社から本人と連絡がとれないと市役所に連絡があった。岡本さんは犬を飼っているが，その世話もできていない様子だという。市役所と地域包括支援センター，管理会社で自宅を訪問し，岡本さんと話をした後，地域包括支援センターが支援を開始した。次第に岡本さんは，「自宅でこのまま住み続けるのはつらいけど，犬をもらってくれる人がいないなら，ここを離れるわけにはいかない」と打ち明けてきた。ソーシャルワーカーは，岡本さんと話し合い，保健所に犬の里親探しを依頼し，無事に見つかったため，岡本さんは有料老人ホームに入居した。

　この場合には，岡本さんの「自宅に住み続けるのもつらい」という思いと「犬が心配で離れられない」という気持ちがある中で生活能力の低下がうかがえた。本ケースでは，岡本さんの困り事を他の機関と連携しながら解決した。岡本さんに安心できる環境が整ったことで，地域包括支援センターとしての役割を終え終結した。なお，岡本さんの今後の支援者は，有料老人ホームの生活相談員（ソーシャルワーカー）となる。

　一方，地域包括支援センターの機能として「高齢者虐待への対応」がある。この場合には，どのような終結を迎えるのだろうか。まず，虐待対応における終結は，「高齢者虐待が解消し高齢者の生活が安定した状態」である。つまり，虐待対応が終結していないということは，高齢者への権利侵害が継続されていると理解することができる。次の事例は，高齢者虐待事例の終結についての一部である。

> **事例3**
> 　細野さん（82歳・男性）は，50代の娘と2人暮らしで，ネグレクトを受けていた。娘の許可なしに外出すると施錠されてしまい，自宅に入れてもらえないと本人が交番に助けを求めてきた。市役所，地域地域包括支援センターが本人と娘の両方に事情を聴いたが，娘は「出ていくのが悪い」とあらためるつもりもないことから，「本人の安全が守られない状況」と判断した。細野さんも安全に暮らしたいとの意向から，「措置」により特別養護老人ホームに入所することとなった。その後，本人が任意後見契約を締結し，「契約」に切り替えて入所を継続した。しかし，娘は「施設に入れるなら，金は一銭も払わない」と頑なだったため，娘が管理している細野さんの年金も振込先を変更する手続きをした。

　この事例では，娘がネグレクトをしていることの認識もなかったため，改善が見込めない困難なケースであった。そして細野さんの安全な生活の確保が見込めない状況では，当然このままの暮らしを見過ごすことができないため，「やむを得ない事由による措置」という方法で施設入所に至った。このケースでは，細野さんを娘さんから離すという状況を作ることで問題の解決を目指す方法がとられた。そして，細野さんの身の安全と金銭的な問題の解決がなされたところで評価会議において終結と判断された。ただし，これは虐待対応の終結であって，支援自体の終結ではない。具体的には，娘の合意が得られないままに細野さんの生命の安全のために措置したため，娘との関係性や娘の支援の必要性も視野に入れる必要がある。細野さんの今後の支援は，特別養護老人ホームの生活相談員が行うことになるが，娘との関係性の修復などの支援は，地域包括支援センターをはじめとする地域の機関が行うこととなる。

（3）児童養護施設での支援の終結

　子どもの支援をする場ではどうだろうか。たとえば，児童養護施設では，両

親がいない，虐待を受けているなど，何らかの理由で親が養育することができない子どもたちが入所している。ここでの終結（措置解除）の目標となるのは以下の2つである。①家庭復帰：同じ家で家族と子どもが一緒に暮らすこと。②施設からの自立：施設から退所して自立した生活をすること。近年では「家族再統合」の考え方が広がり，家庭復帰することは難しいものの保護者と一定の距離を保ちながら交流していくことを通して受け入れられる関係性の構築を目指していくことも一般的になってきている。厚生労働省は「親子関係再構築支援」という言葉でこのことを説明している。

　児童養護施設は，入所理由が明確であるため，その理由が解消されれば終結となる。しかし，施設からの自立（原則18歳までが入所年齢とされているため）をする年齢を迎え退所する子どもたちも多い。ここでは，入所児童が家庭復帰をすることで終結したケースをみていく。

事例4

　石橋さん（13歳・女児）は，「母親がつねったり，冷たい態度で接したりするので家に帰りたくない」とクラス担任に相談してきた。学校は児童相談所に連絡し，対応を依頼した。母親は娘をつねったり，たたいたことがあることを認めた。石橋さんが帰宅を拒否したため，保護者の了解のもとで一時保護をしたのちに児童養護施設入所となった。石橋さんは，母親の2歳上の姉に対する態度が自分と違うことなどの不満を口にしていた。一方で母親は，石橋さんの生活態度が問題だと聞き入れようとしなかったが，施設の家庭支援専門相談員（ファミリーソーシャルワーカー）が母親との個人面接を繰り返し，母親の気持ちに共感し受容していく中で「娘が誤解するような態度をしていたのなら申し訳ない」という言葉が聞かれるようになった。同時に石橋さんへの母への気持ちなども繰り返し聞きながら，施設内面会，外出，外泊を経て，2年後に家庭復帰可能と児童相談所が判断したため，終結となった。

　石橋さんのような家庭復帰するケース以外にも施設を退所する理由はさまざまで，措置変更となる場合もある。たとえば，児童養護施設から児童自立支援施設，児童心理治療施設，あるいは里親委託など児童の自宅以外の場所に移ることがある（図9-1参照）。また，それらの施設から再び児童養護施設に戻ることもある。

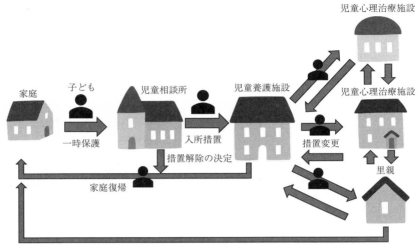

図 9-1　家庭復帰・措置変更の流れ

出所：筆者作成。

（4）生活保護制度における支援の終結

　生活保護受給者の支援における終結とはどのようなことだろうか。それは，「保護の廃止」ということである。たとえば，再び自立した生活が可能となった場合，あるいは受給者が死亡した場合である。本来の生活保護の目的からすれば，生活保護を受けている人が経済的に自立することにより終結となるのだが，高齢者や障害のある人の場合には経済的自立を目指すことが困難な状況もあり，死亡によって終結を迎えることも多い。三浦さんのケースでみていくことにする。

事例5

　三浦さん（36歳・女性）は，3年前に乳がんと診断された。仕事とがん治療の両立が困難となり退職した。生活費に困り，2年前から生活保護を受給し福祉事務所でケースワーカーによる支援を受けている。2年間の治療後，医師から「軽労働ならば可能」と働くことを許可された。再就職については，福祉事務所とハローワークが連携した就職支援を受け，三浦さんの能力と体力に見合った職場が見つかり，正社員として再び就職することができたため，生活保護を廃止した。

　三浦さんのように病気の治療に伴って生じる経済的不安が主な困り事であれば，その回復によって状況に合わせた就業先が見つかるよう自立支援をしていく。しかし，近年は生活困窮に陥っている状況にさまざまな要因が複雑に絡み合っている場合も多い。たとえば，**自立相談支援事業**は，そのような複雑化したケースを支援するものであるが，支援の終結については次のように考えられている。①困窮状態が解決し，目標としていた自立達成の目途がたった場合。②困窮状態の脱却にまでは至っていないが，大きな問題が解消され，自立相談支援機関による関わりから離れてよいことが判断される場合。③連絡が完全に途絶した場合。

　実際に自立相談支援事業の活用により，困り事の解決を支援してきた事例を次にみていく。

事例6-1

　櫻田さん（41歳・男性）は，経営していた飲食店が不況のため半年前に廃業した。それ以来，外出するほどの元気もなく，妻が家計を支えている。現在，妻は夜勤の仕事も含め4つのパートをかけもちしている。息子（中3）は，4か月前から不登校気味になり，夜遊びをするようになった。櫻田さんとの面接では，落ち込んでいるものの，飲食業界で再び働きたい気持ちがあることを確認できた。そこで，就労支援を行い，調理員として夕方から閉店まで週4日働ける職場が見つかった。櫻田さんが再び働けるようになったことにより，妻は，夜勤の仕事を辞めることができたため，息子と向き合う時間ができ，生活改善につながった。そうすることで，息子は登校できるようになった。両親の仕事と息子の生活改善が図れたことで支援調整会議はこのケースを終結と判断した。

2　終結に向けての準備

（1）終　結

　終結の時期が近づいてきた時，ソーシャルワーカーは利用者がそのことを意識できるように働きかける。たとえば，1か月に1回の面接を定期的にしていた場合には，1か月半，あるいは2か月に1回の面接へと徐々に期間を空けていくことがある。

　支援が終結する時，これまで側面あるいは後方から行っていたソーシャル

ワーカーの支援がなくなってしまうことについて「支援を切られたのではない
か」「ソーシャルワーカーに見放されるのではないか」と感じる利用者がいる。
また，終結してほしくないと思う利用者は，ソーシャルワーカーに新規の困り
事をもってきたり，なんとかして関係維持に努めようとする。そのため，終結
の理由について利用者に説明し，ソーシャルワーカーと利用者の双方が終結に
ついて確認することが必要である。また，再び生活困難な状況や支援の必要性
が生じた場合は，支援を受けることが可能であることも伝えておく。さらに，
終結する時点で，今後生じる課題が予測できる際は，そのことを利用者と共有
し，対応の方法について確認しておくとよい。

（2）評　価

　利用者に対してサービス提供を行ってきた場合には，終了時に評価が必要と
なる。これはサービス提供という類の支援をする場合でもそうでない場合も同
様である。評価では，支援者の行ってきたことが利用者にどのように意味が
あったのか，そしてどのような効果となったのかを判断することが中心となる。
　特に，施設入所をしている利用者に対しては，利用者や施設職員だけでなく
公平中立な立場による必要性から**オンブズマン**や第三者による評価が求められ
るようになっている。
　一方で評価には，終結してもよいかどうかを判断するという側面もある。そ
の場合には，結果だけに注目するのではなく，結果に至る過程（プロセス）や
方法にも目を向けていくことが大切である。
　評価が必要とされる理由は以下の 4 点である。

---

① 利用者にとってソーシャルワーカーが行った支援が有効で満足のいくもので
　あったか。
② ソーシャルワーカーの所属する機関・施設からみて，適切に効率よく効果的な
　支援ができたのか。
③ 終結していく利用者（ケース）のこれからの生活目標は何か。支援の継続的な
　必要性の有無を確認し，必要があれば連携して他の社会資源につなげていく。
④ このケースから，ソーシャルワーカーとして今後改善する事柄はあったか。

　このような評価をすることによって，アセスメントは的確に行われていたの

かどうかを評価することにもなる。また，このような評価を通した振り返りは，専門職の支援技術の向上などにも有効である。

3　アフターケア

（1）終結後の相談

終結後にどの機関ともつながりをもたなくなる利用者がいる。社会生活には適応できるようになっただろうか，困っていることはないだろうか。困り事が生じたら誰に相談すればよいのか。このようなことに，利用者自身が対処できるようになると，利用者は自立的に生活し自らの困難について社会資源を利用していく強さを身につけていく。

ソーシャルワークの支援では，利用者の終結後の生活状況を確認することがある。その理由としては，終結後に生じているニーズがないかどうか，解決できないほどの大きな困り事にならないように適切な情報提供をするためである。このことをアフターケアという。アフターケアには，必要ならば再支援をすることなど予防的な側面もあるが，基本的には再アセスメントやプランニングなどを行うことは，アフターケアとはいわない。

第2節の事例で述べた櫻田さんと家族のアフターケアで考えてみたい。

> **事例6-2**
> 　櫻田さんの支援が終結してから3か月が経過した。ソーシャルワーカーは，櫻田さんに電話をして訪問の約束をした。櫻田さんは，この3か月で働きぶりが認められ正社員として採用したいと会社から打診されていると嬉しそうに語ってくれた。また，息子は高校に行くと決めているため，休まずに学校に通っており夜遊びなどもなく，櫻田さんの妻も心配事が少なくなったので心に余裕がある生活が送れているという。

櫻田さんのような自立相談支援事業で支援を受けた場合の終結には，以下のような点を確認するとよいと示されている。①支援終結時の本人の気持ちや生活の状況等に変化がないかを確認する。②関係機関と連絡をとり，本人が目指した生活状況を維持できているかを確認する。③地域のNPOや民生委員等の地域で見守り活動等を行う支援者などとの緩やかな関係が継続しているかを確

認する。

　櫻田さんのアフターケアの結果，ソーシャルワーカーだけでなく利用者も支援の成果が継続されていることを確認できた。この段階では再び支援する必要はないが，アフターケアによって何か問題が生じていることがわかれば，再アセスメントを行い支援がはじまる。アフターケアは，電話だけで行われる場合もあれば，直接面接をする場合など状況に応じて変わる。

（2）児童養護施設へのアフターケア

　児童養護施設で暮らす子どもたちの中には，課題を抱えながらも解決することができないまま退所となり家庭復帰や自立生活をはじめなければならない状況になるというケースもみられる。そういった子どもたちには，どのようなアフターケアが必要とされるのだろうか。児童福祉法では，退所後の相談その他の支援を行うことが規定されており，法律でアフターケアが定められている。

事例7

　山口さん（23歳・女性）は，6～18歳まで児童養護施設に入所していた。高校卒業後は隣県で事務の仕事をしはじめたが，一人暮らしでとても寂しく，2日に1回は担当の職員に電話していた。児童養護施設では，定期的に山口さんの就職先と連絡をとり合い，半年に1度は訪問した。事務の仕事を1年半続けたが職場の人間関係でストレスを感じ，退職した。その後アルバイトで生活してきたが，3年後に結婚。妊娠中に夫と離婚することになり，実母はいるものの山口さんとの関係は良好ではないため，出産や子育ても頼る人がいない。そのため，施設の近くに引っ越した。施設では，出産・子育てについては保健センターとも連携し，担当職員が山口さんにメールや訪問するなどしながらアフターケアしている。

　このケースでは，退所後に頼る人がいない山口さんにとって，唯一信頼できる相談者が，元担当職員であった。困った時に助けてほしいと言える場や人がいること，それは自立した生活をしていくうえでの前提になる。一人暮らしでの不安や社会生活へ適応していくためのルールは，失敗しながら学んでいくものであり，アフターケアは必要不可欠である。

注

(1)　厚生労働省「自立相談事業の手引き」(https://www.mhlw.go.jp/file/06-Seisaku jouhou-12000000-Shakaiengokyoku-Shakai/01_jiritsu.pdf　2022年6月17日閲覧)。
(2)　(1)と同じ。

参考文献

相澤仁編集代表（2021）『アセスメントと養育・家庭復帰プランニング』明石書店。
伊藤嘉余子（2016）「児童養護施設におけるアフターケアの課題——退所理由に焦点をあてて」『社会問題研究』65，17～30頁。
白澤政和・尾崎新・芝野松次郎編（1999）『社会福祉援助方法』有斐閣。
谷口明広・小川喜道・小田島明・武田康晴・若山浩彦（2018）『障害のある人の支援計画』中央法規出版。
増山道康（2018）「生活保護法の理念と公的扶助ケースワーク」『東京通信大学紀要』1，17～34頁。

学習課題

①　終結のあり方は，支援機関や対象の状態によって異なりますが，支援者が気をつけなければならないことを5点あげてみよう。またその理由も書いてみよう。
②　アフターケアをすることはなぜ必要なのでしょうか。考えてみよう。

キーワード一覧表

□　**波長合わせ**　利用者が，どのような思いや感情，期待や不安をもって面接に来るのかをソーシャルワーカーがあらかじめ理解しておくこと。　　　152

□　**自立相談支援事業**　生活困窮者からの相談に早期かつ包括的に応じる相談事業。生活困窮者の課題を適切に評価・分析（アセスメント）し，その課題を踏まえた「自立支援計画」を作成するなどの支援を行う。　　　157

□　**オンブズマン**　利用者に代わって，その利益を擁護する代理人，弁護者のことをいう。法的な拘束力や手続きを経ずに助言などによって問題の解決を図ろうとするのが特徴である。　　　158

ワークシート

① あなたは，不登校の子どもたちの学習支援をするボランティアをしています。あなたのことを信頼してくれている小学校5年生の琢磨くんとは勉強だけでなくいろいろな話をしてきました。実習や就活などが忙しくなるため，あと3か月でこのボランティアを辞めることになりました。琢磨くんとの関係の終結に向けてあなたはどのように準備を進めていきますか。

② あなたは，あるサークルの代表をしています。4年の夏にサークルの代表を後輩に引き継ぐことになりました。引き継いだ後輩は「先輩のようにはできないし，サークルからいなくなったら困ります」と不安を訴えてきます。あなたは引き継いだサークルの代表にどのようなフォローアップができるでしょうか。

第Ⅳ部

ソーシャルワークの
支援過程において必要な技術

第10章

ソーシャルワークにおける面接技術

　ソーシャルワークにおいて面接は欠かすことのできない援助方法である。面接は単なる会話ではなく，目的をもって行われる意図的なコミュニケーションである。ソーシャルワーカーには，支援目的である利用者の問題解決やニーズ充足のための，意図的であり効果的な面接技術が求められる。

　本章では，はじめに面接の定義や特徴，目的を確認したうえで，面接の基本となるコミュニケーション，面接の空間的・時間的設定，具体的な面接技術についての理解を深める。

1　ソーシャルワークにおける面接とは

（1）面接の定義と特徴

　面接と聞いてどのような場面をイメージするだろうか。面接という言葉は日常的に多くの場面で用いられており，入試や就職活動の面接試験のような一方的に質問されるイメージを思い浮かべる人もいるかもしれない。ソーシャルワークにおける面接とは，それとは異なり，援助場面で行われる専門的な技術を要する「相談面接」のことである。相談面接とは，「一定の状況下においてワーカー（面接者）とクライエント（被面接者）とが，相談援助の目的をもって実施する相互作用（コミュニケーション）のプロセス」と定義されている。つまり，ソーシャルワークにおける面接とは面接技術以前に「相談援助の目的をもって」実施されていることが大きな特徴となる。表10-1は日常会話と相談面接の違いである。これをみると相談面接とは，その面接に参加している者がともに合意している意図的な目的をもつものであり，その構造は面接者側が意図的に場所，時間，期間，頻度を設定し，専門的な相互作用を用いて行われる，対象者の利益のための責任をもった関わりであるといえる。

表10-1　日常会話と相談面接の違い

	日常会話	相談面接
1	意図的・意識的な計画，目的，目標がない。	意図的に定義され，計画された目的，目標をもつ。課題志向的である。
2	異なる役割や義務に対する明確な規定はない。	面接者と対象者という明確に規定された異なる役割がある。
3	時間，場所，期間，頻度に関する公式な設定はない。	具体的に選択された場所，時間，期間，頻度がある。
4	相互作用は，社会的な期待と規範に従う。	専門的な相互作用のルールは，形式や許容可能な社会的エチケットよりも優先される。
5	発言のパターンは私的であり，くだけた文章，ためらい，繰り返し，まわりくどさが特徴である。	発言のパターンは，形式的で構造化され，系統立っている。
6	コミュニケーションの流れは，バランスがとれており，双方向的であり相互に関係している。	コミュニケーションの流れは，面接者から対象者への一方向であり，焦点は対象者に有利な方向のみである。
7	参加者は，会話の開始や継続に義務を負わない。	面接者はコンタクトを開始し，目的が達成されるまで継続する専門的な義務がある。
8	参加者は，権威と権力において平等である。	権威と権力は面接者に有利であり，不平等である。
9	参加者は文化的に似ていることがほとんどである。	参加者は文化的に異なることがよくある。
10	参加者は会話の結果に対する責任はない。	面接者は対象者に対して，結果の責任を負う。

出所：Kadushin, A. & Kadushin, G. (2013) *The Social Work Interview Fifth edition*, Columbia University Press, p. 12 より筆者訳。

（2）面接の目的

　前述の通り，相談面接には意図的な目的や目標がある。その目的とは，①援助関係の形成，②情報収集，③問題解決の3つに整理することができる。[2]目的を意識することによって，効果的な面接を行うことができる。

①　援助関係の形成

　ソーシャルワーカーと利用者の関係は専門的な援助関係であり，個人的な人間関係とは異なる。援助関係の形成は，ソーシャルワーカーが専門的な支援活動を展開するための基盤であり，支援のためのコミュニケーションはこの援助関係を通して行われる。援助関係の形成は主に面接を通して行われる。その際のソーシャルワーカーと利用者の相互作用を示したものに，バイステックの7

原則がある。利用者がもつニーズをソーシャルワーカーが受け止め反応し，それを利用者が認識することにより援助関係が形成される。面接場面におけるソーシャルワーカーの態度や発言，反応すべてが利用者との関係性に影響を与えることを自覚する必要がある。

②　情報収集

　問題解決のための支援においては，必要な情報を適切に収集する必要がある。どのような情報をどの段階でどの程度収集するのかについては，支援過程の展開や緊急性等も踏まえながら検討する。支援過程の初期の段階だけでなく，終結までの各段階において，情報収集を目的とした面接は行われる。情報収集といっても，必要な情報を一方的で定型的な質問を用いて利用者から聞き出すということではなく，個別化を意識し，面接技術を意図的に用いて適切に反応しながら，利用者の語りに沿って聴いていくものである。また，ソーシャルワーカーの反応によって，利用者が語る内容や量も大きく異なってくることに留意し，客観的事実にのみに着目せず，感情や考えにも焦点を当て，利用者との相互作用を意識しながら，面接を進めることが求められる。

③　問題解決

　問題解決を目的とした相談面接は，利用者との協働作業となる。具体的には，利用者自身の自己洞察や自己決定への支援，サービスを含む社会資源につながるための情報提供などが含まれる。たとえば，利用者のもつ強さに焦点を当てた面接を行うことで，その強さに利用者自身が気づき，その強さを問題解決に活かすことができるようになる。終結に近い段階では，今後新たに生じる可能性がある問題への対処方法を一緒に考えることを目的とした面接もある。また，利用者が環境に働きかけるためのリハーサル（行政の窓口での制度利用や家族への働きかけ等）も具体的な問題解決行動として面接場面で行われる。

2　基本的なコミュニケーション

（1）面接におけるコミュニケーション

　コミュニケーションとは，言語・非言語のメッセージを用いた相互作用である。カデューシン（A. Kadusin & G. Kadusin）はコミュニケーションを，「言語と非言語のシンボルを交換することで，思考，感情，態度，アイデアを共有すること」であり，「コミュニケーションを通じて私たちの個人的な考えや感情

を他人と共有する」ものであると述べている。また，ソーシャルワーク面接は，コミュニケーションの特別な形式であり，その基本は通常の会話で使用される一般的なコミュニケーションであるため，それを理解することは相談面接を理解するうえでも役にたつものであるということである。デュボア（B. DuBois）とマイリー（K. Miley）は，ソーシャルワーカーのスキルの基盤として，コミュニケーション・スキルを次のように位置づけている。「口頭や文章によるコミュニケーションのスキルは，絶対的に重要である。インタビュー・スキルが肝要なのは，ソーシャルワークの基本プロセスが情報のやりとりだからである。ソーシャルワーカーは，理解しながら傾聴し，目的を持って応答できなければならない」。

（2）言語的コミュニケーション・非言語的コミュニケーション

　コミュニケーションをより効果的なものとするためには言語によるコミュニケーションのみならず，非言語的なものの機能についてもよく理解しておく必要がある。諏訪茂樹はメッセージの伝達する経路をコミュニケーション・チャネルといい，音声の組み合わせで意味を表す言葉を「言語チャネル」，言葉の抑揚，強弱，長短などの語調を「準言語チャネル」，表情や動作などを「非言語チャネル」の3つに分類した。これらの一致の程度によって，「完全一致」「不完全一致」「完全不一致」の3つのパターンがあると説明している。特に，気をつけなければならないのは「不完全一致」の場合であり，言葉の意味と語調は一致しているが表情が一致していない場合などは，クライエントの本心を読み取るうえでの重要な情報となる。

　①　言語的コミュニケーション

　相談面接の多くは言語的コミュニケーションを用いて行われ，客観的事実の説明や確認のみならず，感情や思いを表現する場合にも使われる。ソーシャルワーカーは，利用者自身や利用者が置かれている状況，利用者の感情や思いを適切にとらえるために，利用者の語りの中から重要な部分を言語化し，フィードバックすることで，相互の気づきや認識を共有することができる。より正確に理解するためには，ソーシャルワーカーは多くの語彙や言葉の表現方法，言葉のもつ意味やニュアンスを熟知している必要がある。特に感情を表す言葉については，利用者に合った表現を用いられるように，意識的に準備しておく必要がある。

②　非言語的コミュニケーション

非言語的コミュニケーションとは，表情，動作，姿勢，視線，位置関係，距離，声の抑揚や強弱などのことであり，言語的コミュニケーションとは補完関係にある。非言語的コミュニケーションは無意識に表出されることが多いため，そこに現れる利用者の隠れた思いや考えを積極的にとらえていく必要がある。利用者の非言語的メッセージについて，言語化してフィードバックすることで，利用者の気づきを促し，共通理解を深めていくことが可能となる。同時に，ソーシャルワーカーは自身の非言語的コミュニケーションが利用者に与える印象にも自覚的でなければならない。

3　面接の環境づくり

　面接を行う環境として，相談者にとって緊張がほぐれてリラックスでき，話しやすい場であることが基本条件となる。面接で語られる内容には，利用者のきわめて個人的な状況や心情が含まれている。利用者が面接に集中し，安心して話をするためには，誰かに話を聞かれていることがない，プライバシーが守られている環境を準備することが必要である。また，時間を決めて行う場合，時間帯が利用者にとって負担ではないか等の配慮も必要となる。このような環境づくりは，利用者が「大切に扱われている」と感じることにもつながり，信頼関係を構築するうえで重要である。

　面接の構造は空間的要素と時間的要素によって表すことができる（表10-2）。面接は面接室だけではなく，それ以外の場所でも行われ，それぞれ構造化の程度が異なる。

（1）面接室の環境づくり

　空間的，時間的に構造化の程度が最も強いのが面接室での面接である（表10-2）。面接室での面接は，空間と時間を面接に限定して行うことができるため，利用者は面接に集中しやすい。面接専用の部屋では，外に声が漏れたり，誰かに話を聞かれたりしているのではないかという懸念をもたずに，利用者が本音や心情を語ることができるというメリットがある。

①　物理的な環境

　面接室の物理的な環境としては，複数人が面接できる適切な広さと明るさ，

表10-2　構造化の種類の程度による面接場面の区分

		時間的要素	
		弱	強
空間的要素	強	ふらっと面接（面接室を用いているがあらかじめ予約されていない）	面接室面接
	弱	家庭訪問面接Ⅱ（予約せずに訪問）施設内面接（立ち話，ながら面接）	家庭訪問面接Ⅰ（あらかじめ予約して訪問）

■ 構造化の程度が強い　■ 構造化の程度がやや強い　□ 構造化の程度が弱い

出所：小嶋章吾（1998）「生活場面面接の構造・範囲・意義」『ソーシャルワーク研究』24(3)，6頁より一部筆者改変。

室温を調整できる冷暖房設備，利用者との適切な距離がとれて，ソーシャルワーカーが座る位置を調整できる適切な高さのテーブルと座りやすい椅子，時間を確認するための時計，温かい雰囲気づくりや面接中に利用者が視線をはずせるものとしての壁にかける絵画やカレンダー，机上の花などにも気を配る必要がある。また，電話や来訪者によって意図せず面接が中断されないよう配慮が求められる。

　②　位置どり（ポジショニング）

　机をはさんでどのように席を位置どるかは，利用者の心理面に影響を及ぼす。真正面にソーシャルワーカーが座ると利用者は視線をはずすことができず緊張感が生じる。そのため，対面であっても斜めの位置どりもしくは90度の角度の方がリラックスして話しやすい。また，複数の参加者がいる面接の場合には，ソーシャルワーカーがどこに座るのかによって（物理的なポジショニング），対象者との心理的な関係が異なってくる（心理的ポジショニング）。たとえば，なかなか自分の本心を他の参加者に伝えられない利用者の横にソーシャルワーカーが座ることで，心理的サポートをしながら発言を促すこともできる。このように面接の目的や状況に応じて，意図的なポジショニングが必要である。

（2）生活場面における面接環境づくり

　生活場面面接は，構造化の種類と程度により一定の幅を有している（表10-2）。利用者の生活場面には，居宅（家庭訪問），病院のベッドサイド，生活施設の居室，入所や通所のデイルーム，談話室や待合室，保健室，廊下での立ち話などがある。生活場面面接のメリットは，利用者が緊張せずにリラックスし

て語ることができ，面接室では知ることのできない周囲の状況や他者との関係性についての情報も得られることである。一方でオープンな場所であるがゆえに，話の内容によって時間帯や場所に留意し，個人の秘密が守られるような配慮が必要となる。また，位置どりとしては，利用者との目線をできるだけ水平に保つことが大切である。車椅子やベッド上の利用者との面接の場合には，特に注意が必要である。⁽⁷⁾

　居宅訪問面接では，利用者の生活状況や家族関係についての観察から生活全般の情報を得ることができる。利用者独自の生活の工夫や家族の協力の程度などのストレングスを発見することもある。一方で，虐待傾向等のリスクに気づく機会でもあることを十分に意識して臨む必要がある。

4　具体的な面接技法

（1）かかわり行動

　かかわり行動は，1960年代にアメリカのアイビー（A. Ivey）によって開発されたマイクロカウンセリング技法において最初に取り組む段階である。適切なかかわり行動を示すことにより，クライエントは面接者が関心をもって話を聴いてくれていると感じ，自分の体験したことや思いを安心して語ることができるようになる。⁽⁸⁾

①　視線の合わせ方

　凝視したり視線をそらしたり，きょろきょろしたりすることなく，自然に利用者を見ることが望ましい。不自然に視線をそらすことは，話を聴いてもらっていないという印象を利用者に与える。利用者の視線を自然に受け止め，話の内容によって変化に富んだ自然な視線を利用者に向けることで，関心をもっていることを示すことができる。⁽⁹⁾

②　身体言語（表情・姿勢・態度）

　基本姿勢として，やや前かがみで利用者の方に身体を向けて話を聴くことで，関心をもって聴いていることを示すことができる。険しい表情や腕組み，椅子に深く腰かけた態度などは，拒否的な印象を与えることがあるため，注意が必要である。

③　声の調子

　適切な速さで話すことや落ち着いた声のトーンは相手に安心感を与える。甲

高い声や早口は聞き取りにくいだけでなく非難と受け止められることもある。利用者の年齢や状況に合わせて、可能な範囲で調整することが望ましい。

　④　言語的追跡

　利用者の話の流れに沿って、話をよく聴き、相手が話したことにしっかりついていくことが求められる。次々と話題を変えたり、話を妨げたりせず、利用者の話題に関心を向けて、そこから展開していくことが大切である。

（2）開かれた質問・閉ざされた質問

　質問は、**開かれた質問**と**閉ざされた質問**に分類される。

　開かれた質問は、多くのことを語れるような質問であり、詳しい状況や感情表現、さまざまな気持ちや考えを聴く時に用いられる。具体的には「どのように」「何を」といった質問や「詳しくお話しください」といった表現を用いることで、利用者自身の言葉で語ってもらうことを促進するものである。利用者自身の言葉は、ソーシャルワーカーが利用者を理解するための重要な情報となり、利用者自身にとっても問題を含む状況や自身の感情に対する気づきや考察を深める重要なプロセスとなる。開かれた質問の例は、「今回の入院で心配されていることはどのようなことでしょうか」というようなものである。一方で閉ざされた質問は、「はい」「いいえ」あるいは一言で答えが言えるような質問である。例としては、「お父様は今日のご相談のことをご存じなのですか」というようなものである。事実の確認や開かれた質問に答えることが難しい場合等に用いられる。質問が多くなりすぎないよう、両方の質問を適切に組み合わせることが大切である。

（3）はげまし（うなずき・相づち）

　はげましは利用者の発言をはげましたり、促したりすることを目的として使われる。

　うなずきは、非言語コミュニケーションを用いた面接技法であり、「関心をもって聴いていますよ」「その調子で話を続けて」というメッセージである。面接者は「利用者の目を見てゆっくりうなずく」（促し）、「目を細めながら何度もうなずく」（共感）など、表情や動作に変化をつけることで、面接者の意図を伝えることができる。

　相づちは有声の応答であり、うなずきと重ねて用いられることが多い。タイ

ミングのよい相づちは，相手の話に関心をもっていることを伝え，語りを促進する効果がある。応答としては，「ええ」「それで？」「うん」「うんうん」「はい」「そうですか」などがある。相づちに抑揚をつけるなど意図的に用いることで，問題解決に向けて重要である内容やもっと話してほしいことに焦点を当てて，自由な語りの中から知りたい情報を得ることができる。ただし，特定の方向に向けて操作するためではなく，利用者が自分自身の言葉で自分のペースで話せるように後押しするものであることが基本である。

（4）繰り返し・言い換え・要約

　繰り返し・言い換え・要約は確認技法として用いられる。これらの技法は，利用者が「自分はソーシャルワーカーに理解されている」と感じる基本的なものである。また，利用者の語る内容を，利用者自身やソーシャルワーカーが明確にとらえるために有効である[11]。

　繰り返しとは，利用者が発した言葉の一部をそのまま利用者に返す技法である。どこを繰り返すのかについては意図的に行われる必要がある。面接の中で重要だと思う部分を利用者に確認し，さらに深めていくために用いられるものである。ただし，不適切な内容の繰り返しや繰り返しを多用することは，利用者の自由な語りをかえって阻害することになる点に注意する必要がある。

　言い換えは，利用者が語ったことの本質をとらえて，明確化してフィードバックすることである。利用者の発言の本来の意味を損なわずに，内容は同じでありながら，別の表現で言い換えて応答することである。言い換えを用いることで，利用者は自分の発言の意味を明確化することができ，さらにそのことについての詳細を話すことができる。ソーシャルワーカーは自分の理解の正確さを確認することができる。ソーシャルワーカーが適切にとらえていない場合には，利用者が追加，修正できる機会ともなる。

　たとえば，利用者が「幼い頃から，母一人子一人で母には苦労をかけてきたんです。だから母が望むなら仕事を辞めてでも，自宅で面倒を看てあげたいと思っているんです」と話した場合を考えてみよう。繰り返しの例は，「仕事を辞めてでも，ご自宅でお母様のお世話をしたいと思っておられるのですね」というもの，言い換えの例は，「介護のためにお仕事を辞められてでも，お母様のご希望である自宅での生活を叶えたいと思っておられるのですね」というものである。

　要約は，利用者の発言のいくらかまとまった部分の内容について，その中核
となる事柄をまとめて返す技法である。要約は利用者の発言内容の主旨を汲み
取り，利用者の言いたいことに焦点を合わせて行われる。要約はクライエント
の思考を整理するのと助けるとともに，面接者の理解が適切であるかの確認の
機会ともなる。面接が込み入った時や面接を次の段階に進める時，面接の終わ
りに面接で話された内容を共有したい時などに用いることができる。

（5）感情の反映

　利用者の抱える問題は，利用者がその根底にある自分の感情に気づき，向き
合っていかなければ，なかなか解決には至らない。感情の反映は，利用者が言
語的あるいは非言語的に表現した感情の内容をフィードバックすることである。
利用者の言葉，思考，行動の背景には感情が潜んでおり，感情を明らかにしな
い限り，行動の理解は困難である。その感情を利用者と共に特定することがで
きれば，次の行動に進むことができる。感情の反映は，面接のどの時点でも，
利用者のどんな言葉に対しても有用である。その感情の質がいかなるものであ
ろうと（肯定的，否定的，アンビバレント），どこに向けられたものであろうと，
いつ行ってもよいものである。

注

(1)　岩間伸之（2008）『対人援助のための相談援助技術——逐語で学ぶ 21 の技法』中
　　央法規出版，8 頁。
(2)　(1)と同じ，11頁。
(3)　Kadushin, A. & Kadushin, G. (2013) *The Social Work Interview Fifth edition*,
　　Columbia University Press, p. 19.
(4)　デュボア，D.・マイリー，K. K.／北島英治監訳（2017）『ソーシャルワーク——
　　人々をエンパワメントする専門職』明石書店，68〜69頁。
(5)　諏訪茂樹（2011）『援助者のためのコミュニケーションと人間関係（第 2 版）』建
　　帛社，103〜105頁。
(6)　小嶋章吾（1998）「生活場面面接の構造・範囲・意義」『ソーシャルワーク研究』
　　24(3)，4〜10頁。
(7)　(1)と同じ，24頁。
(8)　福原眞知子監修（2007）『マイクロカウンセリング技法——事例場面から学ぶ』

　　　風間書房，6〜7頁。
⑼　エバンス，D. R.・ハーン，M. T.・ウルマン，M. R.・アイビー，A. E.／杉本照子
　　　監訳（1990）『面接のプログラム学習』相川書房，20頁。
⑽　⑴と同じ，35頁。
⑾　福原眞知子・アイビィ，A.・アイビィ，M.（2004）『マイクロカウンセリングの
　　　理論と実践』風間書房，66〜68頁。
⑿　⑻と同じ，9頁。
⒀　⑼と同じ，76〜77頁。

学習課題

①　キーワードを中心に，ソーシャルワークの面接技術について調べてみよう。
②　ソーシャルワーカーが面接を行う時に重要と思うポイントとその理由を書いてみよ
　　う。

キーワード一覧表

☐	**非言語的コミュニケーション**　表情や動作，姿勢，声の抑揚や強弱等によるコミュニケーションを意味する。言語（文字や会話等）を用いないコミュニケーション。　　　　168
☐	**生活場面面接**　面接室ではなく，利用者の日常的な生活の場で行われる面接。　　　　169
☐	**かかわり行動**　面接において最も基本となる利用者へのかかわり方であり，視線の合わせ方，身体言語，声の調子，言語的追跡の4つがある。　　　170
☐	**開かれた質問・閉ざされた質問**　開かれた質問は自由に多くのことを語ることができるような質問であり，閉ざされた質問は「はい」「いいえ」あるいは一言で答えが言えるような質問である。　　　171

ワークシート

　以下の設問に取り組んでみましょう（解答例は245頁を参照）。

1.　面接の３つの目的を記載してください。

面接の目的			

2.　非言語的コミュニケーションに含まれるものを書いてください。

非言語的コミュニケーション（準言語チャネルを含む）

3.「生活場面面接」が行われる場所として考えられるものを記載してください（４つ目の対象は各自で設定してください）。

面接の対象	場　　所
入院患者	
通所サービス利用者	
児童・生徒	

4.　次の「閉ざされた質問」を「開かれた質問」に言い換えてください。

　①　あなたはお母様といつも言い争いをしているのですか。

　②　ご主人はあなたをサポートしておられますか。

第11章

ソーシャルワークにおける記録

　記録は，人を相手にする社会福祉においては必要不可欠なものである。記録の種類はさまざまであり，近年，社会の変化に伴い，記録の ICT 化も進んでいる。専門職は社会の変化に適応するためにも記録を理解，習得する訓練が日々必要である。そこで，まずは記録の意義や目的，記録の種類，そして，記録を書く際の留意点などについて理解することが重要である。さらに，記録には文字で示す方法以外にも家族関係や社会関係などを図で示す方法としてジェノグラム，エコマップもある。ソーシャルワーカーはそれらを理解したうえで意図的に活用し，よりよい支援つなげることが重要である。

1　ソーシャルワークにおける記録の意義と目的

（1）ソーシャルワークにおける記録の意義
　さまざまなフィールドで支援をしていくソーシャルワークの対象や支援方法は，多様かつ複雑である。また，ソーシャルワーカーは１人ではなく，さまざまな専門職と連携を図り，問題解決を目指す。その連携を図る際には，口頭での申し送りはできたとしても相手はすべての情報を記憶に残すことには限界がある。そこで，しっかりと情報共有を行うためのツールとして記録が存在する。また，ソーシャルワークは利用者との関わりについて記録を残すことにより評価をすることができ，次につなげることができる。その積み重ねがソーシャルワークの質の向上にもつながる。たとえば，よりよい支援には必ずエビデンス（科学的根拠）が存在する。そのエビデンスを示すために，日頃から利用者と関わった際に得られた情報をもとにニーズを抽出し，支援計画を立案し支援につなげる。そのプロセスのみならず，支援時の状況等を記した記録が存在し，それらを評価していくのである。その積み重ねが利用者にとってのよりよい支援

につながってくる。しかし，そのよりよい支援に行き着くまでの道のりは支援者の記録の質によることは理解しておかなければならない。実習先や就職先で記録を書くことを想像してみると理解しやすいと思われるが，実際に記録を書くことに対して苦手といった思いをもっている者もいる。また，厚生労働省は，紙媒体ではなく，パソコンやタブレットといったものを導入し記録を作成・管理する記録の ICT 化を推進しており，徐々に福祉の現場に浸透しつつある。このことにより業務の効率化を図ることができたといった多くの成果を得られている。しかし，「使ったことがないからわからない」「機械を触るのが苦手」というスタッフのスキル不足といった課題もあがっている。それらのことについては自分自身が実習や講義，現場実践，職員研修などを通して訓練し，専門職としてのスキルを磨き上げる必要がある。ソーシャルワーカーは専門職であり，そこには社会的責任と職業道徳が課せられる。そのため，専門職としての自覚と社会の変化に適応していくための日々の訓練が当然のことながら必要なのである。

（2）ソーシャルワークにおける記録の目的

①　ソーシャワークの質の向上

記録は書くことで自分の記憶の中のものを整理することができ，後に記録内容を客観的に確認することができる。また，記録はケースカンファレンスといった支援内容の分析や効果測定をする際にさまざまな専門職との情報共有で活用することにより視野を広げることができる。

②　支援の継続性と一貫性

ソーシャルワーカーは，1人の利用者に関わる際にスタッフごとに支援内容が変わってしまうこと，要はその場しのぎの支援があってはならない。そのため，記録を通して情報共有をしておくことで専門職同士の共通認識をもつことができ，支援の継続性や一貫性を保つことができる。これは事業所間においても同様である。現在の事業所から別の事業所へ移行し引き継ぐ必要がある場合，適正な記録を共有することで途切れることなく継続性や一貫性を保つことができるのである。

③　機関の運営管理

ソーシャルワークの記録は所属機関の運営管理において重要なツールとなる。組織に所属しているソーシャルワーカーは複数いる場合がある。その場合，所属機関内の運営管理記録の共通認識を図る必要がある。また，日本社会福祉士

会の**倫理綱領**（以下，倫理綱領）において「組織改革」という文言があるように，ソーシャルワークは常に社会の変化や人間のニーズとともに変化をしている。それは組織も同様である。ソーシャルワーカーは組織で連携しサービスを提供したという実績を証拠として残すだけではなく，その内容を評価し，必要に応じて組織改革をしていく責任もある。

④　教育と研究

ソーシャルワーク教育は主に事例を通して理解を深める。そこで事例をどのように理解，判断して介入したのかについて口頭での説明だけではなく，文字に残しておくことにより後に振り返りができるのである。その記録をもとに振り返りをすることこそがソーシャルワーカーとしての思考力や実践力を養ううえで重要である。また，記録の蓄積をすることで研究資料として量的・質的分析に活用できるのである。

⑤　アカウンタビリティ

アカウンタビリティとは，倫理綱領においても示されている内容の1つである。記録を開示する相手は関係機関や同業者といった専門職のみならず，利用者やその家族の場合がある。ソーシャルワーカーは利用者やその家族に対して必要な情報をわかりやすい表現で簡潔に説明をする責任がある。実際にはソーシャルワーカーはただサービスを提供するだけでなく，同時に利用者になぜこのサービスを提供するのかについても記録物で示しつつ口頭伝達できる状態になければならない。そのことにより利用者やその家族との信頼関係構築にもつながる。

（3）ソーシャルワークにおける記録の種類

ソーシャルワークにおける記録は，大きく支援記録と運営管理記録に分けられる。支援記録には相談援助記録（個人・家族への記録），集団援助記録（集団援助活動の記録），地域援助記録（地域援助活動の記録）が，運営管理記録には会議記録（ケースカンファレンスや委員会等の記録），業務管理記録（日誌や日報，登録台帳等の記録），教育訓練用記録（事例検討やスーパービジョンのための記録）が含まれる。

また，ソーシャルワークでは，公式記録と非公式記録がある。公式記録は公開された記録を指し，支援記録，運営管理記録，事例記録，その他に分類される。非公式記録は公開されない記録を指し，実践記録，当事者による記録などに分類される。公式記録，非公式記録問わず，個人情報を記録に記載する場合は原則として責任をもって管理しなければならない。

表11-1　支援記録の内容

名　称	内　容
フェイスシート	初回面接（インテーク）で得られた情報，その他個人に関する情報を記載する。
アセスメントシート	事前に利用者の生活に関する情報，生活課題（ニーズ）について評価した内容を記載する。
プランニングシート	アセスメントの結果から導き出したニーズをもとに長期目標・短期目標，支援計画をまとめて記載する。
プロセスシート	利用者とソーシャルワーカーの相互のやりとりの状況を詳細に記載する。
モニタリングシート	アセスメントやプランニングの項目ごとに対する変化を定期的もしくは必要に応じて随時記載する。
エヴァリュエーションシート	支援の終結後，支援全体を振り返り，評価内容（目標の達成度，適切であったか等）を記載する。
クロージングシート	支援過程全体と終結理由を記載する。

出所：筆者作成。

　公式記録のうち利用者ごとに作成された記録のことを支援記録という。この記録は，以前は処遇記録ともいわれてきたものであり，最近ではケース記録といわれるものが該当する。利用者への支援に直接活用することを目的としている。支援記録の様式としてフェイスシート，アセスメントシート，プランニングシート，プロセスシート，モニタリングシート，エバリュエーションシート，クロージングシートに分けられる。内容は表11-1の通りである。

　運営管理の目的のために作成される記録を業務管理記録という。具体的には業務日誌，日報，月報，年報などといった業務内容や支援件数などを集約した記録がこれに該当する。これらは業務内容の見直しにも活用される重要な資料となる。

　事例研究，事例教育等の目的で支援記録をもとにして一定のフォーマットに沿って作成される記録を事例記録という。事例記録を作成する際は，個人情報が漏れることがないように十分な配慮をすること，さらには利用者に調査研究などといった主旨や目的の説明をし，協力の了承を得たうえで実施することが前提となる。事例記録は用途によって業務用，調査研究用，訓練用，教育学習用の4つに分類される。業務用の事例記録とは，個別的な支援方法の検討をする事例検討会において活用できる資料である。調査研究用の事例記録とは，事例分析によって積み重ねることにより実践に役立てることができる資料である。

訓練用の事例記録とは，支援者のスーパービジョンなどに活用される資料である。教育用の事例記録とは，学生の教育実習や指導に活用される資料である。

その他には紹介状や通信文，連絡ノート，報告書などがある。

非公式記録のうち実践記録は，援助者が自分自身の援助方法などを見直すといった「気づき」を促す目的のために作成される個人的な記録である。この実践記録が個人的な記録としてではなく，スーパービジョンや社会的な問題提起として活用されると公式記録となる。

当事者記録は，個人や家族，組織，地域の構成員などが思いや実態を記録した日記や活動記録や報告書などを指す。これは，支援する側と支援される側の溝を埋める目的として活用する。

2　記録の方法と実際

（1）記録の文体

記録の文体には，大きく分けて，叙述体，要約体，説明体がある。

①　叙述体

叙述体とは，基本的な記録法であり，記録者の解釈や説明などといったものを入れずに，時間の経過とともに起こった出来事の事実のみをありのまま記述する文体である。また，叙述体の中に含まれる文体に逐語体というものもある。これは面接などでソーシャルワーカーと利用者の発言内容をそのまま記述する文体で，それを記録することを逐語記録という。そして，ソーシャルワーカーと利用者との相互作用を時間の流れに沿って記述する文体を過程叙述体という。これは，記述内容に表情などもあわせて記述していく文体である。

【過程叙述体の例】

　橘龍平さんの息子の伸也さんと妻の敬子さんが相談室へ来室。ソーシャルワーカーが自己紹介をした後，相談内容について尋ねると，敬子さんは下を向き泣き始める。代わりに伸也さんが話しはじめる。現在，龍平さんと息子夫婦は一緒に暮らしている。2週間前から自宅のトイレに行けなくなった。手伝おうとすると龍平さんは「自分でするから触るな」と言う。（中略）さらに，お風呂も声をかけるが拒否されるので2週間入っていない。息子夫婦はもうこのような龍平さんを見ていられないという。そこで，担当ケアマネジャーの緒方さんにも相談したのか尋ねると，

電話で相談したが，「緒方さんは『自分ですると言ったならそのままご自身でしてもらえば大丈夫ですよ』とだけ，実際に家に見にきてくれませんでした」という。「それは大変でしたね。よくここまで頑張りましたね」と伝える。すると敬子さんは再び泣き始めた。（中略）「一度担当ケアマネジャーのいる地域包括支援センターに相談させてほしい」と提案すると伸也さんが「この話がケアマネジャーにわかってしまうと父（龍平さん）に何か悪いことをされるのではないかと心配だ」と不安そうな表情で話す。その後，心配事について確認していき（中略）息子夫婦は心配事がすべて解決したところで最終的には同意した。

　全体の文章から要点を絞って短くまとめて記録していく文体を圧縮叙述体という。

【圧縮叙述体の例】
　橘龍平さんの息子の伸也さん，妻の敬子さんが来室。相談内容を伺うと敬子さんは泣いてしまい，代わりに伸也さんが話を始める。最近，龍平さんは買い物に行けなくなるだけなく，自宅でのトイレ，入浴もできていない状況である。また，担当ケアマネジャーの緒方さんに相談しているが状況確認まで直接できていない。ケアマネジャーの緒方さんがいる地域包括支援センターへの相談を提案するも最初は心配されたため，心配事を１つずつ確認していき納得できるまで話し合いをし，最終的には同意を得る。

---

②　要約体
　事実やその解釈を整理して記録する文体を要約体という。ただ単に長期にわたるやりとりを短くまとめたわけではなく，内容のポイントをおさえて相手に伝わるようにまとめる文体である。

【要約体の例】
　橘龍平さんの ADL 低下に伴う生活状況のことで息子の伸也さん，妻の敬子さんが来室。息子夫婦は２週間前から龍平さんがトイレや入浴をできていない状況で相談先もないことに困っていた。今後は担当ケアマネジャーの緒方さんがいる地域包括支援センターへ相談予定である。

　他にも，事実を時系列に並べて記録するのではなく，項目ごとにまとめてい

く項目体がある。さらに，支援内容は長期にわたることが多い。その際，その長期的な関わりの中の変化がある時点の部分を抽出して記録する文体を抽出体という。そして，全体の支援内容の中で特に重要な部分のみを箇条書きにして組み合わせる方法を箇条体という。

③　説明体

面接で話された事実について，ソーシャルワーカーとしての解釈や分析などを説明する際に記述する文体を説明体という。

【説明体の例】

　橘龍平さんの ADL 低下に伴う生活状況のことで息子の伸也さん，妻の敬子さんが来室された。相談内容を伺うと敬子さんは急に泣きはじめられたため，これまでの感情を抱えきれなかった様子がうかがえる。伸也さんの話によると息子夫婦は 2 週間前から龍平さんが自宅にてトイレや入浴をできず不衛生になっている状況に困惑されていた。また，担当ケアマネジャーの緒方さんに相談するも状況を見にきてもらえていない，さらには現状のままで大丈夫と言われていることから息子夫婦は何もできていない状況が続いている。労いの言葉をかけると敬子さんは，感情が込み上げてきたのか再び泣き始めた。今後は担当ケアマネジャーの緒方さんがいる地域包括支援センターへ相談予定である。しかし，担当ケアマネジャーの対応次第では担当者変更の手続きも視野に入れ，龍平さんのみならず伸也さん，敬子さんの意見も聞きながら検討する必要もある。

（2）記録作成上の留意点

質の高いソーシャルワーク実践をするには正しい記録をしていかなければならない。まずは記録するうえで前提となる，以下に示す留意点をおさえておく必要がある。

①　正確性

正確な記録を書くためには必要事項が 6 つある。1 つ目はアセスメントデータ（利用者のニーズ，心身の状況や家族と環境の状況など）の現在と過去を分けて正確に記入すること。2 つ目は利用者や支援者の言葉や行動などについて，6W3H（when, where, who, why, what, whom, how, how long, how much）に基づき記録すること。3 つ目は主語と述語の関係を明らかにすること。4 つ目は現状について書く際は断片的なものではなく，時間軸（過去→現在→未来の流れ）を考慮すること。5 つ目は俗語や流行語，省略語を使わないようにするこ

と。ただし，逐語録で記録する場合は発言者の言葉をそのまま使用してもよい。

6つ目はソーシャルワーカーの記録というのは公的な文書として取り扱われるため，後から書き換えるといった行為はしてはならない。記録は原則，消すことのできないボールペンを使用すること。修正が必要な場合は修正テープ（修正液）を使用したり，訂正箇所をボールペンで黒く塗りつぶすなどせず，適切な方法で訂正することが書類を扱ううえで大切である。

②　客観性

客観性を担保するには客観的事実とソーシャルワーカーの解釈は分けて記録することが重要である。また，解釈とはソーシャルワーカー自身の判断や意見が含まれている。そのため，その判断などに至った背景，根拠（エビデンス）をあわせて記すことが重要となる。

③　明確性

記録の種類によって何を書くのか要点を明らかにしたうえで書くことが重要である。また，記録には必ず読み手がいることから文章は段落を設ける，あるいは箇条書きにするといった相手に読みやすくする配慮も大切である。

④　迅速性

記録すべき内容はなるべく迅速に書くことが望ましい。なぜなら，時間の経過とともに情報自体が記憶の中で曖昧になり，情報の正確さを失うためである。さらにはその記録が書かれていないことで次の支援に影響をもたらす場合があることも念頭に入れておかなければならない。

⑤　秘密保持

記録の**秘密保持**に関する取り扱いは特に気をつけなければならない。たとえば，必要な情報と不要な情報の取捨選択をし，必要な情報のみに絞り情報収集するということである。その他にもソーシャルワーク記録に必ず記載する人物名などといったその人物を特定できる情報は目的に応じてイニシャルを使用する。記録を確認する際は決められた場所で確認をすることなどの徹底が重要である。秘密保持については「社会福祉士及び介護福祉士法」「精神保健福祉士法」においても義務規定があるが，記録を持ち出さなければ外でクライエント情報を話してよいわけではない。仕事を辞めた後や実習を終えた後といったその機関と関係がなくなった後においても秘密を守らなければならない。

⑥　伝達性

記録は多職種連携・協働などにおいて活用される。また，利用者や家族に記

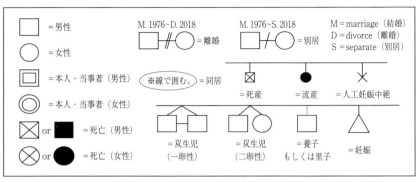

図11-1　ジェノグラムの表記方法の一例

出所：早樫一男（2017）『対人援助職のためのジェノグラム入門——家族理解と相談援助に役立つツールの活かし方』中央法規出版を参考に筆者作成。

録の開示を求める場合もある。そのことから専門職のみならず利用者やその家族にも理解できる内容であることが望ましい。そのことで記録としての意味をもつのである。

（3）図表式の記録

ジェノグラムとは，三世代以上の家族構成や関係を示すものである。図11-1のような表記方法を用いて家族関係を表記していく。家族構成等を図示することにより家族との関係性や生活状況を可視化でき，理解を促しやすくなるためである。介護施設や病院などに厳重に保管しているカルテなどにも記載されているものであり事例検討などに活用されている。

ジェノグラムには統一された表記方法はない。ここでは，簡易的ではあるが，以下の事例をもとに図11-1の表記方法を用いて表記例を図示する。

事　例

古屋涼平さん（55歳）の家族は，1990年に結婚した妻の伸子さん（53歳）と長男の涼太さん（30歳）である。長男は2016年に結婚し，妻の慶子さん（30歳）との間に息子の慶太さん（5歳）がおり，K県に暮らしている。

一方，涼平さんの両親は2018年に離婚。さらに，母親の翔子さんは2020年に肺がんのため他界。現在，涼平さんは父親の真一さん（78歳）と妻の伸子さんと一緒に暮らしている。

　図 11 - 2 のように住んでいる場所，いつ結婚し，いつ離婚したのかといった数字や文字の情報などを書き加えることで家族について時系列でより詳しく理解しやすいものになる。ただし，ジェノグラムの理解度にもよるため，事前に知識の共通認識ができている必要がある。

　エコマップとは，利用者，家族のみならずその周りの関係者や社会資源などとの関係を図示するものである。この図を作成することで家庭内のことにみならず社会における関係機関とのネットワーク構築に役立つのである。

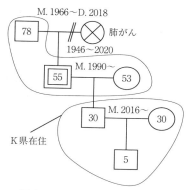

図 11 - 2　ジェノグラムの表記例
出所：筆者作成。

　エコマップに関しても表記方法が多数存在する。ここでは，簡易的に作成したものを図示する。図 11 - 3 は本人を含めた家族が先ほどのジェノグラムで記してあり中心に位置している。さらに，その本人を含めた家族の周りに社会資源等を配置している。そして，それぞれの社会資源との関係性を表記していく。

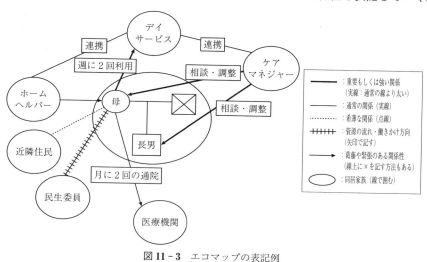

図 11 - 3　エコマップの表記例
出所：副田あけみ・小嶋章吾（2018）『ソーシャルワークの記録——理論と技法（改訂版）』誠信書房，51頁を参考に筆者作成。

参考文献

岡村重夫（1995）『ケース・ワーク記録法——その原則と応用』誠信書房。

副田あけみ・小嶋章吾編著（2018）『ソーシャルワーク記録——理論と技法（改訂版）』誠信書房。

早樫一男編著（2017）『対人援助職のためのジェノグラム入門——家族理解と相談援助に役立つツールの活かし方』中央法規出版。

学習課題

① 記録はなぜ必要なのかをまとめてみよう。

② ソーシャルワーカーとして記録を書く際の留意点をまとめてみよう。

キーワード一覧表

☐ **記録のICT化**　ICTとは，Information and Communication Technology の略。記録を紙媒体ではなく，電子機器（パソコンやタブレット等）を活用し記録作成と記録管理をしていくこと。　　　　177

☐ **倫理綱領**　1995年に採択された社会福祉士の専門職としての価値観。また，日本社会福祉士会では行動指針として具体化している。倫理綱領と行動規範は時代の変化とともに改定している。　　　　178

☐ **アカウンタビリティ**　ソーシャルワーカーが利用者に対して果たすこととして求められている「説明責任」のことである。　　　　178

☐ **秘密保持**　「社会福祉士及び介護福祉士法」の第46条ならびに「精神保健福祉士法」の第40条に「秘密保持義務」として規定されている。社会福祉士（介護福祉士も含む）は，正当な理由なく，その業務に関して知り得た秘密を漏らしてはならない。これは，退職後においても同様のことが適用される。違反した場合，罰則もある。　　　　183

ワークシート

① 以下の事例の内容を読んだうえでジェノグラムを書いてみましょう（解答例は246頁を参照）。

　櫻井亘さん（80歳）は妻の佳澄さん（77歳）が2021年に交通事故により他界したため，現在は娘の恵梨香さん（54歳）と娘の夫の智さん（58歳）とT県で暮らしている。さらに，娘夫婦には息子の茂さん（30歳）がいる。息子は2017年に妻の世麗奈さん（35歳）と結婚し，2018年に長女を授かったが死産となる。その後，世麗奈さんとは2020年に離婚し，現在はS県で一人暮らしをしている。

---

② 以下の事例の内容を読んだうえでエコマップを書いてみましょう（解答例は246頁を参照）。

　これまで，榊原豪さん（80歳・男性・要介護4）は妻の麻里さん（77歳）と息子の雅紀さん（54歳）と3人で暮らしており，豪さんの介護は妻のみがしていた。そのことに関して妻は息子と喧嘩することがたびたびあった。しかし，3年前に豪さんが他界し，その後すぐに麻里さんがレビー小体型認知症を発症。雅紀さんが麻里さんの介護をすることになる。最初は，雅紀さんは仕事（会社員）と介護を両立させていた。しかし，麻里さんはこれまで豪さんの介護をしなかった息子に対して，以前よりも多く暴言に近い言葉を吐いていた。さらに，夜間の徘徊などが増えてきたことにより体調不良となり休職する。現在，週に5日（月〜金曜日）通所介護を，土曜日と日曜日は1泊2日で短期入所生活介護を利用している。以前関わりのあった近隣住民の山田さんや民生委員の南さんとも最近では認知症であることを知られたくないため居留守を使うなどし，関わりを避けている。その状況を雅紀さんから電話で聞いた担当ケアマネジャーの佐々木さんは今後の方向性について検討の機会を設けることにする。

第12章

ケアマネジメント

　ケアマネジメントとは，利用者が地域や施設等で生活することを支援するための1つの手法である。利用者が望む暮らしや思いを実現するためには複数のサービスを組み合わせることが不可欠になり，そのような時ケアマネジメントは力を発揮する。はじまりはアメリカの精神障害者の脱施設化とされ，大規模施設で暮らしていた人たちが地域で暮らす際に生活の質が保てるようにサービスを調整していくことが重視された。日本では在宅介護支援センターの設置を契機に広まり，2000（平成12）年の介護保険制度によって社会的な認識は急速に高まった。また，2005（平成17）年の障害者自立支援法により障害者支援サービスでも同様の仕組みが作られ，人々の望む暮らしを実現するための身近な手法といえる。

1　ケアマネジメントとは何か

　はじめに，「ケアマネジメント」という言葉の定義をみていく。
　白澤政和⁽¹⁾はケアマネジメントの定義を「利用者の社会生活上でのニーズを充足させるため，利用者と適切な社会資源とを結びつける手続きの総体」としている。サービスを利用する主体である利用者は，社会生活を送るうえで何らかの課題を抱えており，その課題を解決するために利用者と社会資源とを結びつける。
　また，金子努⁽²⁾は「ケアマネジメントとは，変動的で個別性の高い多様なニーズを抱えた利用者が，長期間にわたって地域社会で自立した生活を営めるよう，そのニーズに適した多様な社会資源を結びつける一連のプログラムである」としている。
　これらの定義をみてわかるよう，ケアマネジメントは一連のプロセスや流れ

を指す。対象となる利用者は，何らかの社会生活におけるニーズ，すなわち，生活するために自分だけでは解決の難しい問題をもつ。その解決のためにケアマネジャーが利用者の生活状況や望む暮らしを理解し，利用者と必要な社会資源とを結びつけることによって望む暮らしを実現することができる。そこには，当事者主権やパートナーシップが根底にあるからこそ実現可能となる。

2　ケアマネジメントの原則

（1）ケアマネジメントはなぜ生まれたのか

　私たちが暮らす現在の社会は，長い歴史の流れを経て今ここにある。そのため，ケアマネジメントを理解しようとする時，その当時の社会がどのような社会であったのかを理解しなければ，ケアマネジメントの本質を理解することは難しい。ケアマネジメントはアメリカではじまり，世界のさまざまな国へと広まった。

　ケアマネジメントのはじまりは1970年代のアメリカにおける精神障害者の脱施設化とされる。当時大規模施設で暮らしていた人たちが地域で暮らすためには，住宅政策と生活を支えるサービスが不可欠であり，これらの課題をまとめてニーズとしてとらえて支援していくことを理論化していった。この時は「ケースマネジメント」と呼んでいた。この時代のアメリカはマーチン・ルーサー・キングを中心とした公民権運動，ベティ・フリーダンを中心とした婦人権運動にみられるようさまざまな立場の人が，自らの権利を獲得しようと社会に働きかけた時代であった。アメリカのカリフォルニア州で重度身体障害のある大学生が抗議運動を始めた。1962年，アメリカで初めて，きわめて重度の全身性障害をもつ学生がカリフォルニア大学バークレー校に入学する。この学生は後に，バークレー CIL（Center for Independent Living）を設立し，さらにカリフォルニア州リハビリテーション局長に就任するエド・ロバーツである。1960年代，社会は障害のある人を施設に隔離していた。名目上は「本人のため」としていたが，実際には社会の都合であった。人々は街はずれの施設に集められて，世話をする者の都合で生活させられていた。そのような時代の中で「自分らしく暮らしたい」と声をあげた人がいた。この時代，アメリカに限らず，障害者の人々の歴史は地域で暮らす権利を獲得する歴史といえる。ケースマネジメントからケアマネジメントという用語が使用されたのは，1990年にイギリス

で制定されたコミュニティケア法からである。どちらの表現も基本的に意味していることは同じである。

（2）ソーシャルワークとケアマネジメント

　アメリカではケアマネジメントはソーシャルワークの方法の1つであるケースワークとして扱われてきた歴史がある。ソーシャルワークはその発展過程をみると慈善活動をはじまりとする個人の家を訪問することから派生したケースワーク，スラム街における実践によるグループワーク，コミュニティオーガニゼーションとそれぞれ発展をみせ，後に統合され，現在のソーシャルワークの形となっている。では，そのソーシャルワークの特徴とは何であるのか。ソーシャルワークは，人と環境の接点に関心をもち介入する。さらには，社会制度が発展していくこと，改善されることに関わっていくことである。一方で，ケアマネジメントは，社会制度や社会資源を結びつけていきながら全体調整を図ることである。ソーシャルワーカーがケアマネジメントを行う場合においては，先に述べた視点で生活ニーズをとらえていく点においてその特徴ということができる。

3　日本におけるケアマネジメントの展開

（1）高齢者を対象とした介護保険制度

　戦後，施設福祉を主としてきた政策から，急速な高齢化が社会的な課題となり，在宅福祉サービスの整備に大きく舵をとる。1973（昭和48）年の老人医療費の無料化が政策的に展開されたことから社会的入院が社会の課題となった。住み慣れた地域で高齢者が暮らす環境の整備は容易ではなく，一度入院すると退院先のあてがなくなってしまい，次第に病院での生活が長くなることで生活能力の低下が生じていた。高齢者を対象とする在宅福祉サービスが本格的に整備されるのは1989（平成元）年の「高齢者保健福祉推進十ヶ年戦略（ゴールドプラン）」以降になる。

　1989（平成元）年の「高齢者保健福祉推進十ヶ年戦略（ゴールドプラン）」により，要援護高齢者やその家族の総合的な相談機関として設置され，1994（平成6）年の老人福祉法の改正で「老人介護支援センター」として老人福祉施設に位置づけられた。さらに，在宅福祉サービスの整備にあたっては消費税の導入

もあわせて進められた。在宅介護支援センターは地域での高齢者福祉に関わる総合相談窓口として各地に整備され，ケアマネジメントが広まるきっかけとなった。

　日本におけるケアマネジメントは，高齢者を対象とする介護保険制度のはじまりとともに大きな転換期となった。社会における認知度は急速に高まり，今日ではケアマネジメントは身近な言葉となった。また，2005（平成17）年の介護保険法改正で要介護認定に要支援が登場した。これは介護が必要となる状態になる前に予防する観点を重視したために改正された。介護予防のためのパワーリハビリというように，デイサービスセンター等で介護予防を重視したサービスの提供が重視された時期でもあった。現在では要支援１および２のケアマネジメントは介護予防ケアマネジメントとして地域包括支援センターが担い，要介護１から５のケアマネジメントは居宅介護支援事業所が担うこととなっている。

　2000（平成12）年に施行された介護保険制度では，国がケアマネジメントの担い手として介護支援専門員（ケアマネジャー）を位置づけ，その養成を行った。介護保険制度設立当初は介護支援専門員の人数を確保する必要があり，多様な職種に受験資格が与えられた。その結果，専門性の質の担保等の課題が生じたことが指摘され，現在では社会福祉士や精神保健福祉士，看護師等の21の資格取得者や特別養護老人ホームの生活相談員や障害者の日常生活及び社会生活を総合的に支援するための法律（障害者総合支援法）における相談支援専門員などの相談援助業務に従事する者に変更されている。

　2006（平成18）年に地域包括支援センターが創設されると主任介護支援専門員が配置された。受験資格は，介護支援専門員として従事した期間が５年以上の者や日本ケアマネジメント学会が認定する認定ケアマネジャーで介護支援専門員として従事した期間が３年以上である者，主任介護支援専門員に準ずる者として，現に地域包括支援センターに配置されている者，その他，介護支援専門員の業務に関し十分な知識と経験を有する者で都道府県が適当と認める者である。これらの要件を満たしている者が主任介護支援専門員研修を受講することによって取得することができる。主任介護支援専門員の役割には，地域の介護支援専門員への指導や助言や包括的・継続的ケアマネジメントのための必要情報収集や発信，事業所や職種間のネットワーキングなどがある。

（2）障害者を対象とした障害者総合支援法

　障害者を対象としたケアマネジメントは，2005（平成17）年の障害者自立支援法にはじまる。相談支援事業所でケアマネジメントが開始された。障害者支援におけるケアマネジメントでは，支援者が利用者の生活をマネジメントするととらえられがちであるが，利用者が自ら望んでいる生活の実現のために必要となるケアをマネジメントするという視点が重要となる。

　また，介護保険におけるケアマネジメントとの相違点は，対象となる年齢も幅広いため教育や就労への参加という観点からの支援を必要としている場合があることだ。ケアマネジメントを担当する者の資格要件は高齢者を対象とする介護支援専門員と類似している。しかしながら，研修プログラムが異なり，相談支援専門員には地域差も生じているという課題もある。

　障害領域においてもケアマネジメントが制度化し，位置づけられたことは，利用者の望む生活をマネジメントしていくという観点からは，成果であった。一方で，制度をつくるということは，制度ごとに対象となる人を定めることにもなる。その時に課題となるのが，65歳以上の障害のある人はどちらの制度を利用したらよいのかということである。基本的には65歳以上の障害者は介護保険を優先して利用することとなっている。このことは障害者総合支援法第7条で規定されている。しかし，年齢を理由に提供されるサービスの根拠法が変わるというのは，これまで長年利用していたサービスを使い続けられなくなり，不安も高くなる。この制度については見直しを求める声も多い。

　そこで，少しでもその不安に対応することができるように，2018（平成30）年から「共生型サービス」がはじまった。このサービスの創設によって，介護保険と障害福祉サービスを同一の事業所で一体的に提供することができるようになった。制度によって分断されてしまったこれまでのサービス利用が，継続できるようになったのである。

4　ケアマネジメントの意義と構成要素

（1）ケアマネジメントの意義

　介護保険サービスでは居宅サービス，施設サービス，地域密着型サービスがあり，利用者のアセスメントをもとにニーズに合わせて複数のサービスを組み合わせて利用する。同様に，障害福祉サービスも多様なサービスがあり，利用

者の状況に合わせてサービスを組み合わせて利用することが多い。また，サービス提供事業者には社会福祉法人や医療法人，一般企業，NPO 法人，生活協同組合など多様な主体がある。それゆえに高齢者や障害者，その家族がサービスの情報を自ら収集し，ふさわしいサービスを選択し利用することは難しい。そのためケアマネジャー等が調整役となって制度やサービスについて利用者となる高齢者や障害者，介護者へわかりやすく伝え，必要なサービスの利用の支援を行う。

（2）ケアマネジメントの構成要素

①　利用者

利用者はケアマネジメントの主体である。利用者にはサービスを利用する本人のみならず家族も含まれる。

②　ケアマネジャー

介護保険法では介護支援専門員といわれる。ケアマネジャーは利用者との面談や生活状況のアセスメントを通してニーズを明らかにし，必要な社会資源との調整を行う専門職である。

③　社会資源

社会資源はフォーマルな社会資源とインフォーマルな社会資源に分けて考えることができる。フォーマルな社会資源は，介護保険サービスや障害福祉サービスなどがあげられる。

インフォーマルな社会資源には，家族，友人・知人や住民，ボランティアなどが含まれる。また，インフォーマルな社会資源には公的な制度に基づかない住民による自主的なものなども含まれる。

5　ケアマネジメントの方法

ケアマネジメントのプロセスは7つの流れで考えることができる（図12-1）。①インテーク・契約，②アセスメント，③目標の設定と**ケアプラン**の作成，④ケアプランの実施，⑤利用者およびケアの提供状況に関する評価，⑥再アセスメント，⑦終結である。ここでは事例をもとにインテーク・契約を経て，サービス開始に至るプロセスと用語の説明をする。

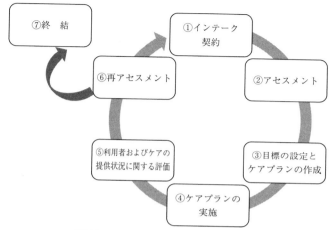

図12-1　ケアマネジメントのプロセス
出所：筆者作成。

（1）インテーク・契約

　インテークとは利用者とソーシャルワーカーが初めて出会う場面である。この段階で大切なことは利用者との間で信頼関係を構築することにある。出会いの場面で信頼関係が築けなければ，その後の支援にソーシャルワーカーが関わることはできない。利用者は自分の生活や人生について相談できる他者としてソーシャルワーカーと関係構築できるよう努める。さらに，利用者が何について課題と感じているのかなど主訴を明らかにする。また，その課題は緊急性があるのかなどスクリーニングを行う。

　介護保険制度を利用したい人が市区町村の窓口や地域包括支援センター，居宅介護支援事業所に相談に行く場合と，ケアマネジャーがアウトリーチ（相談機関や施設で利用者を待っているのではなく，支援者が地域に出かけていくこと）をすることで利用者を発見する場合もある。その他にも，地域で暮らしている高齢者については民生委員や自治会などが詳しい状況を把握していることも多くあり，地域住民が心配して公的機関に相談する場合もある。

　ケアマネジメントが必要な利用者に対して，ケアマネジメントの内容をわかりやすく説明し，利用者がケアマネジメントを受けるかどうかの同意を得て，契約する。介護保険制度で介護保険サービスを利用する際には，契約書と重要事項説明書の説明を経て契約をする。重要事項説明書とは，契約締結について

注意してもらいたいことを説明するものである。ケアマネジャーの事業所の職員や運営に関する事項や利用料金，守秘義務，個人情報の保護などの説明がなされる。ケアマネジャーの事業所との間の契約の他にも介護保険制度でサービスを利用する際には，ヘルパー事業所やデイサービス事業所との各々の事業所との間においても契約が必要となる。

（2）アセスメント

　アセスメントとは利用者の生活に関わる情報を収集し，アセスメントする者の視点で分析することをいう。集めた情報を分析するという点において，ソーシャルワーカーによる解釈が含まれる。利用者に関する情報を収集する際には，その人が今，そしてこれからどのような暮らしをしていきたいのかを知るために，それまでどのように暮らしてきたのかを知る必要がある。そのため，ADL や IADL 等身体的な項目から心理的，社会的側面，さらに高齢者の人生も含め包括的にとらえ，それぞれの関連性とともに分析することが求められる。

　また，アセスメントは利用者自身や利用者のことをよく知っている人からの聞き取りの内容にとどまらない。ソーシャルワーカーの五感を使って見聞きして得られる情報もある。たとえば，自宅は利用者がこれまで何を大切にして暮らしてきたかがつまった場である。庭先の草木がのびたままであれば，身体の状況の変化によって庭木の剪定が難しい，剪定するのを手伝ってくれる身近な人がいないなどの可能性を推測することができる。趣味の絵画や家族の写真が飾ってあった場合には趣味活動や家族との関係性についても垣間見ることができるかもしれない。その人が暮らす自宅に訪問することは言語による情報では得られないことも含め多様な情報を収集することにつながる。

（3）目標の設定とケアプランの作成

　アセスメントに基づいて，課題や目標を検討し，必要とされる支援を記載したケアプランを作成する。ケアプランを作成する目的には，利用者や家族が課題や支援内容についての理解を助けたり，利用者自らがケアプランに基づくサービスを活用しての生活の主体であるという認識を高めたり，利用者支援に関わる専門職が利用者の生活や課題を共有することなどがあげられる。

　目標を設定することは，利用者自身が自らの生活の主役であることを認識することにもつながる。目標には，短期目標，中期目標，長期目標というように

期間を区切った目標が設定される。たとえば，要支援の利用者を対象とした介護予防支援計画では一日の目標や一年の目標を設定する際に，利用者自身が達成状況を評価しやすいように具体的な数値で表すなどの工夫をすることができる。

（4）ケアプランの実施

ケアプランを作成すると，ケアマネジャーは必ず**サービス担当者会議**を開催する。サービス担当者会議とは，利用者や家族，サービス提供事業者，主治医等が一堂に会し，利用者の生活状況や課題，サービス提供にあたっての留意点などを確認し，共有する場である。ケアプランが利用者や家族によって同意が得られ，署名交付された後にサービスの提供が開始される。サービス担当者会議の開催はサービスを開始する際のみならず，利用者の介護度が変更となったり，サービス内容を変更する際にも行われる。

（5）利用者およびケアの提供状況に関する評価

ケアマネジャーは作成したケアプランに基づきサービス提供が適切になされているか評価を行う。これをモニタリングともいう。評価の方法は，利用者宅へ訪問し，利用者との面談による聞き取りやサービス提供事業者より毎月報告されるサービス提供状況を踏まえて行う。

（6）再アセスメント

利用者や介護を担う家族の状況が変化し，支援内容の変更や追加が必要な際には再アセスメントすることにより，新たなケアプランを作成する。

（7）終　結

利用者が高齢者の場合は，子ども世帯と同居するため転居したり，入院や施設入所，死去などにより終結となる。要支援者の予防プランの場合などは再び自立と判定されて終結したり，利用者自身が介護予防サービスを利用しなくなり終結となる場合もある。

事　例

石井さん（84歳・女性）は外出中に自転車で転倒し，右大腿骨転子部を骨折し，

股関節転子部の人工骨頭手術を受けた。その後，回復期リハビリテーション病院へ転院し，リハビリテーションを受けたことによって室内は壁をつたって1人で移動ができるようになった。そこで，市外に住む娘と相談し，要介護認定を受け，介護保険制度による支援を受けることとなった。

　石井さんの要介護認定の結果は要介護1であった。石井さんの娘はある居宅介護支援事業所へ電話でケアマネジャーの依頼をし，担当ケアマネジャーが決まった。ケアマネジャーは石井さんが退院する前に病院で面会し，契約およびアセスメントを行った。石井さんとの面接では，入院以前は近所のスーパーに買い物へ行っていたが，現在は1人で外出することが難しいことや自宅の浴槽は深いため1人で入浴することに不安があることが語られた。その他にも糖尿病と高血圧症の持病があり服薬での治療が継続されている。石井さん自身，以前のように何でも自分でやることは難しいという思いがあり，再び1人で暮らしていけるだろうかという心配があった。石井さんは趣味の水彩画で絵葉書を描き，同窓生との手紙のやりとりを楽しみにしていた。入院中は手紙のやりとりができなかったため退院後に再開できるのを楽しみにしていた。また，主治医の意見書からは一人暮らしのため食事の管理および内服薬の管理や運動療法などの活用も効果的であることがわかった。

　ケアマネジャーはアセスメント結果から，ケアプランを作成し，サービス担当者会議が開催された。出席者は石井さん，娘，デイケアセンターの相談員，ケアマネジャーであった。ケアマネジャーはケアプランに基づき，介護保険サービスの利用により週2回デイケアを利用し，リハビリテーションの継続と入浴支援を受けることを提案した。また，週に1回娘が買い物の支援のため来訪する日に自宅から歩いて100メートルほどのところにある郵便ポストへ一緒に手紙を出しに行くことを短期目標としてはどうかと提案した。サービス担当者会議を経て，石井さんが自宅に戻るのと同時に介護保険サービスの利用が開始となった。

6　ケアマネジメントのモデル

　ケアマネジメントの手法にはいくつかのモデルがある。ここではそのうちの「仲介モデル」「リハビリテーションモデル」「ストレングスモデル」を紹介する。これらのモデルは，ケアマネジメントの広がりと，利用者のニーズに合わせ，登場してきた。どのモデルが良いというものではなくケアマネジメントを必要としている人に合ったモデルを活用している。

（1）仲介モデル

仲介モデルはケアマネジメントにおいて基礎的なモデルとして用いられる。利用者を身体・心理・社会の3側面からアセスメントし，生活ニーズをとらえ，ニーズを充足することを目的に利用者と社会資源とを結びつける。

白澤によれば，このモデルは，地域にある程度の社会資源が整っていることや，利用者が必要とするモニタリングやアドボカシーが最小限である場合に適切なものとなる。利用者が経済的にあまり困窮しておらず，支援を受けようという意思をもち，その他にもさまざまな資源をもち合わせている場合に最もよく機能する。

（2）リハビリテーションモデル

リハビリテーションモデルは仲介モデルと精神科リハビリテーションのアプローチを統合したモデルである。精神障害を抱える利用者と関わり合いながら，本人たちが望む，または必要とするサービスの交渉をし，最小限の専門職の介入で，利用者が選択した環境の中でより満足のいく生活が可能となるように，利用者の技能と支援を開発する過程である。

（3）ストレングスモデル

ストレングスモデルは利用者の病理や欠点といった弱さのみに着目するのではなく，利用者のもつ意欲や希望，生活環境を支える社会資源などの強さ（strength）に焦点を当てて生活支援をするモデルである。ストレングスモデルの特徴の1つにケアマネジメントのさまざまな場面において利用者とケアマネジャーとが対等な立場で同じ目的に向かって共に働く協働関係が強調される。

ケアマネジメントは，利用者が地域や施設等で生活することを支援するための1つの手法である。そのため支援者は前で述べた環境（地域）のストレングスをとらえる視点をもつことが大切となる。

注
(1)　白澤政和編（1992）『介護保険制度とケアマネジメント——創設20年に向けた検証と今後の展望』中央法規出版。
(2)　金子努（2004）『高齢者ケア改革とソーシャルワークⅠ』kumi。

(3) 白澤政和（2018）『ケアマネジメントの本質――生活支援のあるかたと実践方法』中央法規出版。

参考文献

白澤政和編著（2019）『ケアマネジメント論――わかりやすい基礎理論と幅広い事例から学ぶ』ミネルヴァ書房。

濱島淑恵（2021）『子ども介護者――ヤングケアラーの現実と社会の壁』KADOKAWA。

渡部律子（2011）『高齢者援助における相談面接の理論と実際』医歯薬出版。

Anthony, W. A., Forbess, R. & Cohen, M. R. (1993) "Rehabilitation-oriented case management," in Harris, M. & Bergman, H. C. (Eds.), *Case Manegement for Mentally Ill patients*, Harwood Academic, pp. 99-139.

学習課題

① 利用者，ケアマネジャー，社会資源，ケアプラン，サービス担当者会議の5つの用語を使って，ケアマネジメントを説明する文章を記述しよう。

② あなたがケアマネジメントを行う際に留意することを3つ考えよう。また，その理由も利用者利益の観点から考えよう。

キーワード一覧表

☐ **社会資源** 支援を必要としている人が，今あるニーズの解決のために必要なものを指す。インフォーマルサービス（ボランティア，近隣，家族，友人など公的なものではないもの）とフォーマルサービス（制度，機関，組織など公のもの）に分けられる。　　　　194

☐ **ケアプラン** 介護保険では，「介護サービス計画書」いう名称であり，総合支援法では，「福祉サービス利用計画」という。利用者本人や家族の状況，環境などをアセスメントし，利用者一人ひとり個別に適切なサービスを提供するために作成された計画書のこと。　　　　194

☐ **サービス担当者会議** ケアマネジャーが作成したケアプランの内容を各サービスの担当者が集まって検討しあう会議のこと。この会議には，利用者と家族が参加する。　　　　197

ワークシート

① 第5節の石井さんの事例で，石井さんが活用している社会資源についてフォーマルとインフォーマルに分けて書き出してみましょう。

② ケアマネジメントの手法を用いずに利用者の支援をしようとすると，どんなことが起きるでしょうか。

第13章

グループワーク

　本章では，ソーシャルワーカーの技術の中でも，同じ課題を抱える利用者が集まり，悩みを語り，またはさまざまな経験を通して，問題解決に至る集団の力を活用するグループワークについて取り上げる。

　グループでの活動を行うにあたり，どのように利用者を集め，どのような方法で支援を行うのかなどの疑問が浮かぶはずである。ここでは，グループワークの意義や目的，グループワークを行ううえでの構成要素やプログラム内容，どのような流れで支援を行うのかなどについて理解を深める。

1　グループワークの意義と目的

　グループワークは，共通の課題を有する利用者が集まり，自分の経験を複数名の他者のために語り，またはさまざまな経験を通して，相互に共感，共有することで問題解決を図る。そこでのソーシャルワーカーの役割は，司会者や調整役として介入することであり，参加している利用者がお互いに影響し合い，個人としてもグループとしても成長していくことに意義や目的がある。

2　グループワークに必要な要素

　グループワークを展開するためには，4つの要素が必要といわれている。

（1）利用者（メンバー）
　同じ障害や病気で悩んでいる人や高齢者の介護をしている人，いじめ・不登校・ひきこもりの人など，共通の課題を抱えている2人以上の利用者が必要であり，概ね5〜12人程度の利用者のことをメンバーと呼ぶ。

（2）プログラム

　利用者が抱える共通の課題を解決するための手段であり，たとえば，話し合いであれば，課題について共感し，情報を共有し合うことや，運動やスポーツ，ゲームなども含め，楽しむ中から問題解決を導くプログラムが必要である。

（3）ソーシャルワーカー

　どのような目的で，どのような利用者に，どのような期間で，どのようなプログラムで，どのように募集するのか，またどこで開催するのかなどを企画，調整やコーディネートをし，また，実際にプログラムを展開し，利用者の行動や効果などを観察し，記録，評価をする役割を担うのがソーシャルワーカーである。

（4）関係性

　利用者同士の関係性，または利用者とソーシャルワーカーとの関係性のことである。利用者同士がその空間で落ち着いた雰囲気で話し合いなどができるかによって，その支援の効果は異なってくる。よってワーカーは，利用者の関係性が構築できるように支援を行い，問題解決の道筋をつくる必要性があり，利用者同士のまとまり（凝集性）を高め，みんなで問題解決に取り組む，解決していこうとする**われわれ意識**の醸成が大切である。

3　グループワークのプログラム

　利用者の共通の課題を解決するためには，問題解決を導くプログラムが必要となる。ただ利用者の課題や年齢，障害などは異なるため，さまざまな配慮をしながらプログラムの内容を計画していく必要がある。ここでは「話す」「学ぶ」「動く」「楽しむ」という要素からプログラムを概観する。

（1）「話す」プログラム

　利用者の共通するテーマを設定し，体験談などを自由に話してもらったり，数名の利用者から日々の疑問や悩みなどを話してもらったりした後に，グループに分かれ，話し合い，発表してもらうなどのプログラムで，具体的には，自由討議，パネルディスカッションなどである。

（2）「学ぶ」プログラム

学びを深めるためのプログラムで，まず先に福祉・心理・医療などの専門職の話を聞いて質問した後，学びの確認をする。具体的には学習会などである。

（3）「動く」プログラム

体を動かし，共に汗をかき，リフレッシュをしたり，勝利を目指し練習を共に行ったりするプログラムで，具体的には卓球，サッカー，バスケットボール，バドミントン，野球，卓球やダンスなどである。

（4）「楽しむ」プログラム

利用者が同じ空間で小物を作成しながら，雑談をし，何気ない話から，問題の解決を導いたりするプログラムで，具体的には，絵画，手芸，コラージュ，タイル画，編み物，ビーズ制作，木工作品，習字，折り紙，詩や短歌づくりなどの創作活動や，花壇の手入れや農作業などの園芸などである。

上記以外にも，日常生活の困り事についてロールプレイを行い，利用者から意見をもらい，行動を修正していく SST（ソーシャル・スキルズ・トレーニング）などもあり，グループワークには多様なプログラムが存在し，ここに示した内容は一例である。

4 グループワークの支援の流れ

グループワークは，準備期，開始期，作業期，終結期という 4 つの流れで遂行される。ここでは，各段階の特徴などについて触れる。

（1）準備期

準備期とは，ソーシャルワーカーがさまざまな支援をしている中で，このような課題を抱える利用者が多いので，このような目的で，このような内容や方法で，このくらいの期間で，そのために，どんなふうに募集をし，またどのような場所で，どれくらいの人数で行うかなどを企画したりする段階である。

個人が申し込む場合もあれば，他機関からの紹介もある。他機関の紹介の場合は，事前に情報が提供されることもあり，その課題が複雑だったりする場合

は，この準備期の段階で，本人と会って，課題やニーズなどを明らかにしておくことが必要で，このようなことを**予備的接触**という。

　また利用者が概ね確定し，グループで会う前に，支援をするソーシャルワーカーやスタッフが，その利用者がどのような人で，どんなニーズをもっていて，こんな問題が引き起こされるかもしれないと予測したことを，会議で共通認識しておくことなどを**波長合わせ**という。

（2）開始期

　開始期とは，参加の申し込みを行った利用者が，会場に集まり，企画したプログラムを始めるまでの段階のことである。

　利用者は，同じ課題をもつ人たちが集まっており，それぞれが課題やニーズがあり参加している。しかし，そこに集まっている人は，多くの場合は，初めて顔を合わせるメンバーであり，緊張しているのが一般的である。この段階では，まずはメンバーやソーシャルワーカーが自己紹介をしたり，場を和ませたりする**アイスブレーキング**のレクリエーションが大切になる。心の硬さがほぐされ，その和んだ空気が次の活動を行う際に生きてくる。

（3）作業期

　作業期とは，利用者がその目標達成に向けて，プログラムを活用し，活動する段階のことである。前節で「グループワークのプログラム」は示した。

　たとえば，テーマを「利用者の生活の中での生きづらさ」というテーマで話してもらうとする。ソーシャルワーカーはその話をうまく引き出しながら，同じ生きづらさを抱えていたが，現在は解決した人が利用者にいないかを声かけし，その人の解決した方法や体験談などを話してもらう（**体験的知識**）。その結果，他のグループメンバー全員に気づき（**共感性や分かち合い**）などを与えることにつながる。

　このようなグループの助け合う力を生み出すことがグループワークでは大切なことであり，これを**グループダイナミクス**という。このグループダイナミクスをうまく生み出せるかは，介入するソーシャルワーカーのスキルによって変化する。またグループ活動を遂行する中で，自分の考えなどと異なる意見を聞き，葛藤が生まれたり，グループの中に，仲のよい**サブグループ**が形成されたりすることで，本来のグループ活動に支障をきたす場合もあるので，ソーシャ

ルワーカーはグループ全体をみながら，個人にも目を向けておくことが大切である。

（4）終結期

　終結期とは，グループでの活動が終了する段階のことである。

　個人やグループの目標が達成した場合や，予定していた期間が終了した場合，また効果が期待できないなどが，終了する理由としてあげられる。

　グループの活動が開始した段階から，課題は解決されたのか，また同じ問題が起きた際に1人でも解決できるようになったのか，解決できなかった利用者は，どうして解決できなかったのかなどを振り返る作業を個人やグループで行うことが大切である。中にはグループや場所を変え，継続して課題に取り組む参加者もおり，次のワーカーに情報を作成し，提供することも大切である。

5　グループワークの事例

　グループワークの展開過程を，少しでもイメージしやすいように事例を示す。
　たとえば，みなさんが将来，**放課後等デイサービス**で発達の課題を抱える子どもたちの支援を行う施設に勤務したとして，イメージしてみてほしい。

事　例

　母親が夕方に子どもを迎えに来た際に，ソーシャルワーカーは母親に，その日の子どもの活動状況を報告しており，日々の悩みなども聞いていた。多くが母子家庭であり，母親は仕事をしながら子育てをしているということで，イライラしたりすることが多いこと，また，発達の課題を抱えた子への対応で悩んでいるという話が多く聞かれた。

　昨今，地域との関係も希薄化している状況もあり，このままでは，子育てが閉鎖的になり，児童虐待につながる可能性があると感じた。

【準備期】

　ソーシャルワーカーは「発達障害のある子への支援」というテーマで，通所している子どもの母親を対象に，講義と話し合いを週末に実施するというプログラムを企画し，開催のチラシは母親が迎えに来た際に配布することにし，スタッフミーティングで提案し，了承を得て実施することとなった。

【開始期】

　母親同士は普段，送迎の際に挨拶をする程度であったので，まずは自己紹介を兼ねて，「子どもの名前」「最近，子どもと遊びに行った場所」「親が昔やっていたスポーツ（部活）」などについてお題を与えて話をしてもらい，母親同士が共通点を見出し，身近に感じてもらえるような対応をした。

【作業期】

　ソーシャルワーカーが「発達障害のある子への支援」というテーマで講義を行い，講義のあとにいくつかの小グループに分け，学んだことを参考にしながら，参加した母親同士で話し合いをしてもらったところ，「今聞いた話はうちの子にも当てはまる」「こんなふうに対応をすればいいんだね」「うちはこのように対応している」などの話が出され，そこには新しい発見や共感が生まれ，同じような悩みをもって参加していた母親がいるんだ，自分だけが悩んでいたのではなかったのだと感じ，そして自分の経験や語りが，小さなものと感じていたかもしれないが，他者に役立つのだと，自分自身が癒された（ヘルパーセラピー原則）。

【各開催時の終結期】

　参加して気づいたことなどをグループごとに話し合い，最後にグループごとに発表をしてもらった（共感性や分かち合い）。

── 数回同じような会を開催 ──

【終結期】

　ソーシャルワーカーから当初の企画していた期間が終了することを報告。その後グループに分け，そこにはソーシャルワーカーやスタッフが同席し，最初に会に参加した時の気持ちや，今まで参加して気づいたことなどをグループごとに話し合い，最後にグループごとで発表をしてもらった。継続して新しいグループでの会を企画していることを伝え，終了とした。

6　グループワークの原則

　グループワークは4段階で展開されるが，その都度，ソーシャルワーカーが意識しておくべきこととして，コノプカ（G. Konopka）が14の原則でまとめている（表13-1）。

表 13-1　コノプカによるグループワークの原則

原　則	説　明
グループ内での個別化	メンバー各々には独自性があり，一人ひとりがどのように考え，感じ，行動しているかを観察する。
グループの個別化	多種多様な特徴をもったグループがあることを理解し，支援する。
メンバーの受容	メンバー各々の長所・短所を純粋に受け入れる。
ソーシャルワーカーとメンバーの援助関係の構築	ソーシャルワーカーとメンバーとの間に意図的な援助関係を樹立する。
メンバー間の協力関係の促進	メンバー内に良い関係ができるように支援する。
グループ過程の変更	必要に応じて，プログラムなどに変更を加える。
参加の原則	メンバー各々の能力に応じて参加できる活動を考え，メンバー相互の交流が促進されるように促す。
問題解決過程へのメンバー自身の取り組み	メンバーが問題解決の過程に参加することができるように援助する。
葛藤解決の原則	メンバー自身，またはグループ内での葛藤に対して，メンバーが自分たちで解決できるように導く。
経験の原則	多くの新しい経験を与える。
制限の原則	メンバーが自分や他人の生命を脅かしたり，関係を破壊する行動をしないように保護する。
プログラムの活用	メンバーやグループの目的に基づき，ふさわしいプログラムを意図的に用いる。
継続的評価	個人・グループ過程について継続して評価を行う。
ソーシャルワーカーの自己活用	援助者は集団の中で利用者と行動を共にし，ソーシャルワーカー自身が援助の道具として用いる。

出所：筆者作成。

7　セルフヘルプグループ

　ソーシャルワーカーとして利用者の相談に介入し，支援をしても，相談者側によっては，当事者でなくてはわからないという気持ちがあるかもしれない。
　セルフヘルプグループとは，自助グループや当事者組織ともいい，問題をかかえている利用者が，自分の思いや体験を話したり聞いたりする（体験的知識）

ことで悩みや苦しみを分かち合い（共感性と分かち合い），自分らしく生きていく力を得ようという目的（ヘルパーセラピー原理）で集まるグループのことである。

　そうした場合，ソーシャルワーカーは劣っていて，利用者が優れているのかというと，そういうことではない。援助者の役割としては，ソーシャルワーカーと利用者での共感や問題の理解の仕方は異なる。最近ではソーシャルワーカーとピアスタッフという利用者がチームを組んで支援をすることもある。グループワークではソーシャルワーカーが利用者の力を認め，ソーシャルワーカーが会を運営するファシリテーター（促進者）として，運営・支援することが大切である。

8　グループワークの理論モデル

　グループワークは，対象者や歴史的な変化の中で3つの理論モデルが提唱されている。

（1）社会的目標モデル

　この理論を提唱したのは，ニューステッター（W. I. Newstetter），コイル（G. Coyle），コノプカであり，**セツルメント運動**や青少年団体活動で活用された最も古くから存在する伝統的な実践モデルである。集団的な経験を通して，個人の成長と発達を図り，社会的に望ましい状態になるために，各成員が集団を利用するモデルである。

（2）治療モデル

　この理論を提唱したのは，ヴィンター（R. D. Vinter）であり，障害者や犯罪者などの課題を抱える人たちを対象に，矯正や治療を目的としたモデルである。

（3）相互作用モデル

　この理論を提唱したのは，シュワルツ（W. Schwartz）であり，個人と社会は関連をし合って全体を形作っているという相互システムととらえ，利用者が相互に助け合い，個人と社会が主体的に望ましい関係を結べるよう両者間を媒介するモデルである。

9　グループワークの歴史

（1）グループワークの起源──イギリス

　グループワークの起源は，19世紀後半のイギリスにあり，社会福祉分野と社会教育活動のそれぞれの分野に起源がある。

　社会福祉分野ではセツルメント運動で，セツルメントとは，スラム街という貧困地区へ住み込んで，教育や各種のクラブ活動，趣味活動を行うことによって地域の人々が自立し，貧困状態から抜け出せるように援助しようとする活動のことである。このセツルメント運動は，バーネット（S. A. Barnett）夫妻がロンドンのイーストエンド地区にセツルメントハウスの**トインビーホール**を設立したことがはじまりで，その目的は貧民の教育と教養の向上や，社会問題，保健問題と福祉立法に関する一般の人々の関心の高揚などであり，貧民の教育と教養の向上にグループが活用された。このセツルメントがグループワークの起源とされる。

　社会教育活動の分野では**キリスト教青年会**（**YMCA**）の活動が最初といわれており，YMCA は，厳しい労働で疲れ果て，道徳的な退廃の危機に晒されている青少年たちにキリスト教精神に基づいてレクリエーションやクラブ活動の機会を提供することによって充実した余暇を過ごさせるようとしたことが目的である。YMCA はウィリアムス（S. G. Williams）が1844年にロンドンで設立し，1855年には YMCA と同じ趣旨で，**キリスト教女子青年会**（**YWCA**）も設立された。

（2）グループワークの起源──アメリカ

　グループワークはセツルメント運動と YMCA の活動を起源としてイギリスからはじまり，アメリカでもセツルメントや青少年団体運動（YMCA）がグループワークの起源としてあげられる。アメリカのセツルメント運動でいえば，ニューヨーク市ではコイト（S. Coit）が**ネイバーフッド・ギルド**を設立し，シカゴではアダムス（J. Addams）が**ハル・ハウス**を設立した。

　また1929年の世界恐慌以降には，イギリスと同様に青少年を対象として余暇活動の機会の提供と青少年の健全育成を目的に，グループワークはアメリカ全土に広がり，各種グループワークの団体も立ち上がり，専門職の技術構築につ

ながった。

参考文献

大塚達雄・硯川眞旬・黒木保博編著（1986）『グループワーク論──ソーシャルワーク実践のために』ミネルヴァ書房。

大利一雄（2003）『グループワーク──理論とその導き方』勁草書房。

西尾祐吾・末廣貴生子編著（2008）『社会福祉援助技術──保育・介護を学ぶ人々のために』晃洋書房。

野村武夫（1999）『はじめて学ぶグループワーク──援助のあり方とワーカーの役割』ミネルヴァ書房。

保田井進・硯川眞旬・黒木保博編著（1999）『福祉グループワークの理論と実際』ミネルヴァ書房。

学習課題

① 「個人への支援」と「集団への支援」の違いと効果について整理してみよう。
② 開始期でのアイスブレーキングのレクリエーションについて整理してみよう。

キーワード一覧表

☐ **われわれ意識**　参加者が目標や課題の解決に向けて，まとまること。　　203

☐ **SST**　ソーシャル・スキルズ・トレーニングといい，英語表記は Social Skills Training。生活技能訓練や社会生活技能訓練と訳され，認知行動療法に基づいたリハビリテーション技法で，社会の中で暮らしていくために，対人関係を円滑に運ぶための知識や訓練をすることである。　　204

☐ **予備的接触**　グループ活動をする前に，一部の参加者に会っておくこと。　205

☐ **波長合わせ**　グループ活動を開始するにあたり，ソーシャルワーカーがメンバーのグループ参加への不安や緊張などの気持ちを受け止め，調整し準備すること。　　205

☐ **アイスブレーキング**　初対面の人同士が緊張をほぐすことであり，主にレクリエーションなどを行うこと。　　205

☐ **体験的知識**　体験したからこそ，わかる知識のこと。　　205

☐ **共感性や分かち合い**　当事者がその場面を経験し，その場面で感じた感情を，他人が同じような感情を経験することを「共感」といい，当事者がその場面の経験を，他人に共有することを「分かち合い」という。　　205

☐ **グループダイナミクス**　集団力学と訳され，グループの中で他のメンバーの影

響を受けて，行動や意識が変化するということ。　205

☐　**サブグループ**　メインのグループと別に構成されるグループのこと。　205

☐　**放課後等デイサービス**　発達の課題のある小学生・中学生・高校生が学校の授業終了後や長期休暇中に通うことのできる施設のこと。　206

☐　**ヘルパーセラピー原則**　援助する人が，最も援助を受けるということ。　207

☐　**セルフヘルプグループ**　自助グループや当事者組織ともいい，共通の問題をもつ当事者で支え合うグループのこと。　208

☐　**セツルメント運動**　貧しい人たちが住むスラムなどにボランティアが居住し，日常生活を通じて住民に働きかけ，その生活の改善を図る社会活動のこと。　209

☐　**トインビーホール**　1884年にロンドンのスラム街に世界で最初に設立されたセツルメントのこと。設立したのはバーネット夫妻。　210

☐　**キリスト教青年会（YMCA）**　Young Men's Christian Association の略。1844年，キリスト教主義に立ち，教育・スポーツ・福祉・文化などの分野の活動を通して，青少年の成長を促す活動をしているロンドンで誕生した団体のこと。　210

☐　**キリスト教女子青年会（YWCA）**　Young Women's Christian Association の略。1855年，キリスト教を基盤に，世界中の女性が社会参画を進め，人権や健康や環境が守られる平和な世界を実現する団体のこと。　210

☐　**ネイバーフッド・ギルド**　1886年にニューヨークのスラム街にアメリカで最初に設立されたセツルメントのこと。設立したのはコイト。　210

☐　**ハル・ハウス**　1889年にシカゴのスラム街に設立されたセツルメントのこと。設立したのはアダムス。　210

ワークシート

　グループワークの支援の流れについては，準備期，開始期，作業期，終結期という4つの流れで展開されることを学びました。ここでは，あなたが自分自身でグループワークの企画を行い，開催までに必要な準備を構想してください。

① どのような施設で，どのような利用者にグループワークを企画するのかを記載しましょう。

② なぜ，その利用者について，企画しようと思ったのかを記載しましょう。

③ どのように参加者を募るか，方法を記載しましょう。

④ どれくらいの人数を対象にするか，記載しましょう。

⑤ どれくらいの期間で，どこで行うのかを記載しましょう。

⑥ どのようなプログラムで行うのか，内容を記載しましょう。

　最後に，グループでどんな内容になったかをシェアしましょう。

第14章

コミュティワーク

　本章では，コミュニティワークについて概説する。第1節ではコミュニティ
ワークにおける基本的な考え方を示すとともに，その理論的成立過程を整理す
る。コミュニティワークにおいては常に「住民参加」がキーワードとなってお
り，ソーシャルワーカーが導くのではなく，いかにしてコミュニティを構成す
るメンバーを「主役」にするために側面的に関わるかが求められている。これ
を踏まえ，第2節では，コミュニティワークの展開過程について整理する。そ
して，第3節ではコミュニティワークも含めた統合化された支援方法としての
地域を基盤としたソーシャルワーク（community based social work）が求められ
る背景についてまとめる。

1　コミュニティワークの意義

（1）コミュニティワークとは

　コミュニティワークとは，コミュニティという人々が集う「場」（≒共同体）
に何らかの変化をもたらすために用いられる支援方法であり，「地域住民の生
活上の諸問題を改善・解決していくために，地域住民や地域の諸組織・団体が
協働して組織的・計画的に活動していけるよう支援していく方法・技術」[1]など
と定義される。日本語訳として「地域支援技術」と示されることもある。[2]

　コミュニティワークでは，「ここ（≒コミュニティ）」に住む人たち（≒住民）
が自分たちらしく生きていこうとするうえで生じうるさまざまな課題（≒地域
課題）を，皆で一緒に克服する過程を創出するために側面的に支援する。キー
ワードとなるのが「**住民参加**」である。地域課題自体の克服が重要でないとは
いわないが，住民が主役となるプロセスの創出を重視する点がコミュニティ
ワークの特徴といえる。このプロセスにおいて，ソーシャルワーカーはいわば

脇役を積極的に引き受けることになる。

　ソーシャルワーカーの役割は地域課題を決めつけることではないし，地域課題を1人で解決することでもない。「ここ」に住む人たちがそれぞれに人生の主役になるための舞台（≒「場」）を整えるにあたり何が必要なのかを一緒に考え，人と人とがつながろうとする意志を支持する。時には人と人とがつながることができるように手を貸し，人とモノ（サービスなど）とを結びつけることで，皆がそれぞれの人生の主役であり続けられる舞台を整える。コミュニティワークのプロセスは住民との協働，さまざまな社会資源との連携の過程であり，コミュニティ内の「つながり」の形成過程とリンクすることになる。

　「つながり」の形成というコミュニティワークに期待される成果は，コミュニティにとって財産となるものであり，これをコミュニティの「豊かさ」と表現してもよいだろう。私たちが日常生活を営む「場」（＝コミュニティ）には，さまざまな人が暮らしている。病気の人もそうでない人も，子どもも高齢者も，外国にルーツをもつ人もいる。そうした人たちが自分らしさを誰からも否定されることなく安心して暮らすためには，違いがあることをお互いに尊ぶ寛容さが必要になる。この場合，「つながり」の量的な問題だけではなく，「つながり」の質も問われるだろう。つまり，一つひとつの「つながり」が「お互いに影響を及ぼし合う（相互作用）」ものであり，その相互作用が互いを傷つけないものであることが問われる。こうした「つながり」によって担保された「豊かさ」はソーシャルキャピタル（社会関係資本）と呼ばれることがある。

　コミュニティワークは「場」に豊かさをもたらすことを目指す働きかけといえる。コミュニティワークの特徴としては，①「主体としての住民」を重視する，②プロセスを重視する，③「場」の創出に力点が置かれる，④人と人，人とモノを「つなぐ」技術が求められる，⑤「一緒に（協働性）」を重視する，といった点があげられる。

（2）コミュニティワークの歴史

　コミュニティワークの歴史的経緯を振り返ると，その源流として慈善組織協会（Charity Organization Society：COS）やセツルメント運動，キリスト教青年会（YMCA）やキリスト教女子青年会（YWCA）等の青少年団体等の活動があげられる。COSにおける地域の多様な慈善団体間の調整活動やセツルメント運動におけるソーシャル・アクションのための諸活動が，地域を対象とした支

援方法を生み出すことにやがてつながった。また，YMCA や YWCA の活動
も，各国のさまざまな地域に根付き，青少年自身を主体としながら，当該地域
の変化を促す活動（差別撤廃運動，社会教育事業等）が展開された。産業革命後
のイギリスにおいて生起した労働運動（賃金労働者層が雇用者に対して雇用条件の
改善，地位の向上などを求めた社会運動）などもコミュニティワークの系譜に連な
るといわれる。

　日本では，戦後のアメリカ軍占領下における社会福祉協議会の結成とともに
コミュニティオーガニゼーション理論が導入された。コミュニティオーガニ
ゼーション（地域組織化活動）は，1910年代に入ると諸機関の連絡調整，地域社
会の問題把握のための調査，共同募金運動の促進のための広報活動などが支援
技術として認識されるようになり，コミュニティオーガニゼーションという呼
称が与えられることとなった。アメリカでは1929年「暗黒の木曜日」を皮切り
に訪れた世界大恐慌を契機に新たな社会保障システムの再構築，コミュニティ
再生が急務の課題となる。コミュニティオーガニゼーションの理論的確立がさ
らに求められるようになり，1939年全米社会事業会議（National Conference of
Social Work：NCSW）にてレイン委員会報告（レイン報告）が示された。レイン
報告はコミュニティオーガニゼーションの理論を初めて体系的に整理したこと
で知られる。統計調査を用いたニード測定や住民参加の手法を整理し，専門職
が用いる方法論としてコミュニティオーガニゼーションを位置づけようと試み
た。以降も，ニューステッター（W. I. Newstetter）による「インターグループ
ワーク説」，ロス（M. G. Ross）の「統合化説（組織化説）」などといった形で理
論的な整理がなされてきた（詳細は表14-1参照）。

　ただし，現在，日本ではコミュニティオーガニゼーションよりも，イギリス
で用いられてきたコミュニティワークの使用頻度の方が高い。その背景として，
社会福祉の課題が救貧対策からサービス供給体制構築にシフトしたことと関係
しており，このシフトチェンジにいち早く対応したイギリスの影響を日本が受
けたからだと考えられている。日本は，1970年代に高度経済成長期から一転し
た緊縮財政の影響を受け，1980年代に「福祉見直し論」「日本型福祉社会」に
象徴される福祉国家再編期を迎えた。こうした流れの中で1990年代に社会福祉
基礎構造改革が進められ，その1つの柱が「地域福祉の推進」である。コミュ
ニティワークはこの「地域福祉の推進」を支える中核的な実践方法といえる。

表 14-1　コミュニティオーガニゼーション理論の概要

1930年代以降	ニード・資源調整説	レイン報告にて提唱された考え方。「ニーズと資源の調整」をコミュニティオーガニゼーションの主な機能とし，地域のニーズを発見し，ニーズと社会資源を絶えず効果的に調整する活動としてコミュニティオーガニゼーションを定義した。
1940年代以降	インターグループワーク説	1947年の NCSW においてニューステッターが提唱。地域社会はさまざまなグループ間，およびグループと地域社会の相互作用により発展するとし，地域社会に存在するグループ（組織，ボランティア団体等）が目標に向けて協働するプロセスを重視した。
1950年代以降	統合化説（組織化説）	ロスが著書『コミュニティオーガニゼーション——理論と実際』にて提唱した考え方。コミュニティオーガニゼーションのあらゆる過程における住民参加・住民間の連帯を強調し，民主的な手続きを重視した。

出所：筆者作成。

2　コミュニティワークの展開

（1）コミュニティワークがはじめられるきっかけ

　次に，コミュニティワークの展開過程について整理する。まず，コミュニティワークが展開されるにあたっては，コミュニティワークを必要とする「誰か」が存在する。その「誰か」は，住み慣れた場所で自分らしく生きることを阻害されていると感じているかもしれない。あるいは，阻害されている「自分ではない別の誰か」を知っているのかもしれない。それゆえに，コミュニティに何らかの変化を望んでいる。このような動機をもつ人が存在することで，つまり，コミュニティワークを望む者がいることが，コミュニティワークが開始されるきっかけとなる。

　具体的に誰がコミュニティワークを望みうるのかといえば，さまざまな可能性がある。住民と呼ばれる人々はもちろん，当該地域を拠点とする組織，専門職，非専門職など枚挙にいとまがない。そうした人々がソーシャルワーカーと接点をもつことで，コミュニティワークは実践される。あるいは，日々の実践の中で，さまざまな人々と出会い，ソーシャルワーカー自身が変化を望む「主体」になることもありうるだろう。したがって，ソーシャルワーカーにとって「人と出会う機会」を多く創出することが実践上の強みとなる。ゆえに，インテーク（相談に来てもらうのを待つ）型だけでなく，**アウトリーチ**（自ら出向く）

型の実践形態も求められる。

　こうした変化を望むものがあらわれた後，動機づけられた「仲間」をつくっていく。初期段階に動機づけられた「仲間」は後に地域課題に取り組む際の中心的なメンバーになることも多い。コミュニティワークはこうした動機づけられた「仲間」とともに開始される。

（2）コミュニティワークの展開過程

　コミュニティワークの展開過程としては「地域アセスメント」「地域課題の発見・認識」「実施計画」「計画の実施（組織化，社会資源の開発）とモニタリング」「組織化」「社会資源の開発」「評価と実施計画の更新」に分けて説明される（図14-1）。

　①　地域アセスメント

　地域アセスメントとは，コミュニティワークの対象となる地域に関する情報を集め，それらの情報をもとに当該地域の特性を理解する一連のプロセスのことをいう。従来，ソーシャルワークにおけるアセスメントは，ソーシャルワーカーが専門的知識や技術，能力を活用して行うものと考えられてきた。しかし，現代ソーシャルワークにおいて，アセスメントは支援対象とともに行う協働作業と位置づけられている。地域アセスメントもまた，当該地域に関わる人や機関などとコミュニケーションをとりながら，ともに理解を深める一連のプロセスとしてとらえる必要があるだろう。対象となる地域を全体的・包括的に理解するためには，表14-2にあげるような視点から情報収集し，分析する必要があるだろう。

　②　地域課題の発見・認識

　地域アセスメントによる当該地域を理解する過程を経て，またはその過程の中で，当該地域が抱える課題（ニーズ）に焦点を当てていく。その際には，地域課題の範囲（ニーズを抱える人がどのくらいいるのか，どの地区にいるのか等），地域課題が住民に与える影響（具体的にどのような影響を与えているのか，どのくらい継続しているのか，直接的および間接的影響はあるのか等），優先順位（緊急性があるのか等）の観点での検討も必要となる。

　これらの視点に立ちつつ，やはり，当該地域を拠点とする人々との協働作業によって地域課題も発見されるものであり，皆で認識を形成するプロセスが重要となる。ソーシャルワーカー側の視点に立てば，住民と一緒に地域課題につ

組織化の手法を用いながら行う。

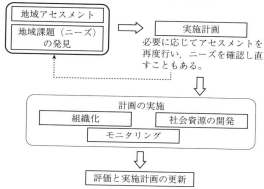

図 14-1　コミュニティワークの展開過程
出所：筆者作成。

表 14-2　地域アセスメントの視点

地域の歴史や文化	物理的な地域構造	産業構造
歴史的背景，伝統文化の存在，等	地理や地形，地区割，等	農業地域，工業地域，商業地域，等
住宅状況	交流の場	住民構成
一軒家が多い地区，集合住宅が多い地区，等	コミュニティセンター，公園，広場，等	人口規模，転出入の傾向，年齢構成，等
社会資源	ネットワーク構造	権力構造
住民組織・団体，NPO，サービス提供機関・施設，等	住民間のコミュニケーション，組織間のつながり，等	発言権の強い者（組織）・弱い者（組織），有力者，等

出所：筆者作成。

いて検討するだけでなく，住民同士が地域課題について検討することができるように環境を整えることが必要になるだろう。住民以外にも当該地域を拠点とする人々とは，専門職や行政機関，ボランティア，NPO 法人などさまざまである。そうした人々とのネットワーク（つながり）を形成し，自ら地域課題が発生している現場に確かめに行くこと（地域踏査）も必要になるだろう。

③　実施計画

　情報を集め，地域特性を理解し，地域課題を抽出したうえで，その地域課題をどこまで克服するのか，どのように克服すればよいのかを実施計画に落とし込み，文書やデータ等の形で見える化（可視化）する。見える化（可視化）をす

る理由は，共に地域課題に取り組む人々，当該地域に関わる人々と共有するためである。

　なお，実施計画には最低限，「目標」と「（目標を達成するための）方法」が含まれる必要がある。それ以外の項目については計画の内容によって検討することになるだろう。たとえば，サロン活動を計画するのであれば，「方法」の中に，参加主体や活動場所，活動を展開する場の環境（座る位置，物の配置等）についても含めることもあるかもしれない。計画内容に合わせて，実施計画に含める項目を検討し，見える化（可視化）を進めていくことになる。

　④　計画の実施（組織化，社会資源の開発）とモニタリング

　計画を立てた後，その計画を実行する段階に入る。具体的には，「（地域）組織化」と「社会資源の開発」を行う。組織化とは，人々の長所と短所を活かし，地域課題の解決という目的のために「互いに影響を及ぼし合うまとまり（≒システム）」になるように「つなぐ」ことである。組織化の対象となるのは住民，専門機関・施設，ボランティア団体，など当該地域を拠点とする人々や団体などである。なお，計画の実施段階においてのみ組織化を使うわけではなく，①地域アセスメント，②地域課題の発見・認識，③実施計画においても必要に応じて組織化の手法を用いることになる。

　また，既存の人的・物的資源だけでは地域課題への対応が難しい場合も少なくない。地域課題の解決にむけた新たな社会資源を開発することも求められる。はじめから「完成した」資源を目指すのではなく，実験的に始めるつもりで住民や当該地域に関係する人々・組織と「ともに創る」という姿勢が求められる。

　そして，計画の実施段階では，あわせてモニタリング≒観察を行う。計画の進捗状況を確認し，参加する人々や組織がどのように活動しているのか，何を感じているのかをとらえ，計画の実現の阻害要因がないか注意深く観察する。

　⑤　評価と実施計画の更新

　モニタリングにより得られた情報を根拠として，実施計画の評価を行い，必要に応じて再計画を行う。評価にあたっては，地域アセスメント～地域課題の把握～実施計画～計画の実施～モニタリングまでのプロセスを振り返る作業となることから，記憶にだけ頼るのではなく，記録などの資料をもとに行うことができるとよい。この評価および実施計画の更新においても，ソーシャルワーカーが単独で行うのではなく，関係する人々とともに行うことを意識する必要があるだろう。

3　地域を基盤としたソーシャルワーク
（コミュニティソーシャルワーク）へ

　日本では社会福祉基礎構造改革以降,「地域」という「場」から福祉が再定義されてきた。「高齢者」「障害者」「子ども」等といったその人が属する「枠組み（属性）」を基準とすると,どの「枠組み」にも属さない人たちを社会福祉の対象とすることができなくなるおそれがある。虐待,ひきこもり,自殺等といった社会問題は,さまざまな「枠組み」が交差し,複雑に影響を及ぼし合う。たとえば,自殺予防という生きづらさに関わる問題は「年齢（「高齢者」「子ども」等）」という「枠組み」だけでは対応できず,「就労」「家族」「教育」「貧困」などといった重なり合った複数の「枠組み」を視野に入れた対応が求められる。つまり,生きづらさを「枠組み」によって分別するのではなく,「人を丸ごと（全人的：a whole person）」を視野に入れる必要がある。多義性や多様性を扱うがゆえに,それらを担保しうる「場」の機能が着目されることとなった。

　他方,牧里毎治は,地域福祉の推進が求められる現代において,「方法の統合化」を課題としてあげ,伝統的なケースワーク,グループワーク,コミュニティワークの統合化ばかりでなく,プランニング,リサーチアドミニストレーションなどの技術を含めた一元的な方法の開発が求められている,と指摘していた。つまり,「場」を基盤とした支援は,コミュニティワークだけができればよいというものではない。たとえば,コミュニティワークにおいては,「住民参加」が欠かせないが,住民の中には声をあげることが難しい人や,参加しづらさを抱える人たちも少なくない。その際には面接技術が大いに役立てられるだろう。あるいは,住民の組織化を行う際に,まずは複数の人々の交流を促進するためにグループワークを用いることもある。つまり,地域という「場」を基盤にするということは,「場」を創る方法論だけが求められるのではなく,コミュニティワークを含めた支援技法を統合的に用いる必要がある。

　このような統合化された支援技法の総体としての地域を基盤としたソーシャルワーク（community based social work）は**コミュニティソーシャルワーク**と呼ばれる。「住み慣れた場所で暮らしたい」「安心できる居場所がほしい」という欲求は人間が有する基本的な欲求である。それらを満たし,誰もが取り残されない共同体（コミュニティ）の創出という,**社会的包摂**（social inclusion：ソー

シャルインクルージョン）の実現に寄与するという意思が，ソーシャルワークに新しい概念を付与することとなった。

注

(1)　副田あけみ（2002）「地域支援技術（コミュニティワーク）——地域の力を活かす」平岡公一・平野隆之・副田あけみ編『社会福祉キーワード（補訂版）』有斐閣，198頁。

(2)　渡辺武男は各種用語辞典などの定義を時系列に分析し，コミュニティワークの日本語訳は当初，「地域社会活動」「地域福祉活動」であったが，1989年以降は「地域支援技術」に定着してきたと整理している。渡辺武男（2002）「コミュニティワークの概念と性格」松永俊文・野上文夫・渡辺武男編著『新版　現代コミュニティワーク論』中央法規出版，74〜75頁。

(3)　酒井美和（2021）「ソーシャルワークの歴史」小口将典・木村淳也編著『ソーシャルワーク論——理論と方補の基礎』ミネルヴァ書房，49頁。

(4)　副田あけみ（2002）「社会福祉支援技術（ソーシャルワーク）——ミクロからマクロまで」平岡公一・平野隆之・副田あけみ編『社会福祉キーワード（補訂版）』有斐閣，184〜185頁。

(5)　柴田謙治（2002）「コミュニティワークの歴史的展開」松永俊文・野上文夫・渡辺武男編著『新版　現代コミュニティワーク論』中央法規出版，87頁。

(6)　星野政明（2003）「コミュニティワーク」京極高宣監修『現代福祉学レキシコン（第2版）』雄山閣出版，517頁。

(7)　牧里毎治（1983）「研究の課題と展望——地域福祉研究を中心に」三浦文夫・忍博次編『講座社会福祉　第8巻　高齢化社会と社会福祉』有斐閣，355〜367頁（＝2011，岩田正美監修『リーディングス日本の社会福祉　第6巻　地域福祉』27〜39頁。）

参考文献

三本松政之（2017）「概説　福祉とコミュニティ」伊藤守ほか編『コミュニティ事典』春風社。

杉本敏夫・斉藤千鶴編著（2000）『コミュニティワーク入門』中央法規出版。

学習課題
① あなたの住む地域には，どのような地域特性があるでしょうか。第2節で示した
　表14-2を参考にしながら，まずは自分で調べてみましょう。
② ①で調べてみたことについて，他の人たちはどのようにとらえているでしょうか。
「自分の意見」「他者の意見」を比較・検討しながら，共通した意見，異なる意見，
それぞれが生じる背景について検討してみましょう。

キーワード一覧表

☐　コミュニティワーク　地域支援技術のこと。　　214

☐　住民参加　コミュニティワークの基本的視座。当該コミュニティに住む人たち
　　の能動的な参加を促すことがコミュニティワークでは求められる。　　214

☐　ソーシャルキャピタル　社会関係資本などと訳される。共同体における関係性
　　を重要視した考え方。　　215

☐　COS　慈善組織協会（Charity Organization Society）の略称。1869年ロンド
　　ン慈善組織協会の設立後，イギリス各地にて COS が設立され，やがてアメ
　　リカにも波及した。各慈善組織間の連携を促進するとともに，友愛訪問と呼
　　ばれる個別支援も展開された。　　215

☐　セツルメント運動　知識や財産をもつ人たちがスラム街に移り住み，社会的に
　　弱い立場にある人たち，生活に困窮している人たちやその家族と生活を共に
　　しながら，人間的な接触を通じて地域の社会福祉の向上を図ろうとする一連
　　の事業をいう。　　215

☐　アウトリーチ　「out（外に）reach（手を伸ばす）」とは，支援を必要としてい
　　る人（クライエント）が相談に来ることを待つのではなく，支援者が自ら出
　　向き，「困っている」という声を聴く支援スタイルのことをいう。　　217

☐　コミュニティソーシャルワーク　1982年にイギリスのバークレイ報告（Social
　　Workers : Their roles and Tasks）において，多数派報告の中で強調された
　　（全会一致の見解ではなかった）。地域性または共通の関心ごとに基盤を置き，
　　カウンセリング（≒ケースワーク）と社会的ケア計画を統合したソーシャル
　　ワーク実践を表す概念として登場した。　　221

☐　社会的包摂（ソーシャルインクルージョン）　社会的排除（social exclusion）
　　の対義語であり，社会的に弱い立場にある人々の権利擁護に努めつつ，誰一
　　人取り残されない社会を目指す姿勢を示した概念である。　　221

ワークシート

　次の事例を読み，下線部分が「コミュニティワーク」として適切でない理由について検討してみましょう。

　郊外にあるA市B地区は，一軒家が立ち並ぶ住宅地で，長くそこに住む人たちが多い地域だったが，都市部へのアクセスがよいことからここ5年ほどの間に集合住宅（マンションやアパート）も増え，若い世代や子育て世帯の流入がみられている。

　子育て世帯が増えたことによる待機児童数の増加に伴い，保育所の数が不十分となると予想されたことから新たに保育所を建設することになったのだが，一部の住民による保育所建設に対する反対運動がおこった。A市の保育施策を管轄する担当者は，反対しているのは長くからこの地域に住んでいる住民であり，高齢化も進んでいることから，保育需要の高まりについて理解が得られていないのだと考えた。そこで，住民に対する説明会を開催した。

　説明会では，行政の担当者からA市B地区の住民構成の変化や近年の保育需要の高まりについて説明を行ったが，住民からは「何も聞いていなかった」「なぜここじゃなければならないのか，他のところでもよいではないか」等といった意見が出された。担当者は保育所を必要としている人がいることを繰り返し説明したが，説明会に参加した住民たちは行政担当者に対する批判を繰り返した。説明会は平行線のまま終了することとなった。

第15章

スーパービジョンとコンサルテーション

本章ではソーシャルワーカーの自己研鑽の重要な機会として，自らの取り組みを第三者の視点を借りて問い直す**スーパービジョン**という営みの目的や意義について述べていく。スーパービジョンの取り組みを知ることによって，ソーシャルワーカーの実践がどのような意図でどのように行われているのかをより深く理解することができるだろう。また，他の職種間でも行われるコンサルテーションとの違いを通してソーシャルワーカーに必要な要素や，心構えについて考えていきたい。

1　スーパービジョンの意義と目的

（1）スーパービジョンの概要──一般的な意味でのスーパービジョン

スーパービジョン（supervision）とは，ラテン語で super（上位の・超越した）という意味の言葉と vision（先見性，洞察力，見通す力，想像力，展望）という意味の言葉を合わせた言葉である。スーパービジョンはソーシャルワーカーだけでなく，心理，教育，医療等，対人職やその周辺領域で用いられる他，スーパービジョンにおいてはスーパービジョンを実施する側の呼称である**スーパーバイザー**は民間企業の役職としても存在する。

求人検索サイトで「スーパーバイザー」というキーワードで検索すると，チェーン展開をしている小売業や飲食業において複数店舗の統括をする仕事や，コールセンターのオペレーターの指導役等，管理的立場の人を指導する役割を指していることが多い。アニメーション制作の現場でも理想の完成形のイメージをアニメ制作のディレクターと共に共有し，作者や各部署をつなぐスーパーバイザーという役職が置かれることがある。

これらのことから，一般的な意味での「スーパービジョン」は，「自らの取

り組みを多様な視点から見渡し，今までの取り組みを見直していく営み」と言い換えるとわかりやすいかもしれない。スーパービジョンを実施する側を「スーパーバイザー」，受ける側を「スーパーバイジー」という。

　このようにスーパービジョンという言葉の用法は，人を導く立場にいる者をさらに広い視野をもって導くという役割においては各分野で共通している。ただ，職種や場面によって，理念や実施の仕方の解釈のズレがあり，明確な定義が定まっていないともいえる。

（2）対人援助職（セラピスト）におけるスーパービジョン

　一説によると，スーパービジョンの起源は，オーストリアの心理学者・精神科医フロイト（S. Freud）による精神分析理論を個別に指導を行ったことが原点とされ，フロイトの考えを一方的に伝達する要素が強かった部分を，上下関係に縛られずに相互のやりとりを行うものとして発展したといわれており，臨床心理士をはじめとしたカウンセラー，介護支援専門員や障害児者の相談支援専門員等の相談援助職のみならず，介護福祉士や保育士等の直接支援の仕事でも取り組まれている。また，保健師・看護師・作業療法士・理学療法士等の医療職でもスーパービジョンに関する研修会が開催されている。

　対人援助職は，何らかの悩みや課題がある生きた人間と向き合う仕事である。そのため，本人の心理的社会的状況は刻々と変化し，考慮すべき要素も常に変化が伴う。正解といえるものがない中で，目の前のクライエントにとっての「最善」を考え，支援のあり方を考え続けることが求められる。そんな中，考えが煮詰まり，どうしてよいかわからないこともあるだろう。そんな時に有力な方法の1つとして近年，「スーパービジョン」が幅広い業界で広がりを見せている。

（3）ソーシャルワークにおけるスーパービジョン

　ソーシャルワークにおいてのスーパービジョンの原型は，1800年代後半のイギリスやアメリカで行われたソーシャルワークの原点である COS（慈善組織協会）の活動に端を発するといわれている。経験・実践の積み重ねが人から人へ職人芸のように伝承されてきたケースワークは，精神分析家が行っていたスーパービジョンに影響を受け，全人的な人間性を育成することを意図して取り組まれていたが，そうした方向性を受け入れられなかったスーパーバイジーが存

在したことや，効率性を重視する当時の社会的風潮もあり，次第に個別のケースを中心に扱い，利用者へのサービスの質の担保を目的に，管理的機能が重視されるようになってきた。

　アメリカにおいて福祉の現場経験を経て，後にスーパービジョン論の原点をつくったといわれるスーパービジョン研究者のカデューシン（A. Kadushin）は「スーパーバイザーはワーカーのモチベーションを維持し，業務上の支障について支援し，スーパーバイジーに専門職としての自己肯定感と帰属意識，業務遂行に関する安心感を与えるという責任を持つ」とし，さらに「スーパービジョンは，スーパーバイジーにとって情緒的・心理的苦痛を排除し，拒否的になることを防ぎ，距離を置きすぎたり，強迫的になることを防ぐための方法や戦略となりうる」と述べ，ソーシャルワーカーが自らの限界を感じ，その無力感からバーンアウトするのを防ぐために，スーパーバイジーが自信をもてるように支えていく「支持的機能」の重要性について言及した。

　スーパービジョンは，熟練者から発展途上者への教育的過程でありながら，厳しい指示・指導を行うのではなく，1人の実践者であるスーパーバイジーの仕事上で起こる不安に寄り添い，支える機能を強調する。スーパービジョンはソーシャルワーカーのスキルアップのための教育手法であるだけにとどまらず，悩み，葛藤し，**燃え尽き症候群**（バーンアウト）に陥りそうになる状況にも希望を見出し，仕事を継続していくという意義がある。

　実践者のクライエントへの支援の質を担保し，ソーシャルワーカーとしての専門性を高めるために，実践者であるスーパーバイジーとスーパーバイザーが相互に協力し合っていく過程として，「教えを与えるもの」「教えを受ける者」という関係が固定されるものではなく，共に考え，協力し，学び合う関係を築いていく学びのパートナーであるという観点を重視する考え方もある。

　スーパービジョンは，ソーシャルワーカーが円滑に業務を遂行し，組織が適切に機能するための「管理的機能」からはじまり，組織の責任としてクライエントへのサービスの質を担保するという意図から「教育的機能」が加えられ，そしてバーンアウトを防ぐ「支持的機能」が付加されたといわれている。

2　スーパービジョンの3つの機能とパラレルプロセス

　ソーシャルワークにおけるスーパービジョンは歴史的変遷と社会的背景によ

り，さまざまな考え方・方法があるが，現在は「**管理的機能**」「**教育的機能**」「**支持的機能**」の3つに分類することが主流である。

（1）管理的機能

　スーパーバイザーが，スーパーバイジーの所属組織の理念や運営方針を踏まえたうえで，クライエントの支援の質を担保するために，組織の一員としても自らの役割を適切に理解し，より良く円滑に仕事に取り組めるよう促す役割を「管理的機能」といい，具体的には以下のような内容を指す。

---

① 　スーパーバイジーの所属機関の法的根拠や関係する法令・諸規則を十分に理解したうえで，連携する関係機関に関する法制度や規則との違いや関係性，連携にあたってのルールや心構えなどを理解できているかの確認。

② 　所属機関が自身の担当しているクライエントに対してだけでなく，クライエントの関係者，もしくは存在する地域からどのような役割を期待され，何をなすべきなのかを理解したうえで，自らの役割を考え，その役割を果たしていけるための行動について検討。

③ 　所属機関の業務の枠組みや実施している福祉サービス等の具体的内容と活用の仕方，そのサービスで可能なこととその限界についての検討。

④ 　機関内，機関外同一組織（法人），機関外別組織（法人）それぞれでの同一職種，多職種での連携のあり方や役割分担の決定プロセスの理解ができているかの確認。

⑤ 　自らの仕事の質・量を振り返りつつ，機関の根拠とする法制度やリソースを踏まえ，業務の優先順位やウェイトの置き方の確認作業。

⑥ 　自らの限界に応じた業務の組み立ての再検討。

⑦ 　クライエントにとってサービスのあり方が適切に遂行されているか，制度的・組織的問題点がないかの検証。

　支援には終わりがなく，取り組めることは無数に存在する。しかし，組織で取り組めることには，法律・制度的な制約があり，限られた人員と時間の中で，クライエントに対する公平性も考慮しながらよりよい支援を追求する必要が出てくる。自らの能力だけでなく，組織の限界，ソーシャルワーカーとしての限界についても自己覚知し，制約された環境下でのベストな方法を模索していく必要がある。また，スーパービジョンを通して，組織が抱える課題や問題点が

浮き彫りになることもある。そうした際には組織体制やルールを見直す必要が生じる場合もあるだろう。コンプライアンスを守ることや既存の組織体制・ルールから著しく逸脱しないように管理する側面がある一方で，組織内での自らの取り組みを振り返り，組織を変革していくこともスーパービジョンが目指す方向性であるといえ，ソーシャルワークの過程と同様の側面があるだろう。

（2）教育的機能

　ソーシャルワーカー養成教育や研修会等での学びを実践に落とし込み，体感的理解につながる機会を作ることである。具体的には以下のようなことである。

---

① 　今関わっているクライエントだけでなく，業務上関わっていくであろうさまざまな人々と向き合うための「倫理観」「人権意識」「障害観」「人間観」等の価値や倫理に関することの確認と振り返り。
② 　クライエントにとっての支援の質を担保しつつ，組織の論理やスーパーバイジー自身の心身の余力を踏まえ，パフォーマンスとモチベーション双方を失わずに業務を遂行するためのあり方を身につける機会。
③ 　ケース記録のとり方やケース会議の段取り，ソーシャルワークで活用するであろう，地域の社会資源について確認する機会。
④ 　アセスメント・面談・面接等を通して，クライエントのニーズの把握方法，支援の方針の決め方，ソーシャルワークの展開方法等の確認をし，他に手段や方法がないかの検討。

　ソーシャルワーカーが1人のみの事業所も少なくない。また，複数ソーシャルワーカーがいる事業所でも，クライエント1人に対して1人のソーシャルワーカーが担当するケースが大半である。同じ職場であってもソーシャルワーカー同士で自分が担当しているケースについて話し合う機会があるとは限らず，クライエントやその家族，関係機関への対応や言葉がけ，示した選択肢が本当に適切なものだったかどうか迷い，悩んだとしても，1人で考え，孤独になりがちである。ソーシャルワーカーの仕事は，たとえば在宅か施設入所かという少ない選択肢から選べばいいというものではなく，クライエントの最善の利益のために新たな無数の選択肢を共に見出していくことである。スーパーバイザーとの対話を通して，自らの取り組みを別の角度から振り返り，ソーシャルワークの理念や価値と倫理に照らし合わせ，見直していく営みであるといえる。

（3）支持的機能

　クライエントとの関係のみならず，連携相手との関係性や組織・制度上のジレンマと向き合いつつ，スーパーバイジーがソーシャルワーカーとして適切な自己像をもち，肯定的にとらえることができるよう支援を行う。悩みや不安を率直に表現・言語化し，自らの取り組みを安心して振り返ることができるようになるための支援である。具体的には以下のような取り組みである。

> ①　スーパーバイジー個人がもつ固有の価値観と，専門職としてあるべき姿とのギャップや，アイデンティティの混乱によるストレスを自覚し，受け止め，省察することでソーシャルワークのもつ意味や意義の理解につなげる。
> ②　あるべき支援のあり方と自らの能力とリソースを自覚し，それを周囲に補ってもらいながらよりよい支援のあり方を模索する。
> ③　スーパーバイジーの強みを見出し，スーパーバイジー自身がそれを自覚し，実践に活かす道筋を模索する。

　ソーシャルワーカーは業務のマンネリ化やさまざまなジレンマに直面することに加えて，時間と労力をかけたのにもかかわらず閉塞的な状況を打開できないことや，かえって状況が悪化する場合も多く，「自分はこの仕事に向いていないのではないか」と，周囲と比較し，自己評価が低下し，視野が狭くなってしまう。そのような時にスーパーバイザーはスーパーバイジーの仕事を適切に評価し，フィードバックをすることも重要な役割である。

　この場合の評価とは，学校の成績のようにソーシャルワーカーとして優れているかどうかを点数化しジャッジするという意味ではなく，「できていること」に焦点化し，現状を冷静に客観的にとらえ直すストレングス視点での評価である。受容と共感をベースとして，自己覚知を促したうえで，ソーシャルワーカーとしての自信と誇りを取り戻すサポートであるということもできる。

（4）機能の重なり・優先順位の混乱とパラレルプロセス

　前述した3つの機能はそれぞれが独立したものではなく，相互に重なり合うものだといわれている。また，スーパーバイザーとスーパーバイジーとの間に，クライエントとソーシャルワーカーとの関係性と類似した感情や言動がスーパービジョンの過程の中で並行して現れることがある。これをパラレルプロセ

ス（並行過程）という。パラレルプロセスに着目することで，自分では気がついていなかった自分自身の感情とソーシャルワークの過程への影響に関する気づきを得られ，支援過程の中で，知らず知らずのうちにクライエントに対して必ずしも望ましくない態度をとっていることを自覚する等，それが援助関係に与えている影響について新たな気づきを得ることが可能になる。

（5）スーパーバイザーとスーパーバイジーのあるべき関係性と課題

　スーパーバイザーとスーパーバイジーとの間で作っていく関係を「スーパービジョン関係」といい，スーパービジョン関係を通してスーパービジョンは実施される。スーパーバイザーはスーパーバイジーの主体的な自己覚知を促し，ソーシャルワーク実践において直面するさまざまなジレンマに向き合い，実践への希望を見出せるよう，支えになることも重要な役割である。したがって，アイデンティティを共有し，共通の土台で対話し，相互の考えを安心してすり合わせることができる信頼関係があることが求められる。スーパーバイザーは熟練した同職種のソーシャルワーカーであることを基本とすることから，職場の先輩や上司である場合が多い。スーパービジョンの管理的機能を重視するのであれば，勤務先組織のルールや枠組みを熟知しているソーシャルワーカーがスーパーバイザーとなれば，最も効率よく組織が求める職務をスムーズに行うための指導ができるかもしれない。また，利用者に対して適切にサービスを提供できているかどうか，こまめな情報共有を通して確認がしやすいだろう。

　一方で，スーパーバイザーが職制上人事権をもっている場合や，人事権はなくても，人事評価に影響する立場だと，スーパーバイジーは業務上の人事考課を恐れ，時として自分の考えを伝えることにためらいが生じるおそれがある。また，施設等の管理者である場合，立場上，業務改善のために叱責をしなければならない状況も生じ，以下のような管理・指導の責任と，スーパーバイジーの不安を軽減する「支持的機能」と両立することの困難に直面する。

---

① 業務の不出来を咎められ，勤務査定に影響するのではないかという不安
　　スーパービジョンにおいて，スーパーバイジーはケースの経過や対応について情報をまとめ，スーパーバイザーに伝えていく必要があるが，伝えた情報から，仕事の良し悪しを評価され，勤務査定に影響するかもしれないという不安があると自分の思いを率直に伝えられないおそれがある。特に同一組織の上司がスー

バーバイザーになる場合はこの問題が生じやすい。
② 考え方や言動を否定される不安
　　勤務査定への影響がないとしても，真面目な性格であることや，自分の思いや考えを否定された経験が多いと，些細な問題点を指摘されたことでも深く考え込んでしまう場合もある。
③ 思いや意見をうまく伝えられない不安
　　スーパーバイザーにケースの情報と，クライエントへの言動の意図を伝える際に，意図した通りに言語化できず，伝わらないもどかしさがある。

　前述したスーパーバイザーとスーパーバイジーとの間に起こるスーパービジョンの機能を阻害する問題を軽減・解消するための有用な方法は，スーパービジョンを開始する前にスーパーバイザーとスーパーバイジーとの間で契約を結ぶことである。スーパービジョンを行う具体的な目的と，目的に応じた当面の目標，実施期間や頻度，費用等を事前に明確化し合意しておく。契約を結ぶということには，ルール・実施の枠組み・両者の関係性を明確にし，暗黙の上下関係によるためらいを防ぐ意味がある。スーパーバイジーの業務上の葛藤があっても，安心して自分自身と向き合い，思い切って自己開示ができる関係性であることを実感できることが必要である。役割と目的を明確にしてすみ分ける，今何をしているのかという目的と目指す方向性を迷わないためにも契約の確認は必要不可欠であるだろう。

3　スーパービジョンの形態と方法

　スーパービジョンには，スーパーバイザーを誰がどのように担うかということと，どんな場面で行うかによって，以下のような形態があるとされている。

（1）個別スーパービジョン

　スーパーバイザーとスーパーバイジーが1対1で行う最もオーソドックスなスーパービジョンである。クライエントと周辺状況の理解を深めるためにケース記録や対話を通してアセスメントや個別支援計画，ジェノグラムやエコマップ，録音記録の分析，ロールプレイ等を通してソーシャルワーク過程と意図，ケースの全体像をさまざまな視点から見直し，クライエントに対する問題を洗

い出し，業務上の問題について自ら省察できるように促していく営みである。個人で外部組織に依頼する際はスーパーバイザーを選ぶことができるが，組織内個人スーパービジョンの場合はスーパーバイザーの選択肢は大幅に限られる。

（2）グループスーパービジョン

　1人のスーパーバイザーと複数のスーパーバイジーで行うスーパービジョンである。スーパーバイジー一人ひとりが担当しているクライエントの状況や自らの課題の報告を行い，スーパーバイザーを中心としつつ，スーパーバイジー同士でも相互に検討し合うというスタイルで実施される。スーパーバイザーはグループのファシリテーターとして，セッションを構造化する等，目的や目標を共有しやすくし，メンバー間の対話を促進させていく。メンバー同士が協力し合い，信頼関係を作ることで「グループ凝集性」を高め，スーパービジョンの効果を最大限に発揮させることができる。個人スーパービジョンに比べてスーパーバイザーからの丁寧なやりとりは難しいものの，グループダイナミクスを活用して，より広い視野で物事を見ることで，スーパーバイザーも予測できないようなさまざまな発想が生まれることもある。

（3）ライブスーパービジョン

　スーパーバイジーがクライエントとやりとりをする場面にスーパーバイザーが同席して行うスーパービジョンである。他のスーパービジョンは過去を振り返り，今後どうしていくかということを考えていく。「昨日のクライエントの発言はどういう意味だったのかな」「あの対応でよかったのかな」と後悔したり，「明日のケース会議，うまくいくかな」と不安を感じたりすることがある。そうした思いやソーシャルワーカーとしての経験をスーパービジョンによって「経験値」に変換していける側面はあるが，逆に経験則にとらわれて身動きがとれなくなることもある。ライブスーパービジョンは過去や未来へのとらわれを一旦横に置き，「今，この場で（here and now）」の出来事を大切にすることで見えてくるものや，今ここでできることを大切にする営みである。

　通常のスーパービジョンではスーパーバイジーからの情報に基づいてスーパービジョンを行うため，情報の取捨選択をせざるをえず，重要な観点を見落とす場合がある。ライブスーパービジョンはスーパーバイザーが実践場面で立ち会うために，詳細な情報と多様な解釈のもとに教育的機能の効果を高めるこ

とができるのみならず，同一組織のスーパーバイザーである場合，ケースの状況をリアルタイムで把握できるため，管理的機能を有効に機能することができる。一方で，スーパーバイジーが萎縮し，本音を言えない場合も少なくないので，基本的信頼感の有無が効果に大きく影響する。

（4）ピアスーパービジョン

　ピアスーパービジョンは，仲間（ピア）同士のみで行う，特定のスーパーバイザーを決めずに行うスーパービジョンである。取り扱うケースを主体的に選定し，スーパーバイザーの役割を担う人を固定化させず，同じような立場にいるソーシャルワーカー仲間同士の目を通して実施する。メンバー間の関係性にもよるが比較的相互に発言をしやすいメリットがある。一方で，仲間同士であることから馴れ合いが生じ，普段の職場内外の関係性が良くも悪くも影響しがちである。また，「ピア」が具体的に何を指すのかに明確な定義があるわけではない。たとえば同じ職場の同僚という「ピア」もあれば，高齢者施設の生活相談員同士，障害児者の相談支援専門員同士という職種の「ピア」，精神保健福祉士同士という「ピア」というとり方もできる。何か特定の軸において，同じ立場・対等の目線であるという特定の部分での同質性を基盤として，メンバーが提起・選定した検討課題を皆で検討していく。ピアスーパービジョンを効果的に実施するためには，参加メンバー全員が，スーパービジョンの「実施目的」「目標」「同質性の意義」を確認・共有し，ルールや進め方の構造化を行ったうえで，実施することが望ましい。

（5）セルフスーパービジョン

　ケース記録等をもとにして，自分自身でケースの振り返りを実施するスーパービジョンである。記録の中から「客観的な出来事」「出来事に対する自分の印象・解釈」「自分の感情」「自分の言動・対応と周囲への影響」「クライエントの予測される感情」などの状況や記録などを活用し，言動・思考を確認し自己点検や評価を実施する。セルフスーパービジョンの利点は，場所や時間を自分で決められ，いつでもどこでも実施できることがメリットだが，1人で完結するため，多様な視点を得ることは難しい。

4　コンサルテーションの意義・目的・方法

（1）一般的なコンサルテーション・コンサルタントの意味・定義

　コンサルテーションとは，多様な専門性をもつ者が，何らかの問題状況について検討し，よりよいあり方について話し合うプロセスのことを指す。一般企業においても広く活用される手法であり，主に企業の経営陣に対して，組織の外から企業が抱える課題に対して解決策の提案をし，企業の発展を側面的にサポートする仕事を指す。**コンサルタント**（consultant）の語源は「共に座る」という意味であり，「相談する／協議する」つまり「意見を交わし合う」という意味に転じて使用されるようになった。

（2）対人援助職におけるコンサルテーション

　対人援助職におけるコンサルテーションとは，対人援助職者がその業務を行っていくうえで，問題や課題に直面した際に，自分とは他領域の専門家から助言を得ることである。また，一般的にコンサルタントを行う相手は，対人援助・教育職だが，クライエントの家族を含める研究もある。対象となる課題は，クライエントの直接的問題に限らず，クライエントを取り巻く医療・福祉・教育相談体制などの管理的な課題まで幅広い解釈もある。ソーシャルワーカーにとって，スーパービジョンで自らの専門性を見直すことと並行して，他領域の専門性をソーシャルワークの過程に活用し，連携しながら対人援助に活かすことも重要な要素となる。対人援助は医学・心理学・法律学・社会学等さまざまな領域の知識や技術を総動員して行うものである。ソーシャルワーカーは，必ずしも対人援助に関するすべてに精通し，全能である必要はない。自らに足りないものを自己覚知し，他領域の助言を援助に活かすことも援助過程の1つである。

　いずれの定義も，目の前の人の直接援助をしている専門職者に対して，コンサルタントがもつ専門性を用いて，別の視点からのアプローチをするという点においては共通しており，日常的に行われるものというよりは，解決したい問題に焦点を当て，集中的に短期間で限定的な場面で行われるという傾向が強い。

　また，ソーシャルワーカーが他の専門職から受けるコンサルテーションのほかにソーシャルワーカーが他の職種に向けて行う「コンサルテーション」もあ

る。その典型的な例としてスクールソーシャルワーカーが担任教師に行うものがあげられ，コンサルテーションは多様な領域で相互に行われるものとなっている。

（3）コンサルタントとコンサルティの関係性

　自らの専門性をベースにして他の専門職等をサポートする側を「コンサルタント」，そしてサポートを受ける側を「コンサルティ」という。機関外もしくは同一組織の他部門や異なる専門職にコンサルタントになることを依頼し，特定の問題に焦点を当てて実施される。そのため，スーパービジョンのように管理的・教育的機能は有さず，必要に応じて任意の依頼となる。コンサルタントの役割はあくまでも問題解決のための専門的な側面的助言であるため，比較的短期的な関わりであり，ソーシャルワーカーの業務に責任を負うことはない。

　助言が問題解決の業務に有効となるかどうかを判断し，ソーシャルワークの過程に活かすかどうかは，ソーシャルワーカーの裁量によるといえる。

注
(1)　Kadushin, A. (1966) *Supervision in social work 3rd ed.*, Columbia University Press.
(2)　石原みちる（2015）「スクールカウンセリングにおける教師へのコンサルテーションの特徴と課題」『学校教育相談研究』25，37〜46頁。

参考文献
江間由紀夫（2009）「精神保健福祉士のスーパービジョンシステム構築について──新潟県上越地域における多機関協働の取り組みから」『保健福祉学研究』7，149〜159頁。
澤田佳代・宮地さつき・二本柳覚（2021）「スクールソーシャルワークにおけるスーパービジョンの実施状況について──スーパービジョンの機能に焦点をあてて」『臨床心理学部研究報告』13，33〜52頁。
塩田祥子（2013）「スーパービジョンが福祉現場に根付かない理由についての考察」『花園大学社会福祉学部研究紀要』21，31〜40頁。
聖学院大学総合研究所人間福祉スーパービジョンセンター（https://www.seigresearch.jp/spv/　2022年4月1日閲覧）。
西原雄次郎（2005）「ソーシャルワーク・スーパービジョンに関する体験的考察」『テ

オロギア・ディアコニア』39, 43〜50頁。

日本社会福祉教育学校連盟監修（2015）『ソーシャルワーク・スーパービジョン論』中央法規出版。

日本社会福祉士会（2018）「認定社会福祉士等の資質向上に資するグループスーパービジョン・モデル構築に関する研究事業」（平成29年度社会福祉振興・試験センター社会福祉振興関係調査研究助成金報告書）。

福山和女編著（2005）『ソーシャルワークのスーパービジョン――人の理解の探究』ミネルヴァ書房。

若宮邦彦（2016）「ソーシャルワーク領域におけるスーパービジョンの理論的検証」『南九州大学人間発達研究』6, 3〜12頁。

学習課題

① 参考文献等からスーパーバイザーやスーパービジョンという言葉がどんな人・状況・場面で使われているのかを調べ，各々の共通点や違いを確認してみよう。

② 自分がよりよいスーパービジョンを受けるためにはどのような条件・環境が必要か具体的に書き出し，実施のハードルや課題を書き出してみよう。

キーワード一覧表

☐ **スーパービジョン** 自らの取り組みを多様な視点から見渡し，今までの取り組みを見直していく営みであり，多様な支援職で用いられる自己研鑽の手法。

225

☐ **スーパーバイザー** スーパービジョンを受ける側であるスーパーバイジーに対して，広い視野・客観的な視点から日々の取り組みを問い直す役割を担う。

225

☐ **燃え尽き症候群** 高いモチベーションで仕事をしていた人が突然無気力になってしまう症状を指す。思うような成果が出ない状況や大きな目標を達成したことの反動で起こる。

227

☐ **管理的機能** スーパーバイジーが組織の中においての自らの役割を適切に理解し，組織の一員としてよりよく円滑に仕事に取り組めるように管理する機能。

228

☐ **教育的機能** ソーシャルワーカー養成教育や研修会等での机上の学びを，具体的な実践に落とし込み，体感的理解につながる機会を作ること。 228

☐ **支持的機能** 組織・制度上のジレンマと向き合いつつ，悩みや不安を率直に表現・言語化し，自らの取り組みを安心して振り返ることができるようになるための支援。

228

- [ ] **パラレルプロセス**　スーパーバイザーとスーパーバイジーとの間に，クライエントとソーシャルワーカーとの関係性と類似した感情や言動が並行して現れること。　　　　　　　　　230
- [ ] **スーパービジョン関係**　スーパーバイザーとスーパーバイジーとの間で作っていく関係であり，スーパービジョン関係を通してスーパービジョンは実施される。　　　　　　　　　231
- [ ] **ピア**　「仲間」を指す言葉であり，同じ立場に置かれた者同士のことを指す。同じ背景をもつ人同士が対等な立場で話を聞きあうピアカウンセリングという取り組みもある。　　　　　　　　　234
- [ ] **コンサルテーション**　多様な専門性をもつ者が，何らかの問題状況について検討し，よりよいあり方について話し合うプロセスのこと。福祉業界では心理・医療等の別分野の専門職との関わりを指すことが一般的である。　　235
- [ ] **コンサルタント**　コンサルテーションを実施し，別の視点から知識や知見を提供する側の専門職等を指す。　　　　　　　　　235
- [ ] **コンサルティ**　コンサルテーションを希望し，コンサルタントの知見を活かし，多角的なものの見方を使用する側の支援者等を指す。　　　　　　　　　236

ワークシート

実習や普段の業務を振り返って以下の点を確認してください。

① ソーシャルワーカーとして「できている点」「得意なこと」をできるだけ多く箇条書きにしましょう（内容の質ではなく，些細なことも含め量を多く書く）。

② ソーシャルワーカーとして「できていない点」「苦手・不安と思うこと」について箇条書きにしましょう。

③ ①～②を発表し，発表を聴いた側は単なる感想や批判を一切言わずに「ストレングス視点」のみでフィードバックを行い，フィードバックをする側と受ける側それぞれの立場での心の動きを記録しましょう。

ソーシャルワーカーという専門職

（1）見えないソーシャルワークの技術

　社会福祉士・精神保健福祉士の養成カリキュラムにおいて「ソーシャルワークの理論と方法」は，ソーシャルワークの基礎を理論と実践を結びつけて体系的に学ぶ重要な科目である。日本のソーシャルワーク教育は，長らく「ソーシャルワークの理論については教えているが，ソーシャルワークの実践は教えていない」と他の国から指摘されるように，ソーシャルワーク理論とその背景にある主張，また実践における臨床の場でどのように展開されるのかをわかりやすく伝えなければならない。カリキュラムの充実を図り，実習の時間が増えたとしても，現場での実践を初歩から支え続け，専門職でありながら人間的な意欲をかき立てる力のある教育をどう作り上げていくのかは，ソーシャルワークを作り上げてきた先人たちから受け継がれる大きな課題である。

　わが国では，1987（昭和62）年に社会福祉士がソーシャルワーカーの国家資格として成立した。それから30年以上が経過したが，その存在と専門職としての社会的認知はいまだに低い。その1つの理由として，ソーシャルワーカーによる支援活動は「見えにくい」ことがあげられる。西尾祐吾は，社会福祉を大きく分けると「法制度，機関，施設，団体」というように「目に見える部分」と，それらを有効に機能させるために必要な知識と体系と技能などの「目に見えない部分」があるとしている（図）。

　「見える部分」である社会福祉実践の場に従事する者が，体系化した専門的な知識・価値・技術をあわせもっていなければ，単なる「決まり事」や「建物」になってしまう。社会福祉の法律や，そこに規定されているさまざまな制度とサービスは，それを必要としている人々に適切に結ばれて初めて意味をもつ。福祉を必要としているクライエントと支援サービスをつなぎ，その主体的な問題解決を支える機能と役割を果たすことがソーシャルワーカーによる支援

社会福祉

見える部分

- 法制度（各福祉法，社会保障，その他の関連法など）
- 機関（福祉事務所，児童相談所など）
- 施設（各福祉法に規定された福祉施設）
- 団体（社会福祉協議会，非営利福祉団体）
- 関連法に基づく病院，学校など

見えない部分（ソーシャルワーク）

- 直接援助（ケースワーク，グループワーク，ケアマネジメント）
- 間接援助（コミュニティワーク，アドミニストレーション，リサーチ，ソーシャル・アクションなど）

図　社会福祉の「見える部分」と「見えない部分」

出所：西尾祐吾・橘高通泰・熊谷忠和編著（2005）『ソーシャルワークの固有性を問う――その日本的展開をめざして』晃洋書房，2頁の概念をもとに一部筆者改変。

活動である。⁽²⁾

　ソーシャルワークを学ぶとは，こうした「目には見えない」実践における知識と技術，価値を体系的に学ぶということである。

（2）生の営みの困難を支える専門職

　ソーシャルワーカーは生活を支えるという仕事のもつ深い意義を確信しなければならない。窪田暁子は，生活（Life）を生命活動，日々の暮らし，人生という3つのレベルで全体性をつかんだうえで，それらの3つのレベルが深く関係しているという事実を理解する必要があるとしている。⁽³⁾その時初めてソーシャルワーカーは，日々の暮らしを支えることが人生を支えることであり，またその営みは必然的に生命活動の順調なリズムと流れを保障する条件整備を含むものであることを知るとともに，日々の暮らしが生活習慣を作ること，日々の暮らしはそれぞれの人の人生の目標や歴史に照らして初めて十全の意味をもって理解できることを知る。小さな生活支援であっても，それが生命を支え，人生に意味を与えていること，また人生の目標や生きる意欲を励まし強めることなしには，食事を勧めることも，リハビリの訓練も意味をもたないことを知る。⁽⁴⁾生活の全体性と多面性を理解し，生活への畏敬の念に支えられて，ソーシャルワーカーはクライエントの支援に携わることができるのである。

　しかし，英語の Life をそのまま日本語の「生活」と訳し，ソーシャルワーカーは「生活を支える専門職である」と伝えてしまうと誤った解釈で理解され

てしまう可能性がある。生活という言葉は「日々の暮らし」を表すものとして用いられることが多いことから，生計を維持することや衣食住を保障するという狭い意味でとらえられてしまう。生活困難，生活課題，生活問題……などさまざまな言葉が福祉現場では頻繁に用いられているが，それらが上述した生命活動，日々の暮らし，人生という3つのレベルでとらえられているとは言い難い。

　そこで窪田は，ソーシャルワーカーは「生の営みの困難」を支える専門職であるとしている。「生」の内容は多様である。人間の「生」は無数の出来事で成り立っており，生まれたばかりの幼児であっても，口にする食物，水，周囲の環境，景観など自然とのつながりがあり，喜怒哀楽の表現のしかたも親から子へと伝えられ，生涯の人格形成に大きな影響を及ぼしている。さらに，職業，居住区，家族形態の多様性の中で，さまざまな生活様式から好みまでが作られ，人生の歩みの中でそれらは変化し，成熟もするし退化もしていく。過去の失敗，しがみつきたい意地も，誇りも，希望や夢，温かい思い出も，さまざまな風景の記憶とそれにまつわる感情の起伏も……それらが「生」の中身である。単に日常生活や家計という狭義の生活ではなく，その人の人生の歩みのすべてを含んで理解し，そして生きているという「生」と「生の営みとしての生活」を視野に入れなければならない。ソーシャルワーカーは，多様な「生の営みの困難」を抱えている人たちへの支援を担う専門職なのである。

（3）ソーシャルワーク感覚を磨く

　そのため，ソーシャルワーカーは日常の支援を専門用語ではなく，クライエントの日常の生活の言葉で考えることが必要である。それは，時として支援過程では「支援する者から支援される者へ」といった一方向的な流れを生みがちである。しかし，ソーシャルワークの実践である臨床場面では支援する者も支援される者もあわせて困難さを包み込む「場」があって初めて成り立つものである。したがって，そこでは，言葉や気持ちが「お互いに」交換され，課題やつらさを「ともに」抱えることからはじまり，専門的な支援関係の中でクライエントの主体的な参加によって進められていく。ソーシャルワークのすべての過程がクライエントとの協働作業であるとする意義はここにあり，そのためにも，支援をわかりやすく考え簡明な言葉で表現していくこと，さらに，クライエントの生活の言葉で支援を考えることにより，ソーシャルワーカーとしての

生活を見る感覚を養い，協働作業としての支援を可能とするのである。

（4）ソーシャルワーカーとしての自分づくり

　ソーシャルワークの理論は，先人たちの100年余りの努力の中で次第に形を整えつつある。ソーシャルワーカーの国際組織である IFSW（国際ソーシャルワーカー連盟）は，ソーシャルワーク専門職のグローバル定義の中でソーシャルワークは「実践に基づいた専門職であり学問である」と示しているように，学問的な体系としても発展している。それぞれの理論を学ぶ時に，その理論が生まれた背景とともに，その時代の福祉の思想についても学ぶことが大切である。伝統的なソーシャルケースワークを基本としながら，それについてのさまざまな理論を学習し，対象としている支援課題に即して現実的に可能な理論を基幹として，関連分野の理論や実践をブレンドしながら体系化して獲得していくことである。そこには，アプローチ，カウンセリング，行動分析，家族療法などのたくさんの知見が参考になる。

　それでは最後にソーシャルワークの基本的な原則についてもう一度確認をしておこう。

　第一に，ソーシャルワークの拠り所とする価値・倫理に確信をもつこと。基本的人権の思想に立ち，すべての人の人生に敬意を払って支援すること。

　第二に，生活の全体性を理解すること。生活は多面的であり，ソーシャルワーカーは「生の営みの困難」を支援する専門職であることを認識すること。

　第三に，ソーシャルワークの見えない技術を理解し，コミュニケーションの技能を高め続ける努力を絶えず積み重ねていくこと。

　第四に，すべての支援は相手に用いられて成り立つものであり，クライエントとの協働作業によって支援は展開されること。そのために，ソーシャルワークの支援の構造をしっかりと理解すること。

　第五に，今日，ジェネラリストソーシャルワークが求められており，ソーシャルワークの技術を体系化し，習熟することに努め続けること。

　本書がソーシャルワーカーとしての自分づくりとして，力を強め磨き，新たな仕事をみせることの一助となれば幸いである。

注

(1)　西尾祐吾・橘高通泰・熊谷忠和編著（2005）『ソーシャルワークの固有性を問う——その日本的展開をめざして』晃洋書房，2頁。

(2)　小口将典・木村淳也編著（2021）『ソーシャルワーク論——理論と方法の基礎』ミネルヴァ書房。

(3)　窪田暁子（1997）「社会福祉方法・技術を学ぶ人のために」植田章・岡村正幸・結城俊哉編著『社会福祉方法原論』法律文化社，16頁。

(4)　(3)と同じ。

(5)　窪田暁子（2013）『福祉援助の臨床——共感する他者として』誠信書房，6頁。

(6)　(5)と同じ，6〜7頁。

ワークシートの解答・解答例

第7章

1 社会福祉基礎構造改革　2 契約　3 短期　4 中期　5 長期　6 参加　7 同意　8 効果
9 限界　10 パターナリズム　11 インフォームド・コンセント　12 エンパワメント

第10章

1. 援助関係の形成　情報収集　問題解決

2. 表情，動作，姿勢，視線，位置関係，距離，声の抑揚や強弱など

3. 入院患者：病院のベッドサイト，リハビリ室，デイルーム，談話室，待合室，廊下，
   居宅（退院時前訪問等）　など
   通所サービス利用者：デイルーム，リハビリ室，廊下，送迎車の中，居宅　など
   児童・生徒：教室，保健室，部室，体育館，廊下，居宅　など

4. ①　お母様とどのようなやりとりをなさっているのか，もう少し詳しく教えていた
   だけませんか。
   ②　ご主人は，あなたの問題にどのように対応されているのか，具体的に話してく
   ださいませんか。

第11章

① 事例をもとに作成したジェノグラム例（2022年現在）

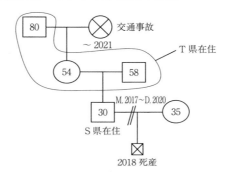

② 事例をもとに作成したエコマップ例

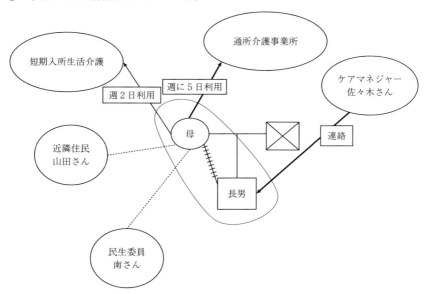

あとがき

　前回の社会福祉士・精神保健福祉士の抜本的なカリキュラム改正が行われた2007（平成19）年12月以降，東日本大震災や原発事故（2011年），熊本地震（2016年）や胆振東部地震（2018年）などの大規模地震が相次いで発生した。また豪雨災害や土砂災害などの自然災害が頻発し，LGBTQ 等のジェンダー問題が広く認知され，少産化による人口減少の一方で社会システムを維持するために外国人労働者の流入が急増した。さらに，児童・高齢・障害の分野における虐待や教育機関におけるいじめや家庭における DV が右肩上がりで急増し，パワハラ・セクハラなどのハラスメント問題が社会化され，闇サイトや SNS を介した犯罪が後を絶たず，障害者施設殺傷事件や無差別通り魔・放火事件などが発生している。海外に目を向ければ，火山の噴火や大地震・豪雨等による自然災害，各国の政府や企業に対するサイバー攻撃の激化，イスラミック・ステート（IS）等の過激派による拘束事件，シリアやイラクをはじめアフリカ諸国での内戦，香港における民主化運動の弾圧，新疆ウイグル自治区での人権侵害，ロシアによるウクライナへの侵攻戦争，新型コロナウイルスの感染拡大など，さまざまな事象・事件により多くの人々が犠牲となっている。

　つまり，日本国内はもちろん世界各国・地域で，人間関係や人と環境の関係性に不具合が起き，これまでの社会の枠組みや制度では対応しきれない状況となっている。まさしく，人間関係や人と環境の関係性の調整や課題解決に有用であるソーシャルワークの出番である。ソーシャルワークの専門職やソーシャルワーカーを目指す学生には，立ち止まったり歩んだりしながら，「ソーシャルワーク専門職のグローバル定義」と照らし合わせ，自分自身に何ができるのかを模索・検討し，実践を続けてもらいたい。

　ソーシャルワーカーとしての専門性の土台は，価値および倫理（ものごとの判断基準，考え方や方向性）であり，そこに正確な知識や情報を把握・活用し，さらに最新で効果的な技術や技能を発揮できてこそ，有用で有機的なソーシャルワークが機能することとなる。また，その効果を科学的に検証し，ソーシャルワーカーのみならず他の専門職や市民等と共にエビデンス（証拠）を認識するためには，援助方法として用いた理論とエビデンスが結びついていることを言語化し可視化していくことが必要不可欠である。

本書が，日本国内や世界の人々が直面する課題や山積する問題に立ち向かう
ソーシャルワーカーやソーシャルワーカーを目指す学生へのヒントや助けとな
れば幸いである。ソーシャルワークに携わる専門職や援助対象者（子ども，障
害当事者，高齢者，孤立している人，病に苦しんでいる人など）の明るい未来を照ら
すために，保育士や社会福祉士・精神保健福祉士を目指す学生にとって役に立
つテキストとなることを願っている。

刊行にあたり，杉本敏夫先生（関西福祉科学大学名誉教授）に監修いただいた。
さらには，ソーシャルワークに関する課題や問題について研究されている先生
や職務経験が豊富な先生方にも執筆者に加わっていただいた。社会福祉士や精
神保健福祉士等のカリキュラム改正や新制度の動向等を見ながら構成していっ
たこともあり，執筆者の先生方にも無理なお願いをすることもあったが，快く
応えていただき感謝している。

2023年1月

編者一同

さくいん
（＊は人名）

監修者紹介

杉本　敏夫（すぎもと・としお）

　　現　在　関西福祉科学大学名誉教授
　　主　著　『新社会福祉方法原論』（共著）ミネルヴァ書房，1996年
　　　　　　『高齢者福祉とソーシャルワーク』（監訳）晃洋書房，2012年
　　　　　　『社会福祉概論（第3版）』（共編著）勁草書房，2014年

執筆者紹介（執筆順，＊印は編者）

＊立花　直樹（プロローグ）
編者紹介参照

髙石　豪（第1章）
特定非営利活動法人日本ソーシャルワーカー協会事務
局長・研修委員長

＊九十九　綾子（第2章）
編者紹介参照

増田　公香（第3章）
九州看護福祉大学看護福祉学部教授

＊竹下　徹（第4章第1節）
編者紹介参照

末田　邦子（第4章第2節）
愛知淑徳大学福祉貢献学部准教授

松岡　是伸（第4章第3節）
北星学園大学社会福祉学部准教授

篠原　拓也（第4章第4節）
東日本国際大学健康福祉学部准教授

前田　佳宏（第4章第5・6節）
東日本国際大学健康福祉学部准教授

Virág Viktor（第4章第7節）
日本社会事業大学社会福祉学部准教授

川本　健太郎（第4章第8節）
神戸学院大学総合リハビリテーション学部准教授

神林　ミユキ（第4章第9節）
川崎医療福祉大学医療福祉学部助教

矢ヶ部　陽一（第4章第10節）
西九州大学短期大学部講師

松久　宗丙（第4章第11節）
医療法人社団崇仁会船戸クリニック天音の里施設長

平澤　恵美（第5章）
明治学院大学社会学部准教授

田島　望（第6章）
九州看護福祉大学看護福祉学部専任講師

田中　秀和（第7章）
静岡福祉大学社会福祉学部准教授

髙城　大（第8章）
愛知淑徳大学福祉貢献学部講師

＊汲田　千賀子（第9章）
編者紹介参照

福間　麻紀（第10章）
北海道医療大学看護福祉学部准教授

黒木　真吾（第11章）
中九州短期大学准教授

本間　萌（第12章）
岩手県立大学社会福祉学部講師

上原　正希（第13章）
星槎道都大学社会福祉学部教授

実方　由佳（第14章）
岩手県立大学社会福祉学部准教授

山田　裕一（第15章）
小田原短期大学特任講師

＊小口　将典（エピローグ）
編著者紹介参照

編著者紹介

立花　直樹 （たちばな・なおき）

　現　在　関西学院聖和短期大学准教授
　主　著　『児童・家庭福祉――子どもと家庭の最善の利益』（共編著）ミネルヴァ書房，2022
　　　　　年
　　　　　『ソーシャルワークの基盤と専門職Ⅰ（基礎）』（共編著）ミネルヴァ書房，2022年

小口　将典 （おぐち・まさのり）

　現　在　関西福祉科学大学社会福祉学部准教授
　主　著　『子どもと家庭を支える保育――ソーシャルワークの視点から』（共編著）ミネル
　　　　　ヴァ書房，2019年
　　　　　『福祉サービスの組織と経営』（編著）ミネルヴァ書房，2022年

竹下　徹 （たけした・とおる）

　現　在　周南公立大学福祉情報学部准教授
　主　著　『ソーシャルワーク論――理論と方法の基礎』（共著）ミネルヴァ書房，2021年
　　　　　『ソーシャルワークの基盤と専門職Ⅰ（基礎）』（共編著）ミネルヴァ書房，2022年

九十九　綾子 （つくも・あやこ）

　現　在　神戸学院大学総合リハビリテーション学部准教授
　主　著　『ソーシャルワークの方法とスキル』（共訳）みらい，2016年
　　　　　『相談援助実習――養成校と実習先との連携のために』（共編著）電気書院，2016年

汲田　千賀子 （くみた・ちかこ）

　現　在　同朋大学社会福祉学部准教授
　主　著　『認知症ケアのデリバリースーパービジョン――デンマークにおける導入と展開か
　　　　　ら』（単著）中央法規出版，2016年
　　　　　『高齢者ケアにおけるスーパービジョン実践』（共編著）ワールドプランニング，
　　　　　2019年

最新・はじめて学ぶ社会福祉⑨

ソーシャルワークの理論と方法Ⅰ（共通）

2023 年 3 月 1 日　初版第 1 刷発行　　　　　　　〈検印省略〉

定価はカバーに
表示しています

監 修 者	杉	本	敏	夫
	立	花	直	樹
	小	口	将	典
編 著 者	竹	下		徹
	九 十 九		綾	子
	汲	田	千 賀	子
発 行 者	杉	田	啓	三
印 刷 者	坂	本	喜	杏

発行所　　株式
　　　　　会社　ミネルヴァ書房
607-8494　京都市山科区日ノ岡堤谷町 1
電話代表　（075）581－5191
振替口座　01020－0－8076

©立花・小口・竹下・九十九・汲田ほか, 2023　冨山房インターナショナル・藤沢製本

ISBN 978-4-623-09520-9

Printed in Japan

杉本敏夫　監修

──────── 最新・はじめて学ぶ社会福祉 ────────

全23巻予定／Ａ５判　並製

順次刊行，●数字は既刊

──────── ミネルヴァ書房 ────────

https://www.minervashobo.co.jp/